W0089694

«Ich glaube, man sollte überhaupt nur noch solche Bücher lesen, die einen beißen und stechen.» Was Kafka in einem Brief an einen Freund von guter Literatur erwartet, gilt auch von guter Philosophie: Sie macht etwas mit uns, ändert uns in dem, wie wir denken, wie wir leben und wer wir sind. Mit einer Stechfliege vergleicht sich Sokrates selber in seiner Verteidigungsrede vor Gericht. Seine Philosophie besteht nicht aus trockenen Lehrsätzen. Er ist zeit seines Lebens seinen Mitbürgern mit seinen Fragen auf den Geist gegangen. Gute Philosophie kann nerven. Dieses Buch ist eine Einführung in die Philosophie aus einer ungewohnten Perspektive. Es zeigt an Beispielen, wie Philosophie jeden Einzelnen und jede Zeit auf eine schmerzhafte Probe des Denkens stellen kann, jedes Mal von neuem und auf eine andere Weise. Es führt durch die Geschichte der Philosophie von der Antike bis in die unmittelbare Gegenwart und lässt das Denken in seiner besten Form erkennen: als Provokation, das Leben und die Welt zum Besseren zu verändern.

Ekkehard Martens ist Professor em. für Didaktik der Philosophie und Alten Sprachen an der Universität Hamburg. Bei C.H.Beck erschien von ihm *Ich denke, also bin ich. Grundtexte der Philosophie* (⁶2015).

Ekkehard Martens

Stechfliege Sokrates

Warum gute Philosophie wehtun muss

Verlag C.H.Beck

Für meine Stechfliege Tini

Originalausgabe
© Verlag C.H.Beck oHG, München 2015
Satz, Druck u. Bindung: Druckerei C.H.Beck, Nördlingen
Umschlaggestaltung: Geviert, Grafik & Typografie, Christian Otto
Umschlagmotiv: Büste des Sokrates (470–399 v. Chr.), 3. Jh. v. Chr.,
Marmor, Selçuk, Archäologisches Museum, © Büste: akg-images/
De Agostini Picture Lib./G. Dagli Orti; Stechfliege: Kletr/shutterstock
Printed in Germany
ISBN 978 3 406 68211 7

www.beck.de

Inhalt

Vorsicht, Stechfliege!

«Ich glaube, man sollte überhaupt nur noch solche Bücher lesen, die einen beißen und stechen.» (Kafka 1958, S. 27) Was Kafka in einem Brief an seinen Freund von guter Literatur erwartet, sollten wir auch von guter Philosophie erwarten: Sie muss wehtun, sie muss einen beißen und stechen. Mit einer Stechfliege vergleicht sich Sokrates selber in seiner Verteidigungsrede vor Gericht (vgl. Kapitel 2). Er hatte zeit seines Lebens seine Mitbürger mit seinen Fragen genervt und ist ihnen – im wahrsten Sinne des Wortes – auf den Geist gegangen. Seine Philosophie besteht nicht aus trockenen Lehrsätzen, sondern macht etwas mit uns, bringt durcheinander, wie wir denken, wie wir leben und wer wir sind. In jeder guten Philosophie geht es um uns: als konsequentes Weiterdenken über grundsätzliche Fragen, auf die wir im alltäglichen Leben, in der Politik, im Beruf und im Wissenschaftsbetrieb meistens nicht genügend achten.

Die Athener wollten den Quälgeist Sokrates schließlich loswerden und verurteilten ihn, als er siebzig Jahre alt war, zum Tode. So schlimm geht es einem selten, wenn man philosophiert. Auch kann uns die Philosophie nur im Ausnahmefall «mit einem Faustschlag auf den Schädel wecken», wie Kafka in seinem Brief weiter höchst drastisch von einem guten Buch verlangt, oder eine «Axt sein für das gefrorene Meer in uns». Dennoch kann uns die lästige Stechfliege Philosophie auf die Dauer zu schmerzlichen Einsichten führen, vielleicht sogar dazu bringen, unser Leben zu ändern. «Ich bin nun schon mit ihm bekannt und weiß, dass man dieses notwendig von ihm leiden muss», so versucht in Platons *Laches* (188a) ein Gesprächspartner den anderen vor Sokrates zu warnen, allerdings vergeblich. Warum aber sollte man sich überhaupt auf Sokrates und andere philosophische Stechfliegen einlassen? Kaum aus Lust an Selbstquälerei und endlosem Sinnieren. Vielleicht aber aus Lust am Den-

ken und in der Hoffnung, etwas von ihnen zu lernen, was uns
für unser Leben wichtig ist.

Gute Philosophie muss wehtun – ich möchte mit diesem Buch
versuchen, in die Philosophie aus einer ungewohnten Perspektive einzuführen. Es zeigt an ausgewählten Beispielen, wie gute
Philosophie jeden Einzelnen und jede Zeit auf eine schmerzhafte
Probe des Denkens stellen kann, jedes Mal von neuem und jeden Einzelnen auf eine andere Weise. Die Auswahl ist notwendigerweise subjektiv und begrenzt, da ich vor allem von meinen
eigenen Denkerfahrungen im Unterricht an der Universität und
in der Schule ausgehe; andere mögen ganz andere Erfahrungen
gemacht haben. Ich möchte aber den Blick auf einige elementare Fragen lenken, die uns noch heute in unserer wissenschaft-
lich-technisch geprägten Welt beschäftigen oder, wie ich überzeugt bin, beschäftigen sollten. Mein Ziel ist es, den Leser auf
diese Weise in gute Philosophie einzuführen oder auch Alt-
bekanntes neu sehen zu lassen (vgl. Martens [6]2015).

Den einzelnen Kapiteln sind Bilder, Metaphern oder Szenen
aus philosophischen Texten vorangestellt, die zugleich unsere
Phantasie *und* unser Denken anregen können. Dass die antike
Philosophie dabei besonders stark vertreten ist, liegt außer an
meiner eigenen Vorliebe daran, dass zu Beginn der Philosophiegeschichte die elementaren Fragen des Menschen in aller Frische
und Einfachheit entdeckt und elementare Antworten versucht
wurden. Die Kapitel können unabhängig voneinander gelesen
werden und sind durch einzelne Querverweise miteinander
verbunden. Dabei zieht sich durch das gesamte Buch wie ein
roter Faden die Frage, was freies Denken und Handeln für den
Einzelnen und für die Gesellschaft bedeutet.

Zugleich versucht es in mehreren Anläufen aus heutiger Sicht
eine Antwort auf die vier Kant-Fragen (Logik, A 25/26) zu geben: «Was kann ich wissen?», «Was soll ich tun?», «Was darf
ich hoffen?» und zusammenfassend «Was ist der Mensch?»

Die provozierenden Texte und Gedanken der ausgewählten
Klassiker zu verstehen und sich mit ihnen kritisch auseinander-

zusetzen, verlangt einem eine gewisse Anstrengung des Denkens ab, bereitet einem aber auch Lust am freien, uneingeschränkten Denken, vergleichbar einer anstrengenden und schönen Wanderung oder Segeltour. Für ein solches Philosophieren braucht man «Muße» (griech. *scholé*). Es setzt nicht nur Freiheit von äußeren Zwängen des Alltags und Berufs voraus, sondern zuvor die Bereitschaft, sich von den Fesseln seines Denkens zu befreien. Sokrates stellt in Platons Dialog *Theätet* (172b-173d) die philosophische Muße den Reden vor Gericht gegenüber, die in ihrem Ablauf durch eine Wasseruhr und enge thematische Vorgaben geregelt sind:

Die sich von Jugend auf im Gericht und ähnlichen Orten herumtreiben, scheinen im Vergleich zu denjenigen, die mit der Philosophie und ähnlichen Beschäftigungen aufgewachsen sind, wie Sklaven im Gegensatz zu freien Menschen ausgebildet worden zu sein. – Wieso denn? – Weil sie immer die von dir angesprochene Muße haben und ihre Untersuchungen in Ruhe und Frieden durchführen. (…) Die anderen aber reden immer unter Zeitdruck – denn das abrinnende Wasser dängt sie – und sie können sich nicht ihre Themen nach ihren eigenen Wünschen aussuchen, sondern der Gegner steht daneben und übt Zwang auf sie aus. (…) Sie sind engstirnig und haben kein Rückgrat. Denn ihre Knechtschaft von Jugend auf hat ihre Entwicklung und eine geradlinige, freie Haltung verhindert.

1. Warum wollen wir überhaupt frei sein?
Der *gewaltige Stein* des Sisyphos

Auch den Sisyphos sah ich, der, starke Qualen ertragend,
Einen gewaltigen Stein mit beiden Armen daherschob.
Ja, fürwahr, mit Händen und Füßen dagegen sich stemmend,
Stieß er den Stein den Hügel hinan; doch wenn er ihn grade
Über den Gipfel zu wälzen gedachte, dann trieb seine Wucht ihn
Immer zurück, und der tückische Stein rollt' wieder zu Tale.
Aber er stieß ihn von neuem und strengte sich an, und der
                                                    Schweiß rann
Ihm von den Gliedern herab, und Staub stieg über sein Haupt auf.

(Homer, Odyssee, 11. Buch, Vers 593–600, in: Hampe 1979b, S. 190 f.)

Sisyphos, eine Gestalt aus der antiken griechischen Mythologie, können wir als den ersten Philosophen ansehen. Soweit wir wissen, hat er als Erster versucht, sich gegen eine göttliche Übermacht aufzulehnen und als Mensch sein Schicksal in die eigene Hand zu nehmen. Er wollte frei sein. Hierfür musste er mit dem qualvollen Schicksal büßen, das Homer in den zitierten Versen der *Odyssee* beschreibt. Sisyphos «strengte sich an», immer wieder denselben «gewaltigen Stein» den Hügel hinauf zu stemmen. Kaum war er kurz davor, ihn über den Gipfel zu wälzen, entglitt er ihm jedes Mal und rollte wieder den Hügel hinunter. Sisyphos musste seine Arbeit von neuem beginnen und ohne Erfolg wiederholen. Wie man sich vorstellen kann, bereitete ihm diese Arbeit «starke Qualen».

Warum aber sollten wir uns mit einem Sisyphos näher beschäftigen, der für sein Aufbegehren, wie es scheint, nichts als Qualen erlitt? War es überhaupt gut für ihn, frei sein zu wollen? Ist es gut für uns? Wäre es nicht besser, wenn durch irgendwelche Götter oder durch ein perfektes System alles für uns geregelt wäre, ohne dass wir uns um irgendetwas noch Gedanken machen und frei entscheiden müssten? Was wollen wir mehr, als sorglos nach unseren Wünschen leben und einfach glücklich sein? Die Glücksmaschine ist ein alter Traum der Menschheit und bis heute ein beliebtes Kinderspiel oder Gedankenexperiment der Philosophen: Was wäre, wenn uns wirklich alle, nicht nur einige Wünsche automatisch erfüllt würden, für die wir uns erst mühsam entscheiden müssten? Wären wir dann wunschlos glücklich, auch wenn wir uns nur in einer Illusion befänden? Man sollte sich zur Erfüllung eines solchen Traums aber nicht nach der Herrschaft der Götter Homers zurücksehnen. Denn seine Götter waren keine guten Herrscher, sondern unter sich zerstritten und den Menschen nicht immer wohlgesinnt. Auch die Vorstellung eines glücklichen Lebens unter der Herrschaft eines allwissenden, allmächtigen und allgütigen christlichen Gottes war spätestens seit dem verheerenden Erdbeben von Lissabon (1755), das schlimmes Unheil über Gerechte und Ungerechte brachte, für viele kaum mehr glaubwürdig. Der Versuch der Theodizee, als Rechtfertigung Gottes zu zeigen, dass seine Wege uns Menschen eben verborgen sind, ist für die meisten Menschen nicht überzeugend. Warum sollten wir uns trotz unserer Erfahrungen mit dem Übel in der Welt einem guten Gott anvertrauen?

Den Versuch, eine perfekte Herrschaft des Guten und des Glücks ohne die Risiken und Mühen freien menschlichen Selbstdenkens und Entscheidens zu errichten, beschreibt aus der Sicht der fortgeschrittenen wissenschaftlich-technischen Gesellschaft Dave Eggers in seinem Weltbestseller *Der Circle* (2014). Was von ihm als Dystopie einer totalitären Welt der Datenerfassung gemeint ist, gegen die George Orwells *1984* harmlos war, verstehen die Ingenieure des Circle in Eggers Buch als Utopie des paradiesischen Endzustandes menschlichen Zusammenlebens. Unter dem «Circle» verstehen sie den Zustand einer zukünftigen Gesellschaft, in dem ein geschlossener Informationsfluss über sämtliche vergangene, gegenwärtige und zukünftige Ereignisse vorliegt und von jedermann abrufbar ist, ein Zustand, den

Eggers bereits heute in Ansätzen verwirklicht sieht. Der Circle wäre ein optimales Service-System für die Benutzer und böte optimale Sicherheit und Wellness für alle, aber auch totale Kontrolle. Für Bailey, einen der Gründer und «weisen Männer» des Circle, zählt dabei der Verlust an Privatheit und Selbstdenken nicht. Nicht nur der Gewinn vollkommener Sicherheit und Sorglosigkeit, sondern auch der erhoffte Zustand vollkommener Moralität überwiegt für ihn alles: «Was wäre, wenn wir alle uns so verhielten, als ob wir beobachtet würden? Das hätte einen moralischen Lebenswandel zur Folge. Wer würde noch etwas Unethisches oder Unmoralisches oder Illegales tun, wenn er beobachtet würde? (...) wir wären endlich gezwungen, bessere Menschen zu sein. Ich glaube, die Menschen wären erleichtert. Es würde einen gewaltigen globalen Stoßseufzer der Erleichterung geben.» (Eggers 2014, S. 331) Nicht nur die moralischen Probleme, sondern auch die alten Geißeln der Menschheit wären verschwunden, wie der «weise» Bailey überzeugt ist: «Wir können jedes Problem lösen. Wir können jede Krankheit heilen, den Hunger besiegen, alles, weil wir uns nicht mehr von unseren menschlichen Schwächen behindern lassen.» (S. 333)

Selbst wenn man die kaum realistische Prämisse akzeptiert, dass «jedes Problem» durch optimales Wissen und totale Transparenz gelöst werden könne, ist die Circle-Utopie aus mehreren Gründen unhaltbar: Erstens unterstellt sie einen physikalisch gesehen unmöglichen lückenlosen Determinismus sämtlicher physischen und psychischen Vorgänge (vgl. Kapitel 9); zweitens klammert sie das Problem aus, wer die Kontrolleure kontrolliert, ob sie wirklich auch selber ihre eigenen Handlungen transparent machen und somit «moralisch» sind; drittens lässt sie offen, ob Moralität mit Legalität gleichzusetzen und ohne Zustimmung des Einzelnen möglich ist; außerdem, so viertens, rechnet sie nicht damit, dass Menschen trotz aller zugegebenen Vorzüge des «Circle» misstrauisch sind, ob wirklich alles für sie bestens geregelt ist; fünftens übersieht sie, dass viele Menschen selber entscheiden wollen, was für sie wünschenswert ist und was nicht. Insgesamt reduziert die Circle-Utopie den Menschen auf eine Marionette, die alles mit sich geschehen lässt, ohne frei selber denken zu können und auch nur zu wollen. Möglicherweise missachtet sie damit einen entscheidenden Selektionsvorteil der Evolution, den menschliche Lebewesen durch ihre Fähigkeit besitzen, sich auf ihre Entscheidungen zurückzubeziehen und dabei flexibel auch unerwartete Anomalien zu berücksichtigen (Welsch 2012, 8. Vorlesung).

In der philosophischen Tradition und in unserem lebensweltlichen Selbstverständnis verstehen wir unter diesem evolutionären Überlebensvorteil der Reflexion die Besonderheit menschlicher «Autonomie» und «Würde» (vgl. Kapitel 8). Die meisten Menschen wollen nicht wie eine Marionette funktionieren und gelenkt werden, sondern bewusst und selbstbewusst leben, das heißt, sich selbst und ihren Lebensweg frei bestimmen. An dem elementaren Interesse an Freiheit ändert auch die Tatsache nichts, dass ein freies und gutes Leben das Überleben-Können zur Voraussetzung hat. Beides steht oft in einem Konflikt miteinander. Trotz der Gefahr, im Kampf gegen die Götter sein Leben zu verlieren, entschied sich Sisyphos für seine Freiheit und musste mit seiner äußeren Unfreiheit dafür büßen. Selbst wenn er vermutlich nicht über das grundsätzliche Problem «mühselige Freiheit oder glückliche Knechtschaft» intensiv nachgedacht hat, kann er wegen der Wahl seiner Lebensweise als erster Philosoph gelten.

Von Sisyphos wissen wir vor allem aus der *Odyssee* Homers, der vermutlich im achten vorchristlichen Jahrhundert gelebt hat. Nach dem Sieg der Griechen gegen Troja irrte Odysseus jahrelang umher, bis er endlich in sein Königreich, die Insel Ithaka, und zu seiner Frau Penelope zurückkehren konnte. Neben vielen anderen Abenteuern verschlug es ihn bei seiner Irrfahrt auch in die Unterwelt. Homer beschreibt, wie Odysseus im Hades, in der Schattenwelt des Todes, außer dem bejammernswerten Schicksal vieler anderer gefallener Helden aus dem siegreichen Kampf der Griechen gegen Troja auch die Qualen des Sisyphos mitbekam. Bei Homer erfahren wir nichts über dessen sonstiges Leben. Aus anderen antiken Quellen wissen wir jedoch, dass Sisyphos als König von Korinth einst ein mächtiger Herrscher unter den Menschen gewesen war (Seidensticker/Wessels 2001). In Überschätzung seiner eigenen Macht hatte er sich gegen Zeus gestellt, den obersten Herrscher aller Götter und Menschen, und hatte obendrein die Götter gegeneinander ausgespielt. Sisyphos hatte nämlich beobachtet, dass Zeus die schöne Aigina entführte, die Tochter des Flussgottes Asopos, und verriet diese Tat ihrem Vater. Als Belohnung musste Asopos dem Sisyphos versprechen, auf dessen Burg von Korinth eine frische Wasserquelle zu schlagen. Als Zeus von dem Verrat des Sisyphos erfuhr, schickte er Thanatos, den Gott des Todes, zu ihm. Sisyphos gelang es jedoch, die Macht des Thanatos zu brechen und ihn in einem Kerker anzuketten. Niemand mehr konnte sterben, und der Gott des Todes war machtlos. Dem erzürnten Thanatos gelang es schließlich, sich zu befreien und Sisyphos in die Unterwelt zu verbannen. Auch diesmal aber konnte Sisyphos die Götter überlisten und wieder auf die Erde in sein Königreich zurückkehren. Letztlich jedoch entkam auch er der Macht der Götter nicht. Sisyphos war zwar, wie es bei Homer heißt, «der schlaueste unter den Männern» (Homer, *Odyssee*, 6. Buch, Vers 153, in: Hampe 1979b, S. 114), seine ganze Schlauheit nützte ihm aber nichts. Die Machtlosigkeit des Menschen gegenüber den Göttern beklagt in Homers *Ilias* beispielsweise der griechische Held Achilleus, als ihn Apollon von den Stadtmauern Trojas vertrieben hatte:

Schaden tatest du mir, verderblichster aller der Götter
(…) Nun aber nahmst du mir großen Ruhm und rettetest jene
Leicht, denn du hast ja keine Vergeltung für später zu fürchten.
Gerne ließ ich dich büßen, wenn ich nur die Macht dazu hätte.

(Homer, Ilias, 22. Buch, Verse 15–20, in: Hampe 1979 a, S. 453)

Die überlieferten Quellen berichten nichts darüber, ob sich Sisyphos dumpf in sein Schicksal ergab oder ob er sich wenigstens in seinem Aufbegehren seiner Freiheit stolz bewusst war. Immerhin hatte er ja versucht, als sterblicher Mensch den unsterblichen Göttern zu trotzen, und dies, obwohl er wissen musste, dass diese allmächtig sind und ihn bestrafen würden. Er hatte freiwillig die sichere Strafe dafür auf sich genommen, dass er sein Schicksal in die eigene Hand nehmen wollte.

Seit der Antike sind zahlreiche Interpretationen der mythologischen Figur des Sisyphos unternommen worden. Unter ihnen ist die des Schriftstellers und Existenzphilosophen Albert Camus (1913–1960) philosophisch besonders anregend. Camus sieht in der Gestalt des Sisyphos den Prototypen des menschlichen Widerstands gegen Götter und gegen andere Übermächte. Sein Essay *Der Mythos des Sisyphos* erschien 1942 in der Besatzungszeit Frankreichs. Daher ist das Motiv des Widerstands für Camus auch politisch zu verstehen. Außerdem zieht er eine aktuelle gesellschaftspolitische Parallele: «... der Arbeiter von heute arbeitet sein Leben lang an den gleichen Aufgaben, und sein Schicksal ist genauso absurd» (Camus 2010, S. 157). Das Schicksal des Sisyphos ist für Camus aber vor allem allgemein menschlicher Art. Camus schreibt ihm ein Selbstbewusstsein oder Gefühl von Freiheit zu, sogar das Gefühl eines inneren Glücks als Selbsterfahrung seines Widerstands. Dieses Gefühl oder Bewusstsein sieht Camus in der Zeitspanne, in der Sisyphos' Felsbrocken immer wieder von neuem den Gipfel hinabrollt: «Diese Stunde, die gleichsam ein Aufatmen ist und ebenso zuverlässig wiederkehrt wie sein Unheil, ist die Stunde des Bewusstseins. In diesen Augenblicken, in denen er den Gipfel verläßt und allmählich in die Schlupfwinkel der Götter entschwindet, ist er seinem Schicksal überlegen. Er ist stärker als sein Fels.» (S. 157) Für Camus macht Sisyphos generell «aus dem Schicksal eine menschliche Angelegenheit, die unter Menschen geregelt werden muß. Darin besteht die verborgene Freude des Sisyphos. Sein Schicksal gehört ihm. Sein Fels ist seine Sache.

Ebenso lässt der absurde Mensch, wenn er seine Qual bedenkt, alle Götzenbilder schweigen. Im Universum, das plötzlich wieder in seinem Schweigen ruht, werden die tausend kleinen, höchst verwunderten Stimmen der Erde laut. Unbewußte, heimliche Rufe, Aufforderungen von allen Gesichtern bilden die unerläßliche Kehrseite und den Preis des Sieges. Es gibt kein Licht ohne Schatten, und man muß auch die Nacht kennen. Der absurde Mensch sagt ja, und seine Anstrengung hört nicht mehr auf.» (S. 159) Im aussichtslos erscheinenden Kampf des Sisyphos sieht Camus geradezu den Inbegriff menschlichen Glücks, wie er seinen Essay abschließt: «Der Kampf gegen Gipfel vermag ein Menschenherz auszufüllen. Wir müssen uns Sisyphos als einen glücklichen Menschen vorstellen.» (S. 160)

Man kann sicher bezweifeln, dass ausgerechnet eine derartig hoffnungslose Tätigkeit wie die Sisyphos-Arbeit Glück bedeuten kann, eher scheint das Gegenteil der Fall zu sein. Dennoch lässt sich das trotzige Aufbäumen des Sisyphos als ein erster Schritt des menschlichen Freiheitsstrebens verstehen, das auch ohne sichtbaren Erfolg Glück bedeuten kann. Sisyphos ist trotz seiner Qualen glücklich zu nennen, weil er nicht resigniert, sondern auf seine eigene Kraft vertraut, sich selbst befreien zu können. Außerdem war die Lage des Sisyphos nicht völlig hoffnungslos. Er konnte immerhin darauf hoffen, dass er mit seinem Aufbegehren anderen Menschen Mut gemacht hatte, und vielleicht konnte er ja auch darauf hoffen, dass er sich selbst oder andere ihn befreien würden. Außerdem hat Sisyphos nicht nur selber Qualen erlitten, sondern er hat vermutlich auch die Götter, die bei Homer alle menschlichen Schwächen besitzen, in ihrem Stolz empfindlich verletzt. Gute Philosophie tut nicht nur den Beherrschten, sondern auch den Herrschern weh und kann ihre Herrschaft schließlich sogar brechen.

Der von Sisyphos begonnene Kampf der Menschen gegen die Götter ging weiter. Im Zuge der griechischen Aufklärung entwickelte sich das Denken *Vom Mythos zum Logos*, wie Wilhelm Nestle (1940) sein bekanntes Buch betitelte. Beide Formen menschlicher Orientierung, durch den Mythos und durch den Logos, sind eng miteinander verbunden. Das Aufbäumen des Menschen gegen die Götter wird in Homers Mythos als gut durchdachte Handlung des Sisyphos geschildert, des «schlauesten aller Männer». Insgesamt ist der Mensch auch im Mythos nicht nur eine willenlose Marionette der Götter, sondern «ein Lebewesen, das einen Logos hat», wie Aristoteles den Menschen definiert (Aristoteles, *Politik*, 1253a). Als nächster Schritt in der kulturellen Entwicklung des Menschen in der griechischen Antike folgt die Einsicht, dass der Mensch selber der Urheber der Mythen ist, auch der Mythen von der Macht der Götter über den Menschen. Der Logos beginnt seine eigene mythologische Form zu durchschauen.

Dass die Mythen oder Erzählungen über den Ursprung und die Ordnung der Welt eine direkte Mitteilung der Götter sind, versuchte dagegen der Dichter Hesiod um 700 v. Chr. seine Zuhörer glauben zu machen, etwa zu Beginn seiner *Theogonie* in der Anrufung der Musen, der Töchter des Zeus:

> Musen am Helikon, ihr, von euch beginn ich zu singen. (...)
> Diese nun lehrten auch den Hesiodos edle Gesänge,
> wie er Lämmer betreut an des heiligen Helikon Hängen.
> So begannen zu mir zuerst die olympischen, hehren Musen
> zu reden,
> die Töchter des aigisschwingenden Gottes.
> *(Hesiod, Theogonie, Verse 1, 22, in: Hesiod 1965, S. 3f.)*

Xenophanes (580/77–485/80 v. Chr.) jedoch zerstört den Mythos Homers und Hesiods und brachte damit das Denken der damaligen Zeit durcheinander. Der Mythos war für die Griechen jahrhundertelang orientierend gewesen, was Platon als verderbliche Leitkultur der unmoralischen Götter kritisiert (*Staat*, X. Buch, 606e). Bereits vor ihm hatte Xenophanes kritisch festgestellt, dass sich die Menschen im Mythos die Götter nach ihrem eigenen Bild erschaffen haben, und dies oft gerade in ihren schlechtesten Eigenschaften: «Alles haben Homer und Hesiod den Göttern angedichtet, was nur immer bei den Menschen Schimpf und Tadel ist: Stehlen und Ehebrechen und einander Betrügen. (…) Doch wähnen die Sterblichen, die Götter würden geboren und hätten Gewand und Stimme und Gestalt wie sie. Doch wenn die Ochsen und Rosse und Löwen Hände hätten oder malen könnten mit ihren Händen und Werke bilden wie die Menschen, so würden die Rosse roßähnliche, die Ochsen ochsenähnliche Göttergestalten malen und solche Körper bilden, wie jede Art gerade selbst ihre Form hätte. (…) Die Äthiopier behaupten, ihre Götter seien stumpfnasig und schwarz, die Thraker, blauäugig und rothaarig.» (Xenophanes *Fragmente* 11, 14–16, in: Diels 1966, S. 132 f.) Xenophanes gewinnt seine Einsicht von den anthropomorphen Göttergestalten auf Grund von Erfahrungen mit anderen Kulturen, die höchst unterschiedliche Vorstellungen von den Göttern haben. Er hält zwar grundsätzlich an der Vorstellung fest, es müsse einen Gott geben, reinigt aber sein Gottesbild von allen menschenähnlichen Eigenschaften. Gott wird vom Gott der Mythologen zum Gott der Philosophen, indem er als rein geistiger Urheber und Lenker des Weltganzen verstanden wird, dies aber unter skeptischem oder agnostischem Vorbehalt: «Ein einziger Gott, unter Göttern und Menschen am größten, weder an Gestalt den Sterblichen ähnlich noch an Gedanken. Gott ist ganz Auge, ganz Geist, ganz Ohr. (…) Und das Genaue freilich erblickt kein Mensch und es wird auch nie jemand sein, der es weiß (erblickt hat) in Bezug auf die Götter und alle Dinge.» (Xenophanes *Fragmente* 23, 24, 34, in: Diels 1966, S. 135, 137)

Der Mythos stammt nicht aus übernatürlichen Quellen, sondern wir Menschen sind es, die Mythen erdichten und darin den Göttern Macht über uns und das Weltganze zusprechen. Nicht der Mythos spricht als Stimme göttlicher Weisheit zu uns und offenbart uns, wer wir sind und wie wir zu leben haben, sondern wir selber erzählen im Mythos, wie wir uns und unser Leben verstehen und leben wollen. Durch den Logos wird der My-

thos in seiner Deutungshoheit über das Schicksal des Menschen
entmachtet. Nicht dem Mythos, sondern dem Logos oder dem
rationalen Denken des Menschen kommt es nach Xenophanes
zu, sein eigenes Schicksal zu verstehen und auch den Mythos als
Produkt menschlichen Denkens zu durchschauen. Das Herr-
schaftsverhältnis der Götter über die Menschen ist unsere Interpretation, und von ihr können wir uns befreien.

Eine erste Theorie der Befreiung von den Mythen und ihren
Göttern entwirft der Sophist Kritias (460–403 v. Chr.) zur Zeit
Platons in seinem Satyrspiel *Sisyphos*. Offensichtlich hat ihn das
Schicksal des Sisyphos stark beschäftigt. Bei Kritias findet seine
Geschichte eine Fortsetzung mit einem glücklicheren Ende als
bei Homer. Kritias schildert Sisyphos nicht nur als einen Philosophen der Praxis von Freiheit, sondern auch ihrer Theorie. In
seinem nur bruchstückhaft überlieferten Satyrspiel stellt Sisyphos das Herr-Knecht-Verhältnis von Göttern und Menschen
auf den Kopf, indem er behauptet, dass nicht die Götter die
Menschen erschaffen haben und über sie herrschen, sondern
dass sie nichts als eine Erfindung der Menschen sind und somit
keine wirkliche, sondern nur eine von uns befürchtete Macht
über den Menschen haben. Ihre Erfindung entspringe einem
machtpolitischen Kalkül. Weil sich die von den Menschen ge-
machten Gesetze als zu schwach erwiesen hätten, den Streit der
Menschen untereinander zu regeln, sei von einem «gedanken-
klugen Mann» die Gottesfurcht als Mittel zur Durchsetzung der
Gesetze erfunden worden – eine bis heute anhaltende Kritik der
Religion: «Es gab eine Zeit, da war der Menschen Leben unge-
ordnet und tierhaft und der Stärke untertan, da gab es keinen
Preis für die Edlen noch auch ward Züchtigung den Schlechten
zuteil. Und dann scheinen mir die Menschen Gesetze aufgestellt
zu haben als Züchtigung, auf daß das Recht Herrscherin sei (...)
Dann als zwar die Gesetze sie hinderten, offen Gewalttaten zu
begehen, sie aber im Verborgenen solche begingen, da, scheint
mir, hat (zuerst) ein schlauer und gedankenkluger Mann die
(Götter)furcht den Sterblichen erfunden, auf daß ein Schreck-

mittel da sei für die Schlechten, auch wenn sie im Verborgenen etwas täten oder sprächen oder dächten. (...) So, denke ich, hat zuerst einer die Sterblichen dazu bestimmt, zu glauben, es gebe das Geschlecht der Götter.» (Kritias *Fragment* 25, in: Diels 1966, 2. Band, S. 386–389) Dieselbe Gestalt des Sisyphos, die in Homers Mythos, von den Göttern besiegt, für sein Aufbegehren Qualen erleiden muss, wird im Satyrspiel des Kritias zum Sieger erklärt, der die Götter als menschliche Erfindung entmachtet. Zugleich zerstört Kritias ein Machtmittel der menschlichen Herrscher.

Die Götter werden im Prozess der griechischen Aufklärung zunehmend als unsere eigenen Bilder der äußeren Natur um uns und unserer inneren Natur erkannt. Sie sind Produkte unserer Ängste und Hoffnungen. Wir Menschen selber sind es, die kämpfen, hassen, lieben, denken, sich entscheiden oder handeln. Dagegen lenkte bei Homer der Kriegsgott Ares wie eine zweite menschliche Person die Lanze des trojanischen Helden: «Ares aber schwang in den Händen die riesige Lanze und ging bald dem Hektor voraus, bald hinter dem Helden». Daher warnt Diomedes seine griechischen Mitstreiter davor, weiter gegen den «göttlichen Hektor» anzukämpfen, und fordert sie zum Rückzug auf:

> Oh, ihr Freunde, was staunen wir denn, daß der göttliche Hektor,
> Doch so ein Lanzenkämpfer ist und mutiger Krieger?
> Steht ihm doch immer ein Gott zur Seite und wehrt
> dem Verderben;
> Jetzt auch ist Ares bei ihm und gleicht einem sterblichen Manne.
> Drum weicht, gegen die Troer gewendet, immer zurück jetzt;
> Wir begehren ja nicht, mit Kraft gegen die Götter zu kämpfen.
> *(Homer Ilias, Buch V, Verse 594 f.; 601–606, in: Hampe (1979a), S. 100)*

Die Entmythologisierung der Götter durch Xenophanes und Kritias bringt mit dem Gewinn menschlicher Freiheit auch den Verlust an Sicherheit der Orientierung mit sich. Sie führt in ein grundsätzliches Dilemma philosophischen Nachdenkens. Einerseits sind die mythologischen Göttergestalten nach Xenophanes nichts als ein Produkt menschlicher Vorstellungen und nach Kritias lediglich ein nützliches Mittel zur Stabilisierung des menschlichen Zusammenlebens. Anderseits entsteht mit ihrer Entlarvung das Problem, was den bestehenden Gesetzen an Stelle der Götter Geltung verschaffen kann. Wenn Gerechtigkeit und Recht nicht auf das Machtwort der unfehlbaren Götter zurückzuführen sind, scheint nur das Recht des jeweils Stärkeren übrigzubleiben. Auf die aufklärerische Philosophie eines Xenophanes und Kritias trifft zu, dass gute Philosophie auch deshalb wehtut, weil sie den Menschen ihre gewohnte Orientierung nimmt.

Auch wenn die Übermacht der Götter im Denken der Menschen im Prinzip gebrochen war, hatten und haben es die Menschen weiterhin real mit den von den Göttern symbolisierten Mächten zu tun: mit der Macht der äußeren Naturgewalten und seiner inneren Natur der zerstörerischen Begierden. Insofern ist die Wirklichkeit der Götter nicht eine reine Erfindung der Menschen und kann nicht durch Denken alleine restlos überwunden werden. Selbst wenn wir durch unser Denken unsere eigenen Denkgebilde durchschaut haben, bleibt die Wirklichkeit der Phänomene erhalten, die uns zu denken und zu fühlen geben. Auf die bleibende Wirklichkeit der entmythologisierten Götter als reale Macht erfahrbarer, bedrohlicher und wohltuender Phänomene macht der Altphilologe und Philosoph Bruno Snell in seinem Buch *Die Entdeckung des Geistes* (1955) aufmerksam: «Wer wollte etwa leugnen, daß Aphrodite existiert? Sie wirkt offenbar in jedem anderen Volk genau wie unter den Griechen, ja, selbst unter den Tieren. Es ist schlechthin unsinnig zu behaupten, man ‹glaube› nicht an Aphrodite, die Göttin der Liebe – man kann sie vernachlässigen, sich nicht um sie kümmern, wie der Jäger Hippolytos sie mißachtet hat, aber darum ist Aphrodite doch da und wirkt. Ebenso sind und wirken Athena und Ares. Und wer will bestreiten, daß schließlich doch

Zeus eine heilige Ordnung der Welt bewahrt? Die Götter sind so gewiß da, wie es Lachen und Weinen gibt, wie die Natur um uns lebt, wie wir Hohes und Feierliches, Kühnes und Hartes, Buntes und Heiteres treiben können.» (Snell 1955, S. 45)

Dass die mythologischen Göttergestalten nicht bloße Hirngespinste der Menschen sind und nicht allein durch unser Denken vollständig überwunden werden können, sondern wirkliche Kräfte und Geschehen in der Welt symbolisieren, wird auch in der *Theogonie* (*Entstehung der Götter*) Hesiods deutlich. Die Götter symbolisieren bei Hesiod das Werden und den Aufbau der Welt:

> Wahrlich, zuerst entstand das Chaos und später die Erde,
> Breitgebrüstet, ein Sitz von ewiger Dauer für alle Götter,
> die des Olymps beschneite Gipfel bewohnen
> Und des Tartaros Dunkel im Abgrund der wegsamen Erde,
> Eros zugleich, er ist der schönste der ewigen Götter;
> Lösend bezwingt er den Sinn bei allen Göttern und Menschen
> Tief in der Brust und bändigt den wohlerwogenen Ratschluß.
> Aus dem Chaos entstanden die Nacht und des Erebos Dunkel;
> Aber der Nacht entstammen der leuchtende Tag und der Äther.
> *(Hesiod, Theogonie, Verse 116–124, in: Hesiod 1965, S. 8)*

Man kann Hesiods *Entstehung der Götter* (*Theogonie*) als Werden der Welt gut nachvollziehen: das ungeordnete Chaos als Ursprung von allem, die Erde als «Sitz» des Lebens sowie die Macht des Eros. Die Menschen erzählen sich in Form des Mythos, wie sie sich gegen das Chaos und die rohe Macht der Götter eine eigene Ordnung errungen haben, symbolisiert in der gerechten Ordnung des Zeus, den die Götter «zum König und ihrem Gebieter» erwählten (Hesiod, *Theogonie*, Vers 883, S. 42)

Indem sich Sisyphos gegen die Wirklichkeit göttlicher Übermacht auflehnte, hat er den Anfang im Weg vom Mythos zum Logos als Philosoph praktizierter Freiheit gemacht. Er hat mit seinem Aufstand gegen die Götter überhaupt erst den Weg freigemacht, über sich selbst und die Welt zu philosophieren, bis er bei Kritias selber zum Kritiker des Mythos wird. Dagegen gilt seit Aristoteles (384–322 v. Chr.) nicht Sisyphos, sondern Thales (624–547 v. Chr.) als erster Philosoph. Ein Philosoph ist nach Aristoteles ein Prinzipiendenker des Ganzen. Thales habe, so erklärt Aristoteles zu Beginn seiner *Metaphysik*, als Erster nach dem Urgrund des Weltganzen oder der Natur (griech. *physis*) gefragt und nach ihm andere Prinzipiendenker wie Anaximines, Empedokles oder Anaxagoras (Aristoteles, *Metaphysik*, Buch I, Kapitel 3). Für Thales, den Bewohner der ionischen Mittelmeerküste, war es auf Grund seiner Beobachtungen und Erfahrungen naheliegend, «das Wasser» im Kreislauf des Geschehens als Urgrund von allem anzusehen. Bei seiner Frage nach dem Prinzip oder Urgrund des Weltganzen hat sich Aristoteles allerdings nicht die Frage gestellt, wer wir selber als Menschen sind, die wir Götter oder ein anderes Prinzip als Ursprung der Welt behaupten. Vor Thales aber hatte sich Sisyphos selbst als Mensch verstanden und sich gegen die Götter behauptet. Daher kann Sisyphos und nicht Thales als der erste Philosoph gelten.

Der von Sisyphos begonnene Prozess der Emanzipation von den Göttern (lat. *emancipatio*, die Entlassung aus der väterlichen Hand) ist nicht nur ein Prozess ersehnter Befreiung, sondern zugleich ein Prozess schmerzlicher Desillusionierung und Neubelastung des Denkens: Durch Kopernikus' heliozentrisches Weltbild sind wir Menschen auf der Erde nicht länger Mittelpunkt der Welt, sondern verlieren uns im endlosen Universum; nach Darwins Evolutionstheorie sind wir nicht mehr die Krone der Schöpfung, sondern müssen unsere eigenen Fähigkeiten neu einschätzen; nach Freuds Psychoanalyse schließlich ist die menschliche Vernunft nicht mehr «Herr im Haus», sondern wir werden von unseren Trieben beherrscht, wie er selber seine eigene Leistung als dritte narzisstische Kränkung versteht. Gegenwärtig erleben wir weitere Kränkungen unseres Selbstbildes. In der ökologischen Krise erfahren wir, dass wir uns nicht länger als «Herr und Besitzer» (Descartes, vgl. Kap. 6) der äußeren Natur ohne eigenen Schaden aufspielen können; in der weltpolitischen Krise und in der fundamentalistischen sowie terroristischen Herausforderung wird die Notwendigkeit sichtbar, unser eigenes westliches Wertesystem durch universale Menschenrechte zu erweitern; die Grenzen menschlicher Vernunft werden in der Krise des wissenschaftlich-technischen Fortschritts immer sichtbarer; schließlich bedeuten die globale Verflechtung im Handel und in der Politik, die uns von außen umgibt, sowie das Netz neuronaler Verflechtungen, das uns von innen steuert, dass wir unser Selbstverständnis weiterentwickeln müssen. Was also ist für uns im Leben wichtig und wer sind wir oder wollen wir als Menschen sein? Wenn wir nach Sisyphos den Kampf gegen die Götter und andere undurchschaubare Mächte weiterführen wollen, die unser Welt- und Menschenbild bestimmen, müssen wir uns fragen, was uns im Leben wichtig ist und wer wir selber sind – eine Mühe, die der Sisyphos-Arbeit ähnlich ist. Damit beginnt die Arbeit des Sokrates und der anderen Stechfliegen.

2. Was ist für uns im Leben wichtig?
Die *Stechfliege* Sokrates

SOKRATES: Solange ich atme und dazu imstande bin, (werde ich) nimmer aufhören, zu philosophieren und auf euch einzureden und jedem von euch, den ich treffe, ins Gewissen zu reden, indem ich in meiner gewohnten Art zu ihm sage: ‹Mein Bester, du bist Athener, ein Bürger der größten und durch Bildung (*sophia*) und Macht berühmtesten Stadt, und du schämst dich nicht, dich darum zu kümmern, wie du zu möglichst viel Geld und wie du zu Ehre und Ansehen kommst, doch um die Vernunft und die Wahrheit und darum, daß du eine möglichst gute Seele hast, kümmerst und sorgst du dich nicht?› Und wenn einer von euch das bestreitet, und sagt, er kümmere sich darum, dann werde ich ihn nicht gleich laufen lassen und weggehen, sondern ihn fragen und prüfen und ausforschen, und wenn ich den Eindruck bekomme, daß er keine Tugend (*areté*) besitzt, obwohl er's behauptet, dann werde ich ihm den Kopf zurechtsetzen, weil er das Wertvollste am niedrigsten einschätzt und das Minderwertige höher. Und das werde ich bei Jüngeren und Älteren tun, wie ich sie treffe, und bei Fremden und Einheimischen (...). (denn ich bin jemand), der gleichsam, so lächerlich das klingt, durch göttlichen Ratschluß der Stadt beigegeben ist wie einem großen und edlen Pferde, das indes wegen seiner Größe etwas träge ist und von einer Stechfliege (*myops*) angestachelt werden muß – so, glaube ich, hat mich der Gott dieser Stadt beigegeben: als jemanden, der euch unentwegt aufrüttelt und mahnt und schilt, jeden einzelnen von euch, indem er den lieben langen Tag an euch herantritt.

(Platon, Apologie, 29d–30a, 30e–31a)

Der athenische Philosoph Sokrates (470–399 v. Chr.; siehe Martens 2004) sah es als seine Lebensaufgabe an, seine Mitbürger

und jeden einzelnen Menschen in ihrem Nichtwissen aufzu-
wecken, das heißt in ihrem bloß eingebildeten Wissen über die
«wichtigsten Dinge» in unserem Leben (*ta mégista*; *Apologie*
22d). Dabei nahm er sich vor allem die Autoritäten Athens vor,
die Feldherren, Priester und Staatsmänner. Schließlich wurde er
als Siebzigjähriger wegen seiner Tätigkeit vor Gericht gestellt.

In Platons Dialog *Apologie* (*Verteidigungsrede*) macht Sokrates allerdings aus seinen Anklägern selber Angeklagte. Die
Anklage, er leugne die Götter der Stadt und verderbe die Jugend, zeuge vom Nichtwissen der Ankläger. Die Bürger Athens –
und die übrigen Menschen – bilden sich auf ihr Ansehen und
Wissen etwas ein, wissen aber nicht, was für sie als Menschen
im Leben wirklich wichtig ist oder worauf es für ein gelungenes
Leben ankommt. Von den alten lebensnotwendigen Tugenden
wie Tapferkeit, Besonnenheit, Gerechtigkeit oder Frömmigkeit
haben sie, wie Sokrates ihnen in seinen Dialogen nachweist,
keine Ahnung, reden aber von ihnen, als ob sie es wüssten.
Stattdessen kümmern sie sich um Ruhm, Macht oder Reichtum
und was ihnen sonst noch wichtig erscheint. Dies liegt, so war
Sokrates überzeugt, letztlich daran, dass sie nicht wissen, was
sie als Menschen wirklich sind und sein sollten. Sie sind weder
bereit noch fähig, sich selbst zu erkennen. Sokrates vergleicht
seine Heimatstadt Athen mit einem «großen und edlen Pferd»,
das «wegen seiner Größe etwas träge geworden ist» und wieder
auf Trab gebracht werden muss. Wie eine lästige Stechfliege
störe er daher die Athener in ihrem selbstgefälligen Wissen. Dadurch bringt er sie in Verwirrung und lähmt sie in ihrem Denken, vergleichbar mit einem «Zitterrochen», wie ihn Menon im
gleichnamigen Dialog Platons beschreibt: «Du dünkst mich
vollkommen, wenn ich auch etwas scherzen darf, in der Gestalt
und auch sonst, jenem breiten Seefisch, dem Zitterrochen zu
gleichen. Denn auch dieser macht jeden, der ihm nahekommt
und ihn berührt, erstarren» (*Menon* 80a). Wie aber ein Pferd
die lästigen Stechfliegen durch seinen Schweif loszuwerden versucht, wollen sich auch die Athener den lästigen Frager vom

Leib halten und stellen Sokrates vor Gericht. Nachdem er in seiner Verteidigung die Athener weiter provoziert hat, verurteilen sie ihn schließlich zum Tode durch den Schierlingsbecher. Damit können die Athener und alle anderen Menschen die Stechfliege Sokrates aber nicht loswerden, wie er ihnen zum Schluss seiner *Verteidigungsrede* nach seiner Verurteilung zum Tode prophezeit: «Ihr habt jetzt so gehandelt, weil ihr glaubtet, ihr würdet euch dann nicht mehr wegen eurer Lebensführung ausfragen lassen müssen – da wird es euch ganz anders ergehen, sag' ich euch. Es werden noch mehr kommen, die euch ausfragen (...) und ihr werdet euch noch mehr ärgern.» *(Apologie 39cf)*

Athen hatte zur Zeit der Hinrichtung des Sokrates (399 v. Chr.) schon lange nicht mehr die Größe und das Ansehen, auf das es sich, wie ihnen Sokrates vorhielt, immer noch etwas einbildete und das es während der Regierungszeit ihres großen Staatsmannes Perikles (443–428 v. Chr.) tatsächlich einmal besessen hatte. Perikles hatte den Ausbau der Demokratie und die Sicherung der Vormachtstellung Athens in Griechenland betrieben sowie die Kultur in Athen gefördert und die Akropolis errichten lassen. Zur Zeit des Sokrates war Athen allerdings als einstige Führungsmacht Griechenlands nach dem verlorenen Peloponnesischen Krieg (431–404) gegen seinen Erzrivalen Sparta in eine politische Krise geraten. Die athenische Demokratie musste nach ihrer Niederlage die Fremdherrschaft der Spartaner erdulden, rechnete aber nach deren Vertreibung mit ihren Gegnern ab. Zu ihnen gehörte ihrer Auffassung nach auch Sokrates, vor allem deshalb, weil jemand wie Kritias (vgl. Kapitel 1), der berüchtigte Anführer der von Sparta eingesetzten «Dreißig Tyrannen», ein Schüler des Sokrates gewesen war. Sokrates aber wehrte sich stets dagegen, für andere Menschen «Lehrer» der Weisheit nach Art der «Sophisten» (griech. *sophía*, die Weisheit) zu sein. Als «Philosoph» (griech. *philósophos*, Liebhaber der Weisheit) strebe er vielmehr nach Weisheit, besitze sie aber nicht. Er wollte lediglich andere dazu anstacheln, ebenfalls nach ihr zu streben. Bei Schülern wie Kritias

aber, den Platon in seinem Dialog *Charmides* als machtbeses-
senen Sophisten darstellt, hatte er offensichtlich keinen Erfolg
damit. Sein Schüler Platon dagegen, der Sokrates schon in jungen Jahren begegnet war, widmete sein ganzes Leben der Philosophie und versuchte, auf die Fragen des Sokrates eine Antwort
zu geben.

Zu Beginn des Krieges konnte sich Athen noch Hoffnungen
machen, als Sieger im Kampf mit Sparta um die Vormachtstellung in Griechenland hervorzugehen. In einer Rede zur Be-
stattung der Gefallenen wurde Athen von Perikles noch überschwänglich gelobt: «Unsere Stadt ist die Schule für ganz Athen.
Jeder einzelne Mann ist gut unterrichtet und versteht es, sich
mit besonderem Anstand und körperlicher Anmut zu bewegen.
Die Geltung der Stadt beweist, dass diese Worte keine Prahlerei
sind, sondern die volle Wahrheit. Unsere Stadt kann jeden
Kampf bestehen, und sie ist noch besser als ihr Ruf. (...) Weil
wir unsere Macht auf bewiesene Taten gründen, werden uns die
Mitmenschen und Nachkommen bewundern. Wir brauchen
weder Homer noch einen anderen Dichter als Lobredner. Sie
sind zwar im Augenblick schön anzuhören, aber das Wesentliche unserer Taten erwähnen sie doch nicht. Mutig schaffen wir
uns Zutritt zu jedem Meer und Land und lassen überall die
Denkmäler unserer Wohltaten oder unserer Zerstörung zurück.
Für eine solche Verfassung sind nun diese Männer hier gefallen.
Und jeder Überlebende sollte in gleicher Weise bereit sein, glei-
che Gefahren dafür zu bestehen.» (Thukydides, *Der Peloponnesische Krieg,* 1959, S. 45 f.)

Der Verlauf des Krieges und die Niederlage gegen Sparta
stürzten Athen und ganz Griechenland nicht nur in eine politische, sondern auch in eine geistig-moralische Orientierungskrise, wie sie Thukydides beschreibt: «In der folgenden Zeit
geriet sozusagen ganz Hellas in Bewegung. Überall entstand
Zwiespalt. (...) Auch änderte man die gewohnte Bedeutung der
Worte je nach der Lage nach eigenem Gutdünken. Tollkühnheit
galt jetzt für dienstfertige Tapferkeit, kluges Zaudern für schön

verschleierte Furcht, ein weises Betragen für einen Vorwand der Feigheit. (...) Alle Parteiungen machten ihre Leidenschaften zur Richtschnur ihres Verhaltens.» (S. 75–77) Die siegreiche Partei der Demokraten in Athen nahm nach der Vertreibung der Spartaner die angebliche Nähe des Sokrates zu den Feinden und seine Kritik an der damaligen Demokratie als willkommene Gelegenheit wahr, mit dem Störenfried Sokrates kurzen Prozess zu machen. Die konservativ eingestellten «Demokraten» wollten sich nicht eingestehen, dass die alten Werte aus den Epen Homers neu durchdacht werden mussten, und sahen in deren Kritikern Feinde und Zerstörer ihrer überlieferten Wertebasis. Sokrates aber hatte die Krise nicht etwa hervorgerufen, sondern in aller Schärfe diagnostiziert, ohne sie kurzfristig therapieren zu können. Dies gelang auch seinem Schüler Platon nicht, der mit seiner «Akademie» die Grundlagen der Polis durch Philosophie und Wissenschaft erneuern wollte.

Die von Thukydides beschriebene Krise hatte in der durch Xenophanes eingeleiteten Entmythologisierung der Götter ihre tieferen Wurzeln. Auf die grundlegende Orientierungskrise reagierten die Sophisten und Sokrates in unterschiedlicher Weise. Die Sophisten setzten an die Stelle der Willkür der Götter die Willkür der Begierden und des einzelnen Menschen. Nach Protagoras (ca. 490–411 v. Chr.), ihrem einflussreichsten Vertreter, ist «der Mensch der Maßstab aller Dinge». Sokrates dagegen forderte seine Mitbürger dazu auf, mit Hilfe ihrer Vernunft eine neue, für alle verbindliche Orientierungsbasis zu finden und die Herrschaft blinder Begierden durch die Herrschaft kritischer Vernunft abzulösen. Er plädierte für ein neues, humanes Menschenbild. Die Frage, wer wir selbst als Menschen sind und sein wollen, lässt sich nach Sokrates in Platons späterem Dialog *Phaidros* als Alternative formulieren: Sind wir «ein Ungeheuer, verschlungener gebildet und ungetümer als Typhon» oder sind wir «ein milderes und einfacheres Wesen, das sich eines göttlichen und edlen Teiles von Natur erfreut» (230a)? Bei seiner Typhon-Frage benutzt Sokrates in der Sprechweise seiner Zeit einen Vergleich aus dem Mythos. Typhon ist in Hesiods *Theogonie* ein «Ungeheuer» mit hundert Schlangenköpfen, feuerspeienden Augen und einer furchterregenden Stimme (Hesiod 1965, Verse 820–880, S. 39–42). Mit dem «göttlichen und edlen Teil» dagegen spielt Sokrates auf Zeus an, der nach dem Mythos das Ungeheuer Typhon mit Hilfe seiner Blitze besiegte und in die Unterwelt verbannte. Damit siegte er als Gott der Gerechtigkeit über Tyrannei und Unordnung. Übertragen auf den Menschen fragt Sokrates, ob wir die Kraft der Vernunft in uns erkennen und mit ihrer Hilfe unsere zerstörerischen Begierden bändigen können. Er fragt danach, was in der Seele des Einzelnen und in der Verfassung der Polis ein ausgewogenes Verhältnis zwischen Begierden und Vernunft bedeuten könnte, wie es später Platon im *Staat* darstellt (Buch IV). Damit wird der Kampf der Götter um die Herrschaft untereinander zum Kampf um die gerechte Ordnung in und unter den Menschen.

Sokrates hat keine eigene fest umrissene Lehre vertreten oder aufgeschrieben, sondern seine grundlegenden Fragen im Prozess des Philosophierens mit seinen Dialogpartnern entwickelt und seine eigenen Vorstellungen nur angedeutet. Dabei wolle er, wie seine Mutter Phainarete, lediglich Hebammendienst leisten (*Theätet*, 148d–151d) und anderen bei der Geburt helfen, nicht aber selber Weisheiten gebären oder anderen einreden. Vom Philosophieren des Sokrates wissen wir, ähnlich wie von der Lehre des Konfuzius und Jesus, nicht durch seine eigenen Schriften, sondern durch die schriftlichen Zeugnisse seiner Schüler und Zeitgenossen. Jeder von ihnen greift eine spezielle Seite seiner vielschichtigen Person und Tätigkeit auf.

• Der Komödienschreiber Aristophanes (ca. 445–385 v. Chr.) stellt Sokrates in seinem Stück *Die Wolken* als besonders gefährlichen sophistischen Lehrer dar, der den Jugendlichen rhetorische Tricks beibringe, mit deren Hilfe sie sich zum Beispiel vor Gericht Vorteile verschaffen könnten; durch die Leugnung der Götter und der guten alten Sitten verleite er sie gegen alle Auto-

ritäten zu Ungehorsam. Die durch die Komödie des Aristophanes unter das athenische Volk gebrachten Vorwürfe des «Göt-
terfrevels» und der «Jugendverderbnis» trugen, wie Sokrates in
seiner *Verteidigungsrede* behauptet, dazu bei, dass er schließlich
vor Gericht gestellt wurde (*Apologie* 18a–19a).

• Die zweite wichtige Quelle zu Sokrates sind *Die Erinnerungen
an Sokrates* seines Schülers Xenophon (ca. 428–354 v. Chr.). Als
Großgrundbesitzer und Feldherr neigte dieser zu einer Lebensweise, die von konservativen Werten und festen Regeln bestimmt war. Als langjähriger Schüler des Sokrates entwirft er –
im Gegensatz zu Aristophanes, der ihn nicht so nahe wie er
miterlebt hatte – das Bild eines Mannes, der für die Stadt Athen
im bürgerlichen Sinn durchaus nützlich war, indem er die Jugend zu den herkömmlichen Tugenden von Gerechtigkeit,
Frömmigkeit oder Tapferkeit und zur Achtung der Götter der
Polis erziehen wollte. Der Sokrates Xenophons will die Athener
nicht zum kritischen Nachdenken anregen, sondern zu den alten
Sitten und Gebräuchen zurückführen.

• Platon (427–347 v. Chr.), die dritte und berühmteste Quelle,
nimmt in seinem Sokrates-Bild Züge der beiden anderen Dar-
stellungen auf und verbindet sie zu einem philosophischen
Sokrates-Bild. Platons Sokrates tritt zwar, wie bei Xenophon,
für feste Wertüberzeugungen ein, kritisiert aber, wie Aristophanes in den *Wolken* zutreffend darstellt, ihre mythologische Begründung und tritt, wie auch die Sophisten, für deren kritische
Prüfung ein, zugleich aber, anders als diese, für eine Neubegründung der Werte. Sein Ziel ist es, die Athener Jugend weder zum
kritiklosen Gehorsam gegenüber der Tradition noch zu einer
ziellosen Kritik zu bewegen, sondern zum kritischen und kon-
struktiven Gebrauch ihrer eigenen Vernunft.

Platons eigene Philosophie ist von der Philosophie seines Lehrers Sokrates nur schwer zu unterscheiden, da Sokrates in den
meisten Dialogen der Hauptunterredner ist und häufig ähnliche
Lehren wie der spätere Platon zu vertreten scheint. In den vier

Sokrates-Dialogen *Euthyphron*, *Apologie*, *Kriton* und *Phaidon*
allerdings – außer dem *Phaidon* stammen alle aus Platons früher
Schaffenszeit –, die vom Leben und Philosophieren des Sokrates
in den letzten Wochen seines Lebens bis zu seiner Hinrichtung
handeln, tritt Platon deutlicher als in seinen anderen Dialogen
hinter der Person des Sokrates zurück. In ihnen kann man die
Stechfliege Sokrates bei ihrer Arbeit genauer kennenlernen. Außerdem bieten die Dialoge nicht nur Meisterstücke philosophischen Denkens, sondern einen geradezu ästhetischen Genuss
des literarischen Könnens von Platon. Ohne sich die Mühe zu
machen, das sokratische Philosophieren an einigen Beispielen
näher zu verfolgen, hält man sich die Stechfliege Sokrates vom
Leibe und gibt sich damit zufrieden, ihn bloß durch eine äußere
Beschreibung zur Kenntnis zu nehmen. Daher soll im Folgenden
auf seine Tätigkeit an Hand der vier Sokrates-Dialoge genauer
eingegangen werden.

Euthyphron.   Der erste Sokrates-Dialog ist in seinem elementa-
ren Inhalt und seiner elementaren Methode ein besonders gutes
Beispiel für das typisch sokratische Philosophieren. Auf dem
Weg zum Gerichtsgebäude begegnet Sokrates Euthyphron, einem Priester der alten rituellen Götterverehrung, der in seinem
Beruf in Athen damals kaum mehr ernst genommen wurde,
dessen Denkweise aber immer noch viele Athener teilten. Beide,
Euthyphron und Sokrates, haben es mit einer Anklage wegen
Gottlosigkeit oder Unfrömmigkeit (*asébeia*) zu tun. Während
Sokrates selbst wegen Gottesfrevel angeklagt ist, klagt Euthyphron umgekehrt ausgerechnet seinen eigenen Vater wegen
eines Gottesfrevels an. Dabei beruft er sich auf die Götter Homers und Hesiods als Legitimationsgrundlage, die Sokrates
dagegen kritisiert. Auf dem Weg zum Gericht begegnen sich die
alte Welt des Mythos und die neue Welt des Logos. Die Maßstäbe der Kritik des Sokrates sind methodischer und inhaltlicher
Art. Methodisch macht Sokrates von einer argumentativen
Rede- und Denkpraxis Gebrauch, die zumindest unausgespro-

chen auch von seinen Gesprächspartnern anerkannt wird. Sokrates verwickelt seine Gesprächspartner in Widersprüche mit
deren eigenen Vorannahmen und versucht, sie dazu zu bringen,
die von ihnen verwendeten Begriffe und Behauptungen zu überprüfen und gegebenenfalls zu korrigieren. Allerdings hat er bei
Euthyphron keinen Erfolg. Dieser geht bis zum Schluss davon
aus, dass Frömmigkeit das ist, was den Göttern gefällt, und genau das tue sein jetziges Handeln. Er klagt seinen Vater wegen
einer unfrommen oder, was im Dialog gleichbedeutend ist, ungerechten Handlung an, weil er seinen Knecht in einem Brun-
nen eingesperrt und dort habe umkommen lassen. Der Grund
für die Behandlung seines Knechtes war, dass dieser einen seiner
Mitknechte getötet hatte. Bei seiner Klage beruft sich Euthyphron auf das Vorbild des Gottes Kronos. Die Anklage gegen
seinen eigenen Vater wegen Unfrömmigkeit wird von Euthyphrons Verwandten dagegen selber als unfromm kritisiert. Der
Respekt vor dem eigenen Vater, so wird von diesen offensichtlich angenommen, stehe über der Pflicht zu einer angeblich gott-
gefälligen Gerechtigkeit. Der Wertekonflikt zwischen Respekt
vor den Eltern und gottgefälliger Gerechtigkeit ist der Grund
für die widersprüchliche Beurteilung der konkreten Handlung
Euthyphrons: Er selber hält seine eigene Handlung für fromm,
weil er unbeschadet der Person nach göttlichem Vorbild seinen
eigenen Vater anklagt; die Verwandten dagegen halten dieselbe
Handlung ganz im Gegenteil für unfromm, weil er seinem eigenen Vater mit seiner Anklage schade und ihn nicht respektiere.

In seiner gewohnten Art gibt Sokrates daraufhin ironisch vor,
von dem Wissen eines Sehers und Priesters wie Euthyphron
lernen zu wollen, was Frömmigkeit ist, während den Lesern des
Dialogs, die ihn kennen, von vorneherein klar ist, dass er dessen
Scheinwissen zu entlarven beabsichtigt. Euthyphron antwortet
auf Sokrates' Frage, was fromm oder gerecht sei, genau das sei
fromm, was er jetzt tue: jemanden wegen einer unfrommen
Handlung anklagen, auch wenn es der eigene Vater ist. Zu seiner Rechtfertigung beruft er sich auf eine für ihn vorbildliche

göttliche Handlung, die Hesiod in der *Theogonie* schildert (Vers 147 ff., 453 ff., in: Hesiod 1965, S. 9 ff., S. 22 f.). Danach hat der Gott Kronos ebenfalls seinen eigenen Vater, den Gott Uranos, bestraft, weil dieser seine Kinder aus Angst vor deren Machtgelüsten unter die Erde verbannt hatte. Sokrates fragt aber nach keinem – egal ob menschlichen oder göttlichen – Beispiel für frommes Handeln, sondern nach einem allgemeingültigen Kriterium, mit dessen Hilfe man strittige Einzelhandlungen wie die vorliegende beurteilen könne. Gefragt ist nach der *einen*, maßgeblichen «Idee» (griech. *idéa*, wörtlich: Gestalt) der Frömmigkeit, nicht nach *vielen*, strittigen Beispielen von frommen Handlungen – hier klingt übrigens Platons sogenannte Ideenlehre zum ersten Mal gleichsam nebenbei an (vgl. Kapitel 3). Die Handlungen der Götter, so kritisiert Sokrates Euthyphrons Antwort, können deshalb nicht zur Orientierung dienen, weil sich die Götter bei Homer und Hesiod selber über gerechte und ungerechte Handlungen streiten, wie bereits Xenophanes kritisiert hatte. Als allgemeines Kriterium ist daher das Handeln der Götter nicht haltbar, wie Euthyphron vorschlägt: «Was alle Götter lieben» (9e).

Fromm, so räumt Euthyphron auf Nachfragen des Sokrates ein, ist etwas nicht deshalb, weil es alle Götter lieben – was ja faktisch nicht der Fall ist –, sondern es ist genau umgekehrt. Weil etwas fromm ist, lieben oder sollten es alle Götter (und Menschen) lieben, wie eine verbesserte Definition lautet: «weil es fromm ist, deshalb wird es geliebt, und nicht weil es geliebt wird, deshalb ist es fromm» (10d). Noch immer in seiner mythologischen, von Autoritäten abhängigen Sichtweise befangen, nennt Euthyphron schließlich ohne nähere Erläuterung als drittes Kriterium, Frömmigkeit sei «Dienst an den Göttern» (13d). Worin ein derartiger Dienst bestehen könnte, kann er nicht zeigen, auch nicht, warum man den Göttern dienen sollte. Offensichtlich meint er immer noch, dass beispielsweise seine eigene, umstrittene Handlungsweise einen derartigen Dienst darstelle. Euthyphron hat weder sein Nichtwissen von Frömmigkeit oder

Gerechtigkeit eingesehen noch lässt er sich von Sokrates zum Weiterdenken anregen, sondern bleibt unbeirrbar bei seinem alten Standpunkt. Wie alle Frühdialoge Platons, endet auch der *Euthyphron* ohne sichtbares Ergebnis.

Sokrates gibt allerdings am Schluss des Dialogs dem Leser als drittem, mitdenkenden Dialogpartner einen Wink, worin der behauptete Dienst an den Göttern bestehen könnte. Ihm selber, Sokrates, gehe es darum, «sein Leben besser zu leben». Hierzu will er im Dienste des Gottes Apoll, wie er zu seiner Verteidigung in der *Apologie* in mythologischer Form sagt, auch die Athener anstacheln. Er will sie dazu bringen, mit Hilfe vernünftigen Denkens herauszufinden, was für sie wirklich gut ist: nicht der «Dienst» an den umstrittenen Göttern des Mythos, sondern eine Orientierung durch die eigene Vernunft. In diesem Sinne wäre es fromm oder gerecht, sich an Argumenten statt an ungeprüften Meinungen oder an blinden Interessen zu orientieren. Ungerecht aber wäre es, seinen bloß subjektiven Interessen oder Begierden zu folgen. Damit behauptet Sokrates, wie ihm der Sophist und Machtmensch Gorgias im gleichnamigen Dialog Platons empört vorwirft, dass das übliche, an den Begierden ausgerichtete «menschliche Leben unter uns ganz verkehrt» sei (*Gorgias* 481c). Gorgias hat Sokrates zwar richtig verstanden, ohne allerdings bereit zu sein, sein Denken und Leben entsprechend zu ändern. Er lässt die Stechfliege Sokrates nicht an sich herankommen.

Apologie. Dass der Mensch mit Hilfe seiner Vernunft ein möglichst «gutes Leben» führen sollte, fordert Sokrates auch im zweiten Sokrates-Dialog: in der *Apologie*, seiner Verteidigungsrede vor Gericht. Nach der Kritik am heteronomen, von den Göttern fremdgesteuerten Menschen im *Euthyphron* rechnet er hier mit der Pseudo-Autonomie der Sophisten ab. Zunächst wehrt er sich gegen den Anklagepunkt der Gottlosigkeit. Man könne ihm keine Gottlosigkeit vorwerfen, da er sich in seinem Tun immer auf sein «göttliches» Daimonion berufe, eine Art innere Stimme des Gewissens. Wer sich aber auf etwas Göttliches berufe, könne nicht gottlos sein, wie Sokrates trickreich den Begriff «göttlich» mehrdeutig verwendet: einmal im Sinne der mythologischen Götter, dann im Sinne eines geradezu göttlichen Gewissens. Das delphische Orakel, die Stimme des Gottes Apollon, wie Sokrates in mythologischer Redeweise fortfährt, habe ihn auf die Anfrage Chairephons als «weisesten Menschen» bezeichnet (20d-21b). Um aber nicht blind einer angeblich göttlichen Autorität zu vertrauen, habe er daraufhin Politiker, Dichter und Handwerker im Gespräch geprüft, ob er selber wirklich weiser sei als diese. Dabei habe sich gezeigt, dass sie sich «in den wichtigsten Dingen» des Lebens (22d) nur ein Wissen einbildeten, ohne es wirklich zu haben, während er selbst sich ein derartiges Wissen nicht anmaßt. Er ist sich dessen bewusst, dass er hiervon nichts weiß. Insofern sei er weiser als seine Gesprächspartner.

Dies schließt nicht aus, dass Sokrates hierzu eine eigene gut begründete Meinung hat, die er im Sinne einer philosophischen Gewissensprüfung bei sich und anderen täglich neu prüft (38a). So ist er vor allem grundsätzlich überzeugt, dass es besser ist, Unrecht zu erleiden als Unrecht zu tun. In der Prüfung der unhaltbaren Meinungen von einem guten Leben sieht er, so zum zweiten Anklagepunkt, keine Verderbnis der Jugend, sondern den größten Nutzen für sie und die gesamte Polis. Denn nur auf der Basis vernünftiger Einsichten in die grundlegenden Werte sei es möglich, die selbstzerstörerische Unordnung im Machtkampf ungeprüfter Interessen in der eigenen Seele und in der Polis zu überwinden, um eine gerechte Ordnung in der Polis zu schaffen: «Ich bin überzeugt, daß euch in der Stadt noch nie eine größere Wohltat zuteil geworden ist als dieser mein Dienst an dem Gotte. Denn ich tue, während ich euch nachlaufe, nichts anderes, als euch, die Jüngeren wie die Älteren, dahin zu bringen, euch nicht zuerst um euer leibliches Wohl und um Geld zu kümmern und auch nicht mit einem solchen Eifer wie um einen möglichst guten Zustand eurer Seele, wobei ich sage, daß nicht der Reichtum sittlichen Wert hervorbringt, sondern der sittliche Wert Reichtum und alle übrigen Güter, für jeden einzelnen und für die Allgemeinheit.» (30af)

Da sich Sokrates keiner Schuld im Sinne der Anklage bewusst, sondern im Gegenteil vom Wert seiner philosophischen Tätigkeit überzeugt ist, plädiert er für Freispruch. Obendrein fragt er seine Richter provokativ: «Was aber kann ein armer Mann gebrauchen, ein Wohltäter, der Zeit haben muß, um euch ins Gewissen zu reden?» Sokrates beantwortet seine eigene Frage mit dem Antrag auf einen lebenslangen «Freitisch im Prytaneion» (36d), dem Amtssitz am Markt, wo die diensttuenden Ratsherren und andere Ehrengäste ihre Mahlzeiten einnehmen. Außerdem sei er bereit, wenn es sein müsse, eine Strafe von dreißig «Silberminen» zu zahlen, für die seine Freunde bürgen wollten (38bf). Auf diesen Antrag hin waren die Richter des Sokrates erst recht erzürnt, weil sie ihn für uneinsichtig und dreist hielten, und sprachen die von der Anklage beantragte Todesstrafe aus. Allerdings war für Sokrates der Tod keine Strafe, wie er seine Richter noch mehr provozierte. Der Tod sei für ihn entweder, wie er die überlieferten Mythen umdeutet, der Übergang in einen angenehmen Traum oder eine willkommene Möglichkeit, in einem jenseitigen Leben mit berühmten Männern weiter über das Gerechte und Gute zu philosophieren, etwa mit Homer oder auch mit Sisyphos, mit dessen Schicksal er sich offensichtlich verbunden fühlt (41bf). Außerdem fordert Sokrates von seinen Anklägern, seine Söhne genauso zu behandeln, wie er selber die Athener behandelt habe: «An meinen Söhnen, wenn sie erwachsen sind, nehmt eure Rache, ihr Männer, und quält sie ebenso, wie ich euch gequält habe, sobald ihr den Eindruck gewinnt, dass sie sich um Geld oder irgendetwas anderes mehr kümmern als um Tugend, oder sobald sie etwas zu sein beanspruchen, was sie nicht sind.» (41e) Sokrates redet so, als ob ausgerechnet seine Ankläger dazu fähig wären, seine Rolle zu übernehmen! In den abschließenden Sätzen seiner *Verteidigungsrede* drückt Platon noch einmal aus, wie das Philosophieren der Stechfliege Sokrates von einem skeptischen Grundton geprägt ist: «Doch jetzt ist's Zeit fortzugehen: für mich, um zu sterben, für euch, um zu leben. Wer von uns dem besseren Los entgegengeht, ist uns allen unbekannt – das weiß nur Gott.» (42a)

Kriton. Im dritten sokratischen Dialog formuliert Sokrates die Grundregel, nach der er sich in seinem Leben richtet. Kriton hatte seinen alten Freund Sokrates im Gefängnis besucht, um ihn zur Flucht zu überreden. Er selber und seine Freunde hätten hierfür bereits alles Notwendige vorbereitet, auch die Wächter seien einverstanden. Sie selber kämen andernfalls in einen schlechten Ruf, wenn sie einem alten Freund wie Sokrates nicht geholfen hätten, und für Sokrates sei ein Weiterleben im Exil der ungerechten Hinrichtung vorzuziehen. Sokrates erwidert, in ihren Gesprächen hätten sie und ihre Freunde gemeinsam der Grundregel zugestimmt, sich statt an Begierden und bloßen Meinungen an der Vernunft zu orientieren: «Denn nicht nur jetzt, sondern schon immer bin ich so beschaffen, dass ich keinem anderen Teil von mir folge als der Überzeugung (*logos*), die sich mir beim Überlegen als die beste herausstellt» (46b). Inhaltlich habe sich für ihn als beste Überzeugung herausgestellt, dass «man nicht das Leben am höchsten achten muss, sondern das gute Leben» (48b). Eine Orientierung an maßlosen Begierden dagegen zerstört, wie Sokrates aus Erfahrung überzeugt ist, nicht nur das Gleichgewicht der Seele, sondern auch die Eintracht der Polis. Gut, so waren sie im Freundeskreis ebenfalls übereingekommen, sei es, auf keinen Fall Unrecht zu tun, auch wenn einem selber Unrecht geschehen sei, sondern lieber Unrecht zu erleiden, wie er jetzt durch seine Hinrichtung. Wenn er aber Kritons Fluchtangebot annehme, setze er sich selber ins Unrecht, weil er damit die Gesetze als Schutz der Stadt verletze, obwohl er selber für sein ganzes Leben aus ihnen Nutzen gezogen habe und ihnen freiwillig gefolgt sei, wie Sokrates im Sinne der modernen Vertragstheorie politischer Moral argumentiert.

Phaidon. Im letzten der vier Sokrates-Dialoge ist aus dem Wahrheitssucher Sokrates anscheinend ein Wahrheitsverkünder geworden. Sokrates philosophiert mit engen Freunden kurz vor seiner Hinrichtung durch den Schierlingsbecher über das Weiterleben der Seele im Jenseits. Dabei scheint er Lehrsätze zu vertreten, die mit seiner agnostischen Überzeugung am Schluss der *Apologie* unvereinbar sind. Dort hatte er hypothetisch den Tod und ein mögliches Weiterleben entweder als schönen Schlaf oder als ein Weiterphilosophieren mit Freunden angesehen, ohne dafür ein Wissen zu beanspruchen. Jetzt dagegen scheint Sokrates die Unsterblichkeit der menschlichen Seele und ihr Weiterleben im Jenseits mit Hilfe metaphysischer Lehrsätze beweisen zu wollen. Er versucht seine Freunde wegen seines bevorstehenden Todes zu trösten, indem er den Tod nicht als Ende, sondern als Vollendung des Lebens in einem besseren Jenseits darstellt. Die Seele werde durch den Tod endlich vom «Gefängnis» des Leibes befreit und werde im Jenseits die reine Wahrheit der Ideen schauen. Für die Unsterblichkeit der Seele führt Sokrates mehrere Beweise an: Wie alles Naturgeschehen habe auch die Seele am ewigen Kreislauf von Werden und Vergehen teil und sei unvergänglich; das Lernen als Wiedererinnerung ewiger Ideen setze als Träger eine ewige Seele voraus; der Seele als Prinzip des Lebens könne nicht zugleich der Tod als gegenteilige Eigenschaft zukommen. Platon, so scheint es, legt Sokrates seine eigene sogenannte Zwei-Welten-Lehre in den Mund: hier die Sinneswelt mit den vergänglichen und wechselhaften Erscheinungen – dort die Ideenwelt der ewigen Urbilder; hier die wechselnden menschlichen Meinungen – dort die gottähnliche Schau der ewigen Wahrheit. Will der Schüler Platon damit indirekt seinen Lehrer Sokrates nachträglich belehren, wie sein behauptetes Nichtwissen durch ein metaphysisches Wissen aufgehoben werden kann? Will er ihn sogar so weit demütigen, dass der ehemalige Lehrer Sokrates jetzt die Lehre seines eigenen Schülers Platon ausspricht?

Der scheinbare Gegensatz zwischen dem fragenden sokratischen und dem wissenden platonischen Sokrates lässt sich allerdings auflösen. Nicht Sokrates, sondern seine Freunde Simmias und Kebes sind es, die als Anhänger der Lehre des Pythagoras (570–510 v. Chr.) vom Tod als Befreiung der Seele und ihrer Unsterblichkeit überzeugt sind. Sokrates argumentiert ausdrücklich von deren Position aus. Er führt die Überzeugung der Anhänger des Pythagoras durch ihr widersprüchliches Verhalten und Denken ad absurdum. Wenn Simmias und Kebes ihre Überzeugung wirklich ernst nähmen, dürften sie, wie er ironisch bemerkt, über seinen baldigen Tod nicht trauern, sondern müssten sich im Gegenteil freuen, dass ihm endlich ein besseres Leben bevorstehe. Er selber dagegen sieht sich, wie er sich ausdrücklich von der pythagoreischen Auffassung distanziert, nicht als jemanden an, dessen Körper zwar bald begraben werde, dessen Seele aber auf ewig in einem besseren Jenseits weiterlebe. Vielmehr versteht er sich als konkreten Menschen, der zusammen mit seinen Freunden auf der Suche nach Wahrheit ist: «ich bin dieser Sokrates, der genau jetzt mit euch einen Dialog führt» (115c). Damit drückt Sokrates seine Überzeugung aus, dass philosophisches Sterben-lernen (67e) keine leibfeindliche Weltflucht bedeutet, sondern Suche nach Wahrheit «genau jetzt» und Abschied von eingebildetem Wissen. Sokrates ist kein Anhänger einer Zwei-Welten-Lehre, sondern philosophiert als sterblicher Mensch darüber, wer wir sind und wie wir leben sollten.

Die vier untersuchten Dialoge zeigen die Haltung des hartnäckigen Weiterdenkens der Stechfliege, die zentralen Inhalte sowie die sokratische Methode des Philosophierens. Die dialogische, nicht notwendig mündliche Methode des Sokrates ist von fünf Merkmalen geprägt (Martens [5]2010, S. 48 ff.):

• Sokrates geht von konkreten Situationen oder Phänomenen aus, etwa von Beispielen vermeintlich frommen Handelns (phänomenologisches Vorgehen)
• er versucht das jeweils strittige Phänomen von dem Vorwissen seiner Gesprächspartner her zu deuten: von den Mythen Ho-

mers und ihren alltäglichen Voranrrahmen her (hermeneutisches Vorgehen)

• er analysiert und prüft die darin enthaltenen zentralen, strittigen Begriffe und Argumente, was beispielsweise Frömmigkeit ist oder ob es erlaubt bzw. geboten ist, aus dem Gefängnis zu fliehen (analytisches Vorgehen)

• dabei spitzt er Kontroversen zu, ob sich unser Handeln an Mythen, an Begierden und an ungeprüften Meinungen oder an der Vernunft orientieren soll, und diskutiert die Kontroversen in ihrem Für und Wider (dialektisches Vorgehen)

• schließlich spielt er Einfälle oder Gedankenexperimente durch, was beispielsweise, so am Ende der *Apologie*, ein Leben in einem Jenseits bedeuten könnte (spekulatives Vorgehen).

Mit Hilfe dieser Methoden, die auch heute noch den Prozess des Philosophierens lebendig erhalten, hat Sokrates seinen Gesprächspartnern zugesetzt. Sein Philosophieren tat nicht nur ihnen, sondern auch ihm selber weh, weil er keine sicheren Antworten wusste. Dass ein Philosophieren nach Art des Sokrates dennoch intellektuelle Anstrengung, Selbsterkenntnis und mögliche Veränderung seines Lebens verlangt, hat der Durchgang durch die vier Sokrates-Dialoge ebenfalls gezeigt. Ohne seine Vernunft, so war Sokrates überzeugt, wäre man blind seinen Begierden nach Art des Ungeheuers Typhon ausgeliefert.

Den Versuch des Sokrates, die Vernunft in uns herrschen zu lassen, lehnt ein Philosoph wie Friedrich Nietzsche (1844–1900) in seinem grundsätzlichen Affekt gegen die Vernunft als lebens- und instinktfeindlich ab. Mit Nietzsche allerdings das sokratische Philosophieren abzulehnen, heißt nicht nur, das lebenszugewandte Philosophieren, sondern auch das philosophiebedürftige Leben misszuverstehen. In der *Götzen-Dämmerung* (1888) nimmt Friedrich Nietzsche eine «Umwertung» der humanistisch-christlichen Werte in der Tradition seit Sokrates und Platon vor, indem er, so der Untertitel seiner Aphorismen-Sammlung, «mit dem Hammer philosophiert», statt mit abwägender Vernunft gegensätzliche Überzeugungen zu analysieren: «Ich habe zu verstehen gegeben, womit Sokrates faszinierte: er schien ein Arzt, ein Heiler zu sein. Ist es nötig, noch den Irrtum aufzuzeigen, der in seinem Glauben an die ‹Vernünftigkeit um jeden Preis› lag? (…) Das grellste Tageslicht, die Vernünftigkeit um jeden Preis, das Leben hell, kalt, vorsichtig, bewußt, ohne Instinkt, im Widerstand gegen Instinkte war selbst nur eine Krankheit, und durchaus kein Rückweg zur ‹Tugend›, zur ‹Gesundheit›, zum Glück… Die Instinkte bekämpfen *müssen* – das ist die Formel für *décadence:* solange das Leben *aufsteigt,* ist Glück gleich Instinkt.» (Nietzsche 1985, S. 17 f., S. 23) Nietzsche fügt hinzu: «Ich war der erste, der, zum Verständnis des älteren, des noch reichen und selbst überströmenden hellenistischen Instinkts jenes wundervolle Phänomen ernst nahm, das den Namen des Dionysos trägt.» (S. 117) Nietzsche verbindet mit dem Philosophieren des Sokrates den Namen des Lichtgottes Apollon und stellt ihm als Gegenpol Dionysos entgegen, den Gott des Weines und des Rausches. Damit verkennt er, dass auch Platons Sokrates den Instinkten und Trieben im Leben des Einzelnen und der Polis eine unverzichtbare Rolle zuspricht, etwa im Bild vom Seelengespann im Dialog *Phaidros* mit den wilden und zahmen Pferden, die der Wagenlenker besonnen und vernünftig leitet (246 a-d).

Gegen eine Verherrlichung der Instinkte und ungezügelter Triebe nach Art eines Nietzsche und sonstiger Irrationalisten hätte die Stechfliege Sokrates kaum eine Chance. Man kann aber das Wirkungsfeld der Irrationalität möglichst einzudämmen versuchen. Wir sind, wie Sokrates seine Frage nach dem Menschen beantwortet, Natur- *und* Kulturwesen, ausgestattet mit Instinkt *und* Vernunft. Gelungenes Leben beruht daher weder auf bloßen Instinkten noch allein auf Vernunft, sondern in einer Balance von beidem. Sokrates' Schüler Platon dagegen neigte mit seinem Philosophenherrscher im *Staat* tatsächlich dazu, «aus der Vernunft einen Tyrannen zu machen», wie Nietzsche nicht ihm, sondern fälschlich Sokrates vorwarf (S. 22).

Dieser wird im *Symposion* als lebenslustiger, auch trinkfester Mensch geschildert. Auch macht er sich weder in der *Apologie* noch im *Phaidon* über ein Jenseits auch nur die geringsten Sorgen und versucht nicht mit Hilfe der Vernunft die Grenzen des Lebens zu übersteigen. Vielmehr verspottet er seine Richter und seine jenseitsgläubigen Freunde, dass sie den Tod entweder als Bestrafung oder als Erlösung vom Leben ansehen. Und schließlich kann er weder in seinem Leben noch in einem fiktiven Jenseits mit dem Philosophieren als Stechfliege aufhören. Philosophieren ist für ihn lebendiges Leben, nicht Sehnsucht nach einem jenseitigen Leben reiner Vernunft.

3. Können wir die Wirklichkeit erkennen?
Platons *Höhlengefangene*

SOKRATES: Sieh dir Menschen gleichsam in einer unterirdischen Behausung an, mit einem breiten Ausgang längs der Höhle, der sich gegen das Sonnenlicht hin erstreckt. In dieser Behausung sind sie von Kindheit an gefesselt an den Schenkeln und am Hals. Daher bleiben sie immer an derselben Stelle und blicken nur nach vorne, ohne den Kopf wegen der Fesseln herumdrehen zu können. Sie haben aber Licht von einem Feuer, das von oben und von weitem hinter ihnen brennt. Zwischen Feuer und den Gefangenen zieht sich oberhalb ein Weg hin. An ihm entlang, so sieh weiterhin, ist eine Mauer aufgebaut, wie die Brüstung, die sich die Gaukler vor den Leuten erbaut haben, über die hinweg sie ihre Gaukeleien zeigen.

GLAUKON: Ich sehe.

SOKRATES: Sieh nun längs dieser Mauer Menschen allerlei Geräte vorbeitragen, die über die Mauer hinausragen, außerdem Bildsäulen sowie andere steinerne und hölzerne Figuren von allerlei Art; und, wie zu erwarten ist, geben einige beim Vorbeitragen Laute von sich, andere schweigen.

GLAUKON: Ein seltsames Bild beschreibst du da, Sokrates, und seltsame Gefangene.

SOKRATES: Sie sind uns ganz ähnlich.

(Staat, VII. Buch, 514a–517a; Übersetzung EM).

Platon (427–347 v. Chr.) ist einer der berühmtesten Philosophen der Weltgeschichte. Seine Werke haben die Geschichte der Philosophie und des Denkens bis heute kontrovers geprägt und werden immer wieder neu gelesen. Sein Höhlengleichnis über die Erkenntnis der Wirklichkeit ist einer der am meisten gelesenen Texte der Philosophiegeschichte und fordert immer wieder das Denken heraus. Was hat Platon wirklich gedacht und kann man ihm zustimmen? Das Höhlengleichnis steht in der Mitte von Platons *Staat (Politeia)*, seinem Hauptwerk über den gerechten Staat. Wie in Platons meisten Dialogen ist Sokrates der Hauptunterredner, vertritt hier aber mehr Platons als seine eigenen Auffassungen. Auch findet man von seinem Philosophieren im Dialog hier keine Spur. So geht er überhaupt nicht auf die Verwunderung Glaukons über das «seltsame Bild» ein, sondern fährt unbeirrt mit der Erzählung seines Gleichnisses fort:

SOKRATES: Denn meinst du, dass derartige Menschen zunächst von sich und voneinander etwas anderes zu sehen bekommen haben als die Schatten, welche vom Feuer auf die Höhlenwand ihnen gegenüber geworfen werden?

GLAUKON: Wie sollten sie denn, wenn sie ihr Leben lang gezwungen sind, den Kopf bewegungslos zu halten.

Die gefangenen Höhlenbewohner, so malt Sokrates das Gleichnis weiter aus, halten die Schatten für die Wirklichkeit und versehen die auf der Höhlenwand erscheinenden Figuren mit eigenen Namen. Schließlich wird einer von ihnen von seinen «Fesseln und Unverstand» befreit und gezwungen, seinen gewohnten Platz zu verlassen, um den Weg nach oben aus der Höhle zum Licht zu nehmen. An dieser Stelle betont Platon in seinem Gleichnis mehrfach, dass die philosophische Befreiung wehtut: Wenn der Befreite seinen Hals umdreht, hat er infolge der vorangegangenen Nackenstarre «Schmerzen»; seine «Augen schmerzen», wenn er in das Licht des Höhlenfeuers schaut; überhaupt ist der ganze Weg nach oben eine einzige Quälerei. Wenn ihn sein Befreier «von dort mit Gewalt durch den steinigen und steilen Weg nach oben schleppt und ihn nicht loslässt, bis er ihn an das Licht der Sonne herausgeschleppt hat, wird er da nicht viel

Schmerzen haben und sich nur widerwillig schleppen lassen?»
(515e) Diese Schilderung erinnert daran, wie unsanft die Stechfliege Sokrates mit ihren Gesprächspartnern umging.

Der befreite Gefangene muss Schritt für Schritt seine alte
Sicht auf die Wirklichkeit aufgeben und sie neu sehen lernen.
Wenn sich der Gefangene von seinem Platz widerwillig hat um-
drehen lassen, nimmt er wahr, was hinter seinem Rücken geschieht, und erkennt Schritt für Schritt, was wirklich ist:

• Zuerst sieht er die angefertigten Gegenstände, die «Gaukler» hinter ihm auf einer Mauer wie in einem Puppenspiel hin-
und hertragen;
• er erkennt, dass die Gegenstände, die er vorher an der Höhlenwand gesehen hatte, nur Abbildungen von Gegenständen
sind, die ein Feuer hinter ihm über eine Mauer hinweg als Schatten auf die Höhlenwand wirft;
• dass die «Gaukler» wiederum nur Abbildungen von den wirklichen Gegenständen auf der Mauer hin- und hergetragen haben, kann er noch nicht erkennen;
• auch wenn der ehemalige Gefangene gegen seinen anhalten-
den Widerstand den mühsamen Aufstieg weiter nach oben außerhalb der Höhle ins Tagelicht geschleppt wird, sieht er immer
noch nicht die wirklichen Gegenstände, sondern zunächst nur
deren Schatten und Spiegelbilder im Wasser;
• erst wenn er sich an das helle Tageslicht gewöhnt hat, erblickt
er außerhalb der Höhle die wirklichen Gegenstände, etwa Pflan-
zen, Bäume oder Tiere;
• nach einiger Zeit kann er auch den Himmel mit den Sternen
und dem Mond sehen;
• zuletzt kann er auch die Sonne selbst «schauen», wenn auch
nur mühsam, weil er von ihrem Licht geblendet wird;
• schließlich erkennt er, dass die Sonne die Ursache von allem
ist, die Ursache der Jahreszeiten und des Umlaufs der Gestirne,
auch die Ursache des Höhlenfeuers und damit auch des Schat-
tenspiels an der Höhlenwand;

• diese Erkenntnis setzt allerdings einen mühseligen Lernprozess voraus und bedarf einer gründlichen Bildung, die Platon im Anschluss beschreibt;

• der befreite Gefangene wird sich, so behauptet Sokrates, wegen seines neuen Lebens, das nicht mehr vom trügerischen Schein, sondern von der Wahrheit oder Wirklichkeit der Welt geprägt ist, glücklich preisen; er wird lieber die Schau des wohlgeordneten Kosmos genießen, als in sein voriges Leben zurückkehren;

• allerdings wird er gezwungen, wieder in die Höhle hinabzusteigen; er sei, so heißt es bei Platon, nicht für ein Leben auf der «Insel der Seligen» (519c), sondern für politische Ämter in der Wirklichkeit der Höhle ausgebildet worden und müsse daher sein Kostgeld zurückerstatten;

• der Philosoph darf sich erst nach einer langjährigen Ausübung politischer Ämter in der Höhle der reinen Schau der Wahrheit außerhalb der Höhle widmen;

• wenn er sich aber in der Höhle bemühe, so heißt es im Gleichnis weiter, die anderen Gefangenen zu befreien, würden sie ihn zu töten versuchen – eine deutliche Anspielung auf das Schicksal des Sokrates, das ihn Platon hier voraussagen lässt;

• das gewohnte Leben in der Höhle ist für die Höhlenbewohner bequemer und erfolgreicher, als ihr Leben zu ändern und sich auf eine mühselige Wahrheitssuche zu begeben; denn es gab für denjenigen «Ehrungen, Lob und Belohnungen», der vom Schattenspiel auf der Höhlenwand «am schärfsten sah, was vorüberzieht, der sich außerdem am besten erinnerte, was davon für gewöhnlich zuerst, später oder zugleich kommt, und der daher schließlich am besten vorhersagen konnte, was jetzt kommen würde» (516cf).

Die Beschreibung des Lebens der Höhlengefangenen ist ein Bild für die von Sokrates und Platon kritisierten politischen Verhältnisse in Athen. Im Streben nach «Ehre, Lob und Belohnungen» sind alle Parteien nur an ihrem eigenen Vorteil interessiert. Jeder versuchte im öffentlichen Machtspiel, die Handlungen der anderen mit Hilfe rhetorischer Tricks am geschicktesten in sein eigenes Kalkül einzubeziehen. Es geht ihnen nur um ihre subjektiven Interessen, nicht um das Gemeinwohl. Der mühselige Weg der befreiten Gefangenen und ihr Wunsch, in der «Schau» der Wirklichkeit außerhalb der Höhle für immer zu verweilen, ist gut nachvollziehbar, so hofft Platons Sokrates jedenfalls. Wenn einem erst einmal die Augen aufgegangen sind, wie viel Unsinn man selber redet oder um sich herum mitbekommt und wie verkehrt das Leben verläuft, möchte man nichts mehr mit einer solchen Wirklichkeit, sondern am liebsten nur noch mit der reinen Wahrheit zu tun haben, erst recht dann, wenn einem die schädlichen Folgen falscher Behauptungen für die Praxis bewusst geworden sind.

Platon sah es im damaligen Athen, das einen Mann wie Sokrates zum Tode verurteilt hatte, für sich selbst nicht als erstrebenswert an, politische Ämter zu bekleiden, wie es für ihn als Hocharistokraten nahegelegen hätte. In seinem autobiographischen *Siebten Brief* schreibt er im Rückblick, dass er nach der Hinrichtung des Sokrates mehrere Bildungsreisen nach Italien und Sizilien unternommen habe, um sich geistig neu zu orientieren, vielleicht auch aus Angst, selber als dessen Schüler und Kritiker der damaligen Demokratie Probleme zu bekommen, Dabei kam er auch mit Anhängern des Pythagoras zusammen. Ihre aus Platons Dialog *Phaidon* bekannte Lehre von der Minderwertigkeit des Leibes und der Unsterblichkeit der Seele liegt auch dem Höhlengleichnis mit der Unterscheidung des Lebens innerhalb und außerhalb der Höhle zugrunde.

Noch deutlicher wird eine derartige Zwei-Welten-Lehre in der anschließenden Interpretation des gesamten Höhlengleichnisses vom platonischen Sokrates nahegelegt: «Dieses ganze Bild nun, sagte ich, lieber Glaukon, musst du mit dem früher Gesagten verbinden» (517af), nämlich mit dem vorher entwickelten Sonnen- und Liniengleichnis (VI. Buch). Ein Gleichnis wird durch ein anderes Gleichnis «erklärt». In beiden Gleichnissen wird die Unterscheidung von wahrer, wirklicher Ideenwelt und nur trügerischer Sinneswelt dargestellt. Normalerweise halten wir das, was wir mit unseren Sinnen wahrnehmen, für wirklich und glauben, hiermit ein sicheres Wissen zu haben. Auch verlassen wir uns darauf, dass unsere Handlungen im Alltag und in der Politik richtig sind, und orientieren uns dabei an tradierten Vorstellungen. Die Stechfliege Sokrates hat diese Lebensweise infrage gestellt und uns in der Sicherheit unseres Alltagsdenkens irritiert. Offensichtlich brauchen wir, so wurde im *Euthyphron* sichtbar, ein Kriterium oder eine allgemeine «Idee» von Frömmigkeit oder Gerechtigkeit, um die angeblich frommen oder gerechten einzelnen Handlungen beurteilen zu können (vgl. Kapitel 2).

Auf den ersten Blick scheint die Wahrheitssuche von Sokrates und Platon gut begründet zu sein. Doch ist sie nicht vielleicht, so könnte man skeptisch fragen, nur ein tröstlicher, aber hilfloser Ersatz für den verloren gegangenen Glauben an die Göttergestalten des Mythos? Was soll denn Wahrheit oder Wirklichkeit bedeuten, und wie kann man sie erkennen? Haben nicht die Sophisten Recht, die sich lieber an ihren eigenen Vorstellungen und Interessen orientieren, als sich einer angeblich für alle verbindlichen «Wahrheit» zu beugen? Platons Philosophie fragt nach der Wahrheit des sokratischen Philosophierens und mutet uns das Risiko eines schmerzhaften Scheiterns zu.

• Mit Hilfe seiner pythagoreisch geprägten Ideenlehre versucht Platon, sich in einem ersten Schritt von der mythologischen Weltsicht Homers und den Göttern als Garanten der Wahrheit und Richtigkeit zu lösen. Er beschreibt die Ideen häufig mit Eigenschaften, die im Mythos den Göttern zukommen: Ewigkeit, Schönheit und Vollkommenheit. Die Ideen sind der Ersatz für die göttlichen Gestalten, an denen sich unser Handeln und unsere Sicht auf die Dinge in der entmythologisierten Welt des Logos orientieren sollen. Die Ablösung von den vertrauten Götter-Mythen Homers war nicht von allen Athenern leicht zu vollziehen, wie beispielsweise der Dialog *Euthyphron* gezeigt hat.

• Noch schwerer ist Platons zweiter Schritt zu vollziehen, die Ablösung von der in mythologischer Sprache formulierten Zwei-Welten-Lehre. Sind die Ideen als geistige Gegenstände nicht lediglich eine Verdopplung der sinnlichen Gegenstände? Wo gibt es sie, wie kann man sie schauen, und was hilft dies für unser Erkennen und Handeln in unserer Welt? Die Botschaft des Höhlengleichnisses, man müsse lediglich «die Ideen schauen», die dem gewöhnlichen Sterblichen von den wenigen Philosophenherrschern präsentiert werden, ist nur schwer zu verstehen. Daher wehren sich die Höhlengefangenen durchaus zu Recht gegen den Befreiungsversuch, den Platons Sokrates an ihnen unternimmt.

Platon selbst hat unermüdlich versucht, seine sogenannte Ideenlehre genauer zu erklären. Was die behaupteten Ideen *sind* und wie man sie *erkennen* kann, beschäftigte ihn bis zuletzt. Das «Universalienproblem» als Frage, was «das Allgemeine» ist, auf das wir uns beim Reden und Handeln als Kriterium beziehen oder beziehen sollen, wird bis heute kontrovers diskutiert: Existiert das Allgemeine als ewige Struktur *vor* und unabhängig von der empirischen Welt (Platonismus), als Struktur *in* ihr (Aristotelismus) oder als *nachträglicher* Name (Nominalismus)? Die Ideen der Zwei-Welten-Lehre sind lediglich eine erste Hilfe, um *aus* der Höhle *heraus*zukommen und zu erkennen, dass wir allgemeine Kriterien oder Ursachen brauchen. Um sich mit Hilfe allgemeiner Ideen aber *in* der Höhle bewegen zu können, ist nach dem ersten schmerzvollen Aufstieg aus der Höhle als Bruch mit der unverstandenen Alltagserfahrung eine zweite schmerzhafte Anstrengung unvermeidlich, verstanden als Bruch mit der Zwei-Welten-Lehre, wie sie noch heute in fast allen Philosophiegeschichten als Platons angebliche Lehre dargestellt wird – sie hört sich so einfach an.

Zunächst allerdings ist auffallend, dass eine Ideenlehre in

Platons Schriften nirgendwo zusammenhängend und ausführlich entwickelt wird. Selbst an den bekanntesten Stellen, an denen «die Idee» thematisiert wird, ist lediglich von einer «abgedroschenen» Ideenhypothese die Rede (*Phaidon* 100b), mit der wir «nach der gewohnten Weise» anfangen (*Staat*, Buch X, 596a). Wenn wir, so hieß es bereits im sokratischen Frühdialog *Euthyphron* (vgl. Kapitel 2), eine Handlung als fromm bezeichnen, haben wir «die Idee» von Frömmigkeit als «Vorbild» vor Augen. Was dies aber bedeutet, ist damit längst nicht geklärt. Platon knüpft an den Prozess der Wahrheitssuche seines Lehrers Sokrates an und ergänzt dessen Frage nach dem guten Leben durch die Frage nach dem *Erkennen* des guten Lebens und der Wirklichkeit insgesamt und versucht darauf eine Antwort zu finden. Auch im *Staat* geht es ihm wie Sokrates um ein elementares praktisches Problem, das gute oder gerechte Leben, zusätzlich um das bei Sokrates noch nicht behandelte elementare theoretische Problem des Wissens.

Am Ende des Dialogs *Theätet* über das Wissen wurde die Antwort diskutiert, Wissen sei «gerechtfertigte wahre Meinung». Wann aber ist «gerechtfertigt» gerechtfertigt oder was ist unter einem guten Grund zu verstehen? Platons Antwort als Erklärung des Höhlengleichnisses, Wissen sei Ideenschau, wirft neue gravierende Fragen auf. Kann man Ideen wie geistige Gegenstände anschauen und an ihnen die sinnlichen Erscheinungen der Dinge messen? Was und wo befinden sich derartige geistige Dinge? Und ist ihre «Schau» verbindlich für alle oder hat jeder seine eigene Sichtweise? Diese Fragen werden im Höhlengleichnis nicht einmal gestellt, geschweige denn beantwortet. Platon war mit seiner ersten, der mythologisch-metaphysischen Version der Ideenlehre seit seinen mittleren und späteren Dialogen mehr und mehr unzufrieden. In seiner Spätschrift *Parmenides* unterzog er sie dann einer scharfen Kritik, wie sie später auch sein Schüler Aristoteles vollzog (Aristoteles, *Metaphysik*, Buch I 9).

Platon diskutiert dort vor allem die Schwierigkeiten, die mit einer radikalen Trennung (*chorismós*) jenseitiger Ideen von den diesseitigen Sinnesdingen verbunden sind (Martens 2009, S. 67–71). Mit der Trennungsthese ist die Gegenstandsthese verbunden, nach der es neben den sinnlichen Einzelgegenständen für sich existierende geistige Gegenstände gibt, auf die man wie auf ein Urbild einfach hinzublicken hätte. Als «größte» Aporie aber nennt Parmenides die Trennung des menschlichen vom göttlichen Handeln (*Parmenides*, 133b–135e): Der göttliche Herrscher herrscht demnach nur über die göttliche Welt, der menschliche Herrscher nur über die menschliche Welt; ebenso erkennen die Götter nur Gegenstände der Götterwelt und die Menschen nur Gegenstände der Menschenwelt. Mit dieser Handlungs- oder pragmatischen Aporie können sich die mythologischen Verkünder der Göttergestalten ebenso wenig zufriedengeben wie die philosophischen Denker der Ideen. Die Welten der Götter und Menschen ebenso die Welt der Ideen und Einzeldinge sollen im Mythos wie im Logos ausdrücklich miteinander verbunden sein. Die Götter leben nicht nur entrückt auf dem Olymp, sondern mischen sich in das Handeln der Menschen ein, wie Homers Epen erzählen. Genau so sind die Ideen nicht bloße Objekte einer seligen Schau, sondern wir brauchen sie für die Orientierung in unserem Erkennen und Handeln. Wenn wir als Menschen beispielsweise nur eine Kenntnis der «göttlichen Kugel», aber nicht der «menschlichen Kugel» und aller anderen «Richtmaße und Kreise» hätten, wie es im *Philebos* heißt, könnten wir davon keinen Nutzen haben (62a–b). Wir müssen nicht nur abstrakt mit Zahlen und anderen mathematischen Größen operieren können, sondern auch fähig sein, sie praktisch anzuwenden, etwa wenn wir ein Haus oder eine Brücke bauen oder Wege finden wollen. Mit der «größten» Aporie einer Trennung beider Welten gibt Platon im *Parmenides* einen deutlichen Hinweis darauf, dass sich die Ideen in ihrem Gebrauch erkennen lassen und zu bewähren haben.

Die metaphysische, jenseitige Ideenschau hat Platon daher durch ein «pragmatisches», diesseitiges Gebrauchswissen zu lösen versucht (Martens 2009; Frede 2011; Wieland 1982). Dabei erinnert er an die Erfahrung, wie wir lebensweltlich für ein erfolgreiches Handeln mit Wörtern und Begriffen umgehen. Zwar kann man beispielsweise, so heißt es im *Phaidros* (259e–260d), die Verwendung der Wörter «Esel» und «Pferd» beliebig austauschen, nicht aber deren Definition oder Bedeutung, wenn sie für unser Handeln brauchbar sein soll. Wir können zwar «dasjenige unter den zahmen Tieren, welches die längsten Ohren hat», entgegen der Sprachkonvention statt «Esel» auch «Pferd» nennen, jedenfalls wenn wir uns darauf einigen, was damit gemeint sein soll. Beim praktischen Gebrauch dieses so beschriebenen Tieres allerdings erfüllen sich unsere Erwartungen für ein erfolgreiches Handeln nicht nach beliebigen Kriterien oder Handlungsregeln. Wir erwarten von einem Tier, das wir «Pferd» im Unterschied zu «Esel» nennen, «dass es zu Hause und im Felde etwas wert ist oder dass es brauchbar ist, um von ihm herab zu fechten, geschickt ist, das Gepäck zu tragen, und zu vielen andern Dingen nützlich ist». Diese Erwartungen kann nur ein wirkliches Pferd erfüllen, egal wie man es nennt, nicht aber ein Esel.

Der Sokrates-Schüler Antisthenes soll für seine Kritik an der in Athen üblichen «demokratischen» Ämterwahl durch Losverfahren dasselbe Beispiel wie Platon benutzt haben. Man könne nicht «durch bloßes Heben der Hände» einen Esel zu einem Pferd oder «ungelernte Leute zu Feldherrn» machen, wie es in der Volksversammlung üblich sei (Diogenes Laertios 1998, Buch VI 8, S. 255). Auch die Gefangenen in Platons Höhlengleichnis versehen Dinge und Handlungen mit beliebigen Namen und glauben, diese dadurch verstanden zu haben. Platon war sich allerdings mit seinem Lehrer Sokrates darin einig, dass in der erfolgreich betriebenen Politik Sachverstand statt Zufall oder Macht herrschen müsse. Gegen die Beliebigkeit sophistischer Rhetorik und der damaligen Demokratie gewandt, überträgt Platons Sokrates im *Phaidros* ähnlich wie Antisthenes das Beispiel vom Pferd auf «das Gute und Böse»: «Wenn also der

Redekünstler unwissend über das Gute und Böse einen ebenso beschaffenen Staat sich vornimmt und ihn zu überreden sucht, nicht etwa einen nichtsbedeutenden Esel als ein Pferd anpreisend, sondern ein Übel als ein Gut, und nachdem er die Meinungen des Volkes kennengelernt, ihn nun überredet, Übles zu tun statt des Guten: was für eine Frucht, glaubst du, werde die Redekunst dann ernten von dem, was sie gesät? – Eben keine sonderliche.» (260cf) Auf die Meinungen des Volkes zu hören, bedeutet in diesem Zusammenhang nicht etwa, sich eine demokratische Meinungsbildung zu verschaffen, sondern den Leuten nach dem Mund zu reden, ohne «gründlich philosophiert» zu haben, wie Platons Sokrates den Rhetor Phaidros kritisiert (261a).

Was aber erkennt und macht jemand, der «gründlich philosophiert» hat, besser als ein geschickter Rhetor, der sich nur an den Meinungen der Leute statt an der Wirklichkeit orientiert? Vorbild für ein sicheres Wissen der Wirklichkeit ist für Platon die Mathematik, die auch im *Staat* eine wichtige Rolle bei der Ausbildung der zukünftigen Philosophenherrscher spielt. So nennen wir ein sinnlich wahrnehmbares Gebilde «Kreis» und definieren es als etwas, dessen Punkte auf der Linie von einer festen Mitte in der Ebene den gleichen Abstand haben (Platon, *7. Brief*, 342a–343a). Auch ein noch so gut gezeichneter Kreis aber erfüllt bei genauerem Hinsehen und Nachmessen die Forderung der Kreisdefinition immer nur annähernd, da die Punkte – etwa die Kreidepartikel – nie den exakt gleichen Abstand vom Mittelpunkt haben. Zwar wird das sinnliche Einzelding oder eine einzelne Handlung immer schon von einer allgemeinen Definition oder Idee her verstanden, wenn wir sie mit Namen versehen. Verstanden aber haben wir sie damit noch nicht, sondern erst dann, wenn wir die Bedeutung oder Idee der Namen kennen. Die Idee existiert nicht für sich, sondern ist die Idee von Namen für etwas in der Sinnenwelt.

Die Idee erfüllt ihren Zweck darin, so lautet Platons zweite Version der Ideenlehre, etwas in der Sinnenwelt durch einen Ge-

brauch zu verstehen, etwa was ein Pferd, was gerecht oder was
ein Kreis ist. Der Gebrauch ist unterschiedlicher Art: entweder
experimenteller Art, wie beim Metall oder Gestein, praktischer
Art, wie bei guten oder gerechten Handlungen, oder konstruie-
render Art wie beim Kreis. In der Mathematik, dem Vorbild des
Ideenwissens, lässt sich ein exaktes Wissen durch die Ableitung
einer Figur oder Gleichung mit Hilfe von Regeln erzeugen. Dasselbe ist bei den beiden anderen Arten des Gebrauchswissens
nur eingeschränkt möglich. Während die Eigenschaften eines
Pferdes, von Metall oder Gesteinen beim Ausprobieren oder
Experiment meistens unstrittig sind, gibt es bei der Beurteilung
praktischer Handlungen als «gut und schlecht» nicht dieselbe
«Reinheit der Erkenntnis», wie Platon im *Philebos* unterscheidet (55c–59b). Eine «reine Dialektik» oder Ideenerkenntnis
aber kann nur ein erträumtes Ideal sein, wie Platon selber einsehen musste. Er gibt an keiner Stelle Beispiele für eine derartige
«Dialektik» außer einige Begriffseinteilungen, etwa um am Beispiel des «Angelfischers» zu bestimmen, was ein «Sophist» ist,
nämlich «die geldbringende Art der streitsprecherischen Kunst»
(*Sophistes*, 218b–221c). Zum Schluss kommt heraus, dass mit
dem *einen* Namen des «Sophisten» *viele,* mindestens sechs
unterschiedliche Bestimmungen verbunden sind (213df). Die
schillernde Figur des Sophisten lässt sich nicht auf einen Nenner
bringen: «Eine scheinbare Erkenntnis also von allen Dingen,
nicht aber die Wahrheit besitzend zeigt sich der Sophist.» (233c)

Offensichtlich sind Platons Begriffseinteilungen des Angelfischers und Sophisten als dialektische Übung nicht ernsthaft
gemeint. Was aber kann Platon dem Scheinwissen der Sophisten
als wirkliches Wissen entgegensetzen? Das experimentelle Wissen ist in der Regel unproblematisch. Für das praktische Wissen, so die zweite Art des Gebrauchswissens, haben wir zwar
keine eindeutigen Kriterien, aber können auf eine intersubjektiv
geteilte Erfahrung der Betroffenen zurückgreifen. Platon war
zum Beispiel davon überzeugt, dass eine gerechte Polis, in der
ein ausgewogenes Verhältnis der Begierden, des Willens und der

Einsicht herrscht, allen Bürgern erfahrbare Stabilität und Zufriedenheit gewährt, und dies im Gegensatz zur Orientierung an subjektiven Machtinteressen nach Art der Sophisten, wie er im vierten Buch des *Staates* näher ausführt. Allerdings traute Platon im *Staat* und in den *Gesetzen* nur den wenigen Philosophenherrschern ein Wissen davon zu, was für die Polis gut ist.

Ein Beispiel für ein akzeptables praktisches Wissen ist die Definition der Tapferkeit im Frühdialog *Laches*. Die Dialogpartner stimmen auf Grund ihrer Erfahrung überein, dass Tapferkeit ein Ausharren in Gefahrensituationen bedeutet, dass aber der Affekt des Ausharrens von einem Wissen davon geleitet sein muss, wofür man seine Kräfte einsetzen sollte (moralisches Wissen) und ob in einer gegebenen Situation die eigenen Kräfte als Mittel für das angestrebte Ziel ausreichen (instrumentelles Wissen). Alle Komponenten zusammen ergeben, wie sich aus dem nur vordergründig ergebnislos endenden Dialog indirekt herauslesen lässt, eine «Idee» von Tapferkeit, wie sie später im vierten Buch des *Staates* von Platon ausdrücklich definiert wird, ohne dass er sich dabei auf eine «Ideenschau» beruft: «Auch tapfer also meine ich, nennen wir jeden einzelnen vermöge dieses Teils, wenn sein Mutartiges durch Lust und Unlust hindurch immer treu bewahrt, was von der Vernunft als furchtbar angekündigt worden ist, und was als nicht.» (442bf)

Wenn ein Verhalten den genannten Bedingungen nicht gerecht wird, kann es nicht, wie jeder aus Erfahrung weiß, den gewünschten Erfolg haben, ähnlich wie beim Beispiel von Pferd und Esel. Was allerdings als «furchtbar» oder «nicht furchtbar (gut)» zu gelten hat und wie es für den konkreten Einzelfall zu bestimmen ist, bleibt dabei offen und beschäftigte nicht nur Platon, sondern die gesamte Philosophie bis heute als Problem ethischer Erkenntnis, der Urteilskraft und des empirischen Zweck-Mittel-Wissens. Offensichtlich mutet uns gute Philosophie die doppelt schmerzhafte Einsicht zu, dass nicht nur unser alltägliches Wissen, sondern auch das erhoffte sichere Wissen unvollkommen ist. Diese Einsicht bedeutet, dass der Aufstieg aus der

Höhle in die «Ideenwelt» und dessen Anwendung oder der Abstieg in die «Sinnenwelt» der Höhlenwirklichkeit nur ein Ideal oder Bild eines sicheren Wissens ist. Vielmehr erkennen wir etwas *als* etwas (als gerecht, als Kreis etc.) nur im wiederholten Abgleich und Erproben von Kriterien und ihrer Anwendung. Statt in einem Aufstieg zur Ideenschau einer sicheren Erkenntnis zu gelangen, müssen wir uns in einem offenen Erkenntnisprozess mit möglichst gut begründeten, korrekturbedürftigen Meinungen bescheiden, um unsere Definitionen und ihre Anwendungen immer mehr zu verbessern. Eine derartige Philosophie in der Spannung zwischen Nichtwissen und Wissen tut zweifellos weh, ist aber ein sicheres Heilmittel gegen Dogmatismus und Resignation.

Die pragmatische Version der Ideenlehre hat Platon von Anfang an vorgeschwebt, wie das Beispiel der Tapferkeit im *Laches* zeigt. Erst später hat er sie ausdrücklich formuliert. Nachdem Platons Sokrates im siebten Buch des *Staates* das Höhlengleichnis erzählt und gemäß seiner *mythologisch-metaphysischen* Zwei-Welten-Lehre gedeutet hat, entwickelt er im zehnten Buch zum ersten Mal ausdrücklich seine *philosophisch-pragmatische* Version des Ideenwissens. Dabei wendet er sich, wie seit Beginn seines gesamten Philosophierens, gegen die Mythendichter und Sophisten, die er beide zu den «Gauklern» des Höhlengleichnisses zählt. Platons Sokrates verlangt, dass die Dichter, mit Homer an ihrer Spitze, nicht in den Idealstaat aufgenommen werden dürfen, ebenso hat für ihn auch das angemaßte Allwissen der Sophisten keinen Platz im wirklich gut und gerecht geführten Staat. Platon kritisiert die Dichtkunst und Malerei, dass sie eine bloß «nachahmende» Kunst sei (595a). Gemeint sind die «Gaukler», die im Höhlengleichnis die Gefangenen dazu verleiten, sich statt an der Wirklichkeit nur an Abbildungen von Abbildungen oder an ihren Begierden statt an der Vernunft zu orientieren. Für seine Kritik an der Nachahmungskunst unterscheidet Platons Sokrates zu Beginn des zehnten Buchs in der «gewohnten Weise» die Ideen und die Sinnesdinge voneinander.

Damit bezeichnet er das Problem, nicht die Lösung seiner Ideenlehre. Zwar benutzt er die Ausdrücke von der «einen», «wirklichen» oder «seienden» Idee einerseits und den «vielen», «nicht
wahrhaften» oder «nur so beschaffenen» Sinnesdingen andrerseits, versteht aber diese Ausdrücke nicht im Rahmen seiner
früheren mythologisch-metaphysischen Ideenlehre. Vielmehr
entwickelt er im Anschluss hieran seine zweite, pragmatische
Version. Zu diesem Zweck unterscheidet er drei Arten von
«Bildnern». Der «Wesensbildner» oder «Gott», so erstens, hat
die *eine* Idee, beispielsweise des Bettgestells oder Tisches, gemacht, wie Platon in mythologischer Sprechweise formuliert;
der «Werkbildner» oder Handwerker, so zweitens, stellt die
vielen Bettgestelle oder Tische als Abbildungen der einen Idee
her; der «Nachbildner» oder «Gaukler» schließlich fertigt von
diesen Abbildungen ohne Kenntnis der wirklichen Dinge weitere Abbildungen an und steht somit an dritter Stelle von der
Wahrheit entfernt.

Was wahr oder wirklich ist, erkennen wir, wie Platons Sokrates weiter darlegt, nicht durch einen direkten Blick auf die Idee,
sondern indem wir durch den praktischen Gebrauch heraus-
finden, wie etwas am besten seinen Zweck erfüllt oder wie es
wirklich nützlich ist. Wenn uns etwa, so Platons Beispiel im
Phaidros, ein rhetorisch oder sophistisch geschulter Verkäufer
einen Esel für ein Pferd verkaufen will, können und sollten wir
den behaupteten Nutzen durch den praktischen Gebrauch selber prüfen. Nicht durch beliebig festgelegte Definitionen, aber
auch nicht durch einen gottähnlichen Blick auf eine Wesenheit
erkennen wir, was etwas wirklich ist. Vielmehr erkennen wir
Wirklichkeit allein durch die Zweckbestimmung von etwas
und deren Bewährung in der menschlichen Praxis, über die
wir durchaus miteinander streiten können und müssen. Platons
Paradebeispiel für ein derartiges Gebrauchswissen der Idee ist
das Zaumzeug (*Staat,* Buch X, 601b–602a). Die Idee des Zaumzeugs hat Gott hergestellt, wie Platon in mythologischer Sprechweise sagt, und nur dieser hat von ihr ein vollkommenes Wissen

durch direkte Anschauung des von ihm selbst geschaffenen Wesens. Anders als der göttliche «Wesensbildner» haben die menschlichen Hersteller des Zaumzeugs, der «Kupferschmied und der Riemer», kein direktes Ideenwissen, sondern ein Gebrauchswissen, und dies auch nur indirekt. Denn sie müssen sich auf die Erfahrungen und Beschreibungen des Reiters verlassen, wie ein brauchbares Zaumzeug beschaffen sein sollte. Dem «Praktiker» kommt im Bereich des menschlichen Erkennens das wirkliche Wissen zu, nicht dem reinen «Theoretiker» oder dem «Ideenschauer», wie Platon das Zaumzeug-Beispiel verallgemeinert: «Wollen wir nun nicht sagen, dass es sich mit allem so verhalte? – Wie? – Dass es für jedes diese drei Künste gibt, die gebrauchende, die verfertigende, die nachbildende? – Ja. – Nun aber bezieht sich die Vorzüglichkeit (*areté*), Schönheit und Richtigkeit eines jeglichen Gerätes, jedes lebenden Wesens und jeder Handlung auf nichts anderes als auf den Gebrauch, wozu eben jedes angefertigt oder von Natur aus ist? – Richtig. – Notwendigerweise also ist auch der Gebrauchende der Erfahrenste und muss dem Hersteller berichten, wie sich das gut oder schlecht herstellt für den Gebrauch, wenn es jemand gebraucht, was er gebraucht. Wie der Flötenspieler dem Flötenmacher von Flöten Bescheid sagen muss, welche ihm gute Dienste tun beim Blasen, und ihm angeben muss, wie er sie machen soll. Dieser aber muss Folge leisten. – Natürlich.» (601cf)

Platons Lehre vom Gebrauchswissen setzt zwar die Annahme eines «Wesens» im Sinne der Idee voraus. Dieses Wesen aber ist keine von der erfahrbaren Welt abgetrennte Idee, sondern eine allgemeine Struktur oder Funktionsweise in der Welt, in der wir leben. Der Physiker und Philosoph Carl Friedrich von Weizsäcker erklärt Platons pragmatische Ideenlehre am Zaumzeug-Beispiel aus der Sicht der heutigen Evolutionsbiologie folgendermaßen: «Der Reiter weiß im Lebensvollzug diejenige Struktur der Welt, die gestattet, dass Pferd und Mensch in der Beziehung zueinander sind, die wir Reiten nennen, und er weiß, wie diese Beziehung ermöglicht wird durch das Gerät des

Zaumzeugs; kurz, er weiß die Funktion des Zaumzeugs. Daß es eine solche Funktion geben kann, beruht auf Körperbau und seelischer Anlage der in ihre Umwelt passenden Lebewesen Pferd und Mensch. Dieses Strukturgefüge hat – so drückt sich der hier vorweg zitierte Mythos des ‹Timaios› aus – der Schöpfergott gemacht. Er hat damit die Möglichkeit der Funktion des Zaumzeugs gemacht, und eben diese Möglichkeit ist es, die Platon terminologisch als die Idee des Zaumzeugs bezeichnet.» (Weizsäcker 1981, S. 17). Mit seiner evolutionsbiologischen Erklärung des Universalienproblems vollzieht von Weizsäcker den Übergang vom mythologischen Wissen der unsterblichen Göttergestalten über das metaphysische Wissen der ewigen Ideen zum Gebrauchswissen der gewordenen Strukturen der Wirklichkeit. Unser Wissen von Wirklichkeit bewährt sich durch den Gebrauch.

Das Ideenwissen ist primär ein praktisches «Wissen-wie», erst hierauf basierend ein theoretisches «Wissen-dass» von Strukturen. Beides zusammen, das praktische und theoretische Wissen, drückt das griechische Wort *epistéme* aus. Eine ähnliche Doppelbedeutung kommt auch im deutschen Sprachgebrauch zum Ausdruck, wenn wir etwa sagen, «er versteht die Flöte zu spielen» oder «er weiß gut zu leben». Platons Gebrauchswissen findet sich in moderner Sprechweise auch in der «pragmatischen Maxime» zur Bestimmung der Bedeutung von Begriffen wieder, die Charles Sanders Peirce (1839–1914), der Begründer der Philosophie des Pragmatismus, formuliert hat: «Überlege, welche Wirkungen, die denkbarerweise praktische Relevanz haben können, wir dem Gegenstand unseres Begriffs in unserer Vorstellung zuschreiben. Dann ist unser Begriff dieser Wirkungen das Ganze unseres Begriffes des Gegenstandes.» (Peirce 1967, S. 339) Ähnlich unterscheidet auch Martin Heidegger zwischen einem «*zu*handenen» Wissen, dem im Gebrauch Gegenstände, beispielsweise ein Hammer, zur Hand geht, und einem «*vor*handenen» Wissen, das sich einen Gegenstand, der vor ihm liegt, anschaut, weil er im zuhandenen Wissen Probleme gemacht hat, die man daraufhin lösen möchte (vgl. Kapitel 9). Der von Platon, ebenso von Peirce und Heidegger vertretene Pragmatismus unterscheidet sich grundsätzlich vom Nützlichkeitsdenken der Sophisten. Wirkliches Wissen bewährt sich nicht im subjektiv gewollten Nutzen, sondern im objektiv erfahrbaren Nutzen. Platon vertritt keinen subjektiven, sondern einen objektiven Pragmatismus.

Platon setzt in seinem Pragmatismus die Annahme objektiver Strukturen der Wirklichkeit voraus. In der Mathematik beziehen wir uns, so Platon, auf den idealen Kreis. Im Handwerk machen wir ebenfalls von Strukturen der Wirklichkeit Gebrauch, sonst würden unsere Handlungen nicht funktionieren und wir könnten keine brauchbaren Gegenstände herstellen. Auch im moralisch-praktischen Handeln, das Platon am meisten interessierte, haben wir es mit objektiven Strukturen der Wirklichkeit zu tun, nicht mit wechselnden Interessen und Meinungen, wie Platons Sokrates mit dem Höhlengleichnis und dessen Interpretation im zehnten Buch des *Staates* zeigen will. Platons pragmatische Erkenntnistheorie erfährt gegenwärtig ausgerechnet durch den sogenannten radikalen Konstruktivismus eine Bestätigung, der sich als Anti-Platonismus selbst missversteht. Nach ihm, besonders in von Glasersfelds Version (Glasersfeld 1992; vgl. Kapitel 11), ist unsere Interpretation von Wirklichkeit *nichts anderes als* unsere individuelle oder soziale Konstruktion oder Vorstellung dessen, was wir für wirklich halten. Auch Platon würde dem Konstruktivismus zwar in dem Punkt zustimmen, dass wir die Wirklichkeit nicht *an sich* in einem direkten Zugriff erkennen können, sondern dass wir sie nur *für uns* aus unserer lebensweltlichen Erfahrung heraus erfassen können. Allerdings unterscheiden sich beide Positionen in einem wichtigen Punkt voneinander: Nach Platon können wir in einem erfahrungsbasierten Erkenntnisprozess objektive Strukturen von Wirklichkeit annäherungsweise *finden,* nach dem radikalen Konstruktivismus dagegen *erfinden* wir sie lediglich. Auch Platon würde der konstruktivistischen Auffassung zustimmen, dass wir nie eine «Übereinstimmung» mit der Wirklichkeit feststellen können, da wir nicht im Sinne eine Korrespondenztheorie die reine Wirklichkeit als Muster der für uns erfahrbaren Wirklichkeit erkennen und in Sätzen ausdrücken können. Wir können nur, wie es von Glasersfeld im Bild des Waldläufers ausdrückt, «Viabilität» oder gangbare Wege unseres Erkennens und Handelns als «Passung» von Mensch und Welt feststellen und mit anderen, neuen Erfahrungen abgleichen.

Menschen haben nach Platon zwar nur ein fehlbares Wissen, aber immerhin haben sie die Möglichkeit, etwas wirklich annähernd zu wissen. Ein direktes, intuitives Wissen der Ideen, wie es außer in Platons Deutung des Höhlengleichnisses auch einige andere Stellen bei ihm nahezuliegen scheinen (*Staat*, Buch VII, 533c–535a; *Phaidros*, 265c–266c; *Sophistes*, 253b–254b), ist im Mythos dem Allwissen der Götter vorbehalten, und selbst sie können einander betrügen und täuschen, da sie eben doch nicht alles wissen. Im Höhlengleichnis nehmen den Platz der Mythendichter die «Gaukler» ein, indem sie alles zu wissen und die Wirklichkeit selber herzustellen beanspruchen. Sie inszenieren hinter den gefesselten Gefangenen mit Hilfe der nachgemachten Gegenstände und des Feuers ein Schattenspiel, das den Gefangenen an der Höhlenwand als Wirklichkeit erscheint. Damit gleichen sie den Mythen-Dichtern, die eine Götterwelt erfinden, wie sie vor Platons Sokrates bereits Xenophanes kritisiert hatte. Ebenso gleichen sie den Sophisten, den Hauptgegnern von Sokrates und Platon, die durch Anwendung rhetorischer Techniken selber daran glauben, über das Wissen der Wirklichkeit zu verfügen und diese nach ihren eigenen Vorstellungen erzeugen zu können, in Wirklichkeit aber ihren Zuhörern alles nur vorgaukeln oder vorspiegeln. Das Bild vom Spiegel, der die Wirklichkeit nur täuschend echt abbildet, benutzt Platons Sokrates zu Beginn des zehnten Buchs des *Staates,* um seine Gegenposition zu den Sophisten zu markieren: «... am schnellsten aber wirst du wohl, wenn du nur einen Spiegel nehmen und den überall umhertragen willst, bald die Sonne machen und was am Himmel ist, bald die Erde, bald auch dich selbst und die übrigen lebendigen Wesen und Gerät und Gewächse und alles, wovon soeben die Rede war.» (595df)

Kann Platons Philosophie, so ist abschließend zu fragen, die philosophische Wahrheitssuche als grundsätzlich *mögliche und lohnende* Alternative zur Sophistik überzeugend begründen? Bei seiner Frage, was Wirklichkeit ist und wie man sie erkennen kann, geht es Platon darum, ob Aussagen über Naturgesetze, moralische Gesetze und Dinge beliebig sind oder ob sie allgemeingültige Kriterien erfüllen müssen, um als wahr oder gültig akzeptiert werden zu können. Obwohl bis heute die Frage nach der Wirklichkeit und ihrem Erkennen immer noch kontrovers diskutiert wird, hat Platons Philosophie insgesamt die besseren Argumente als die Sophistik auf ihrer Seite und kann die Wahrheitssuche des sokratischen Philosophierens begründen. Fasst man die Methode des sokratischen Philosophierens und Platons pragmatische Ideenlehre zusammen, lässt sich in seiner Erkenntnistheorie ein Geflecht von sieben Thesen zusammenfassen und auf einige moderne Überlegungen beziehen, ohne dass man seine tastend-genialen Denkversuche zu Anfang unserer Philosophiegeschichte auf einen festen gemeinsamen Nenner bringen könnte.

(1) Aussagen, die sich lediglich auf Autoritäten berufen, wie die Mythen-Dichter oder andere Traditionen, sind nicht zuverlässig (*Ausschluss von Autoritätsbeweisen*).

(2) Aussagen müssen in sich widerspruchsfrei und mit anderen akzeptierten Sätzen innerhalb eines Theoriezusammenhangs vereinbar sein (*Kohärenztheorie*).

(3) Aussagen müssen mit der Wirklichkeit der Tatsachen und der zugrundeliegenden allgemeinen Strukturen übereinstimmen (*Korrespondenz- bzw. Adäquationstheorie*).

(4) Ob Aussagen mit der Wirklichkeit übereinstimmen, lässt sich nicht durch einen unmittelbaren Vergleich mit einer an sich bestehenden Wirklichkeit bestimmen. Sie müssen sich vielmehr in der Praxis bewähren, ob sie gangbare oder viable Wege

unseres Handelns zeigen *(Konstruktivismus* und *Pragmatismus).*

(5) Die Bewährung von Aussagen ist nicht Sache des Einzelnen, sondern bedarf der Zustimmung einer Forschergemeinschaft oder des kritischen, gesunden Menschenverstandes *(Konsenstheorie).*

(6) Die Struktur der Wirklichkeit leuchtet uns erst nach einem mühsamen Erkenntnisprozess wie eine geistige «Gestalt» oder «Idee» ein *(Evidenztheorie).*

(7) Auch unsere «einleuchtenden» Erkenntnisse sind fehlbar und bedürfen weiterer Überprüfung und Korrektur *(Fallibilismus).*

Was also bleibt von Platons «Ideenlehre» übrig, für die er in der langen Geschichte des Platonismus bis heute entweder überschwänglich gelobt oder scharf kritisiert wird? Auf der einen Seite hat Platon überzeugend zeigen können, dass uns am Schluss eines mühsamen Erkenntnisprozesses eine «Idee» wie ein geistiges Bild oder eine Strukturzeichnung verschiedener Eigenschaften von etwas einleuchten kann. Dies hat er im *Siebten Brief* am Beispiel des Kreises, in den sokratischen Frühdialogen an den Definitionen von Tugenden wie Frömmigkeit *(Euthyphron)* und Tapferkeit *(Laches)* sowie an der Einteilung der Seelenteile und der Stände der Polis *(Staat*, IV. Buch) gezeigt. Auf der anderen Seite ist Platon selber gegen das streckenweise auch von ihm selbst mit verursachte Missverständnis angegangen, als ob die «Ideen» oder Strukturen der Wirklichkeit nach dem Muster einer Zwei-Welten-Lehre verstanden werden könnten, und hat seine pragmatische Version der Ideenlehre entwickelt. In der Tradition eines christlich eingefärbten Platonismus allerdings herrscht gegenwärtig mit wenigen Ausnahmen ein Platonismus der metaphysischen Zwei-Welten-Lehre mit ihren Mythen der vorgeburtlichen Wiedererinnerung, der ewigen Ideenschau und unsterblichen Seele als angebliche Lehre Platons vor. Sie ist in religiöser Hinsicht seit dem Kirchenlehrer

Augustinus (354–430 n. Chr.) eine brauchbare Legitimationsbasis für den Heils- und Autoritätsanspruch der Kirche. In phi-
losophiehistorischer Hinsicht ist Platons Zwei-Welten-Lehre
seit Descartes und Locke für die Gegenpole von Rationalismus
und Empirismus eine einfache Deutungsbasis. Ebenso ist sie,
wie vor allem Karl R. Popper Platons Forderung der Philosophenherrschaft vorwirft, eine Legitimationsbasis jeder «geschlossenen Gesellschaft» (Popper 1957). Zuzugeben ist, dass
sich Platon mit seiner philosophisch-pragmatischen Ideenlehre
nicht nur gegen die deutlich sichtbaren mythologisch-metaphysischen Tendenzen innerhalb seines eigenen Denkens durch-
ringen musste, sondern auch gegen seine aristokratische Nei-
gung zu einem elitären Heils- und Herrschaftswissen. Dabei ist
es ihm nicht immer gelungen, der Suggestion seiner unhaltbaren
Spekulationen zu widerstehen. Auch wegen der durchgehenden
Spannung innerhalb seiner eigenen Philosophie ist Platon bis
heute aktuell. An ihm kann man die Versuchung, aber auch die
Selbstbefreiung des Philosophierens studieren. Ohne diesen
Spannungsbogen dagegen täte uns Platons Denken kaum weh,
sondern wäre einfach nur ein angemaßtes und gefährliches
Herrschaftswissen. Indem wir aber den Denkversuchen Platons
kritisch folgen, können wir «Höhlengefangene» uns von unse-
ren Fesseln zu befreien versuchen.

4. Können wir glücklich leben?
Epikurs *Sturm der Seele*

Um dessentwillen tun wir alles: damit wir weder Schmerz noch Verwirrung empfinden. Sobald einmal dies an uns geschieht, legt sich der ganze Sturm der Seele. Das Lebewesen braucht sich dann nicht mehr aufzumachen nach etwas, was ihm noch fehlte, und nach etwas anderem zu suchen, durch das das Wohlbefinden von Seele und Leib erfüllt würde. Dann nämlich bedürfen wir der Lust, wenn uns die Abwesenheit der Lust schmerzt. Wenn uns aber nichts schmerzt, dann bedürfen wir nichts mehr.

Darum nennen wir die Lust Anfang und Ende des seligen Lebens. Denn sie haben wir als das erste und angeborene Gut erkannt, von ihr aus beginnen wir mit allem Wählen und Meiden, und auf sie greifen wir zurück, indem wir mit der Empfindung als Maßstab jedes Gut beurteilen. Und eben weil sie das erste und angeborene Gut ist, darum wählen wir auch nicht jede Lust, sondern es kommt vor, dass wir über viele Lustempfindungen hinweggehen, wenn sich für uns aus ihnen ein Übermaß an Lästigem ergibt. (…) Wenn wir also sagen, dass die Lust das Lebensziel sei, meinen wir nicht, dass die Lüste der Wüstlinge und das bloße Genießen, wie einige aus Unkenntnis und weil sie nicht mit uns übereinstimmen oder weil sie uns missverstehen, meinen, sondern wir verstehen darunter, weder Schmerz im Körper noch Beunruhigung in der Seele zu empfinden. Denn nicht Trinkgelage und ununterbrochenes Schwärmen und nicht Genuss von Knaben und Frauen und von Fischen und allem anderen, was ein reichbesetzter Tisch bietet, erzeugt das lustvolle Leben, sondern die nüchterne Überlegung, die die Ursachen für alles Wählen und Meiden erforscht und die leeren Meinungen austreibt, aus denen die schlimmste Verwirrung der Seele entsteht.

(Epikur, Von der Überwindung der Furcht, 1991, S. 102–104)

Epikur (341–270 v. Chr.), hat Sokrates' und Platons Grundge-
danken eines vernunftgeleiteten, maßvollen Lebens in seiner
Lehre des Hedonismus weiterentwickelt und in praktischen
Ratschlägen angewendet. Es geht ihm um das glückliche Leben,
nach dem sich jeder Mensch sehnt. Für Sisyphos hatte bereits
der vergebliche Kampf gegen die Götter Glück bedeutet, weil er
damit in einem ersten Schritt sein Schicksal in die eigene Hand
nahm. Sokrates hat einen weiteren Schritt getan, indem er als
autonomer Mensch lebte, der auf seine eigene Vernunft vertrauen kann und sich von schädlichen Begierden fernhält. Platon ferner löste sich von der Illusion, dass wir göttergleich die
Wirklichkeit in einem Blick mühelos überschauen und uns nach
Art der Sophisten selbst zum Maßstab von allem machen können. Für Platons Schüler Aristoteles bedeutete das höchste
Glück die «Theorie», verstanden als Schau des geordneten göttlichen Kosmos. Epikur schließlich zeigt uns, dass nicht «die
Lüste der Wüstlinge und das bloße Genießen» den beängs-
tigenden «Sturm der Seele» zum Erliegen bringen und uns
glücklich machen können, aber auch nicht – auf der anderen
Seite einer Glücksskala zwischen Himmel und Erde – der Genuss einer göttlichen Erkenntnis. Ein «bloßes Genießen» mag
für die Götter auf den Gipfeln des Olymps möglich sein, nicht
aber für das Leben der Menschen. Wir müssen als sterbliche,
begrenzte Lebewesen jeweils überlegen und abwägen, worin unsere wirkliche Lust (griech. *hedoné*) und unser wirklicher
Schmerz besteht. Die hemmungslosen Lüste der «Wüstlinge»
dagegen haben schädliche Folgen für die Seele des Einzelnen
und der Gemeinschaft. Epikurs Hedonismus ist weder
eine schrankenlose «pig philosophy», wie Thomas Carlyle im
19. Jahrhundert die Anhänger von Bentham und Mill verspot-
tete, noch eine weltabgehobene Glückseligkeit. Vielmehr konfrontiert uns Epikur vor allem mit der falschen Lebensweise
eines platten, schädlichen Glückslebens und gibt uns die müh-
same Arbeit «nüchterner Überlegung» und eines entsprechenden
Lebens auf.

Mit seiner Lehre vom menschlichen Glück (griech. *eudaimo-nía*) wirbt Epikur in seinem *Brief an Menoikeus* für eine Glücks-auffassung, die für den Menschen als Sinnes- und Vernunft-wesen angemessen und erreichbar ist. Sie ist ein Gegenbild zur Vorstellung eines göttlichen Glücks, das auch nach dem Schwin-den des antiken Mythos die Menschen immer wieder zu Illu-sionen verleitet. Die Götter Homers führen ein Leben in ewiger Jugend und ohne Einschränkung ihrer Lüste, während wir sterblichen Menschen unsere Lüste nie voll ausleben können, sondern auf Mäßigung bedacht sein müssen, um dem «Sturm der Seele» zu entkommen. Als Menschen erfahren wir Leid, altern wir, sterben wir. Daher können wir nie ein ungetrübtes oder hemmungsloses Glück genießen. Dennoch ist das men-schenmögliche bescheidene Glück für Epikur keine resignative Alternative zu einem unerfüllbaren Ideal.

Auch Odysseus zog dem Liebesglück mit einer Halbgöttin die Liebe zu seiner Frau vor. Obwohl der homerische Held sie-ben Jahre lang ein göttliches Glück mit der ewig jungen und schönen Nymphe Kalypso, der Tochter des Titanen Atlas, ge-nossen hatte, zog er am Ende das menschenmögliche Glück vor. Er wollte nach seiner langen Irrfahrt von Troja und der Zeit mit Kalypso endlich wieder zu seiner Frau Penelope zurückzukeh-ren, um sein gewohntes Leben mit ihr als König von Ithaka fort-zuführen. Die Halbgöttin Kalypso ist nur widerstrebend bereit, dem Beschluss der Götterversammlung zu folgen und ihren Liebhaber Odysseus endlich freizugeben. Beim Abschied gibt sie ihm daher eindringlich zu bedenken:

«Freilich, wüßte dein Sinn, welches Maß an Leiden das Schicksal
Dir zu erfüllen bestimmt, eh du zum Vaterland heimkehrst,
Würdest du gern mit mir dies Haus bewohnen und hüten
Und Unsterblicher sein; wie sehr du auch wünschtest, die Gattin
Wiederzusehn, nach der du dich hinsehnst alle die Tage.
Denn doch wohl nicht schlechter an schönem Wuchse als jene
Rühme ich mich zu sein; denn es ziemt sich nimmer und niemals,
Daß mit unsterblichen sterbliche Frauen streiten an Schönheit.»

Ihr erwiderte darauf der erfindungsreiche Odysseus:
«Zürne mir darum nicht, o Herrin. weiß ich doch selber
Nur zu gut, wie sehr die besonnene Penelopeia
Dir nachsteht an Größe und Wuchs für den, der sie ansieht.
Denn sie ist ja sterblich, du alterslcs und unsterblich.
Aber ich wünsche auch so und sehne mich alle die Tage,
Wieder nach Hause zu gehn und den Heimkehrtag zu erleben.»
(Homer Odyssee, V. Buch, Verse 206–220, in: Hampe, 1979b, S. 80)

Odysseus ist sich seiner Sterblichkeit und der damit verbundenen Leiderfahrung als Mensch bewusst, möchte aber dennoch zu seinem gewohnten Leben zurückkehren und sehnt sich
nach dem «Heimkehrtag». Bei Homer bleibt offen, ob er einem
dauerhaften Glück mit der göttlichen Kalypso misstraut oder
ob er sich einfach nach den für ihn glücklichen Erfahrungen
mit Penelope zurücksehnt. Er strebt offensichtlich nicht nach
einem auf die Dauer unerfüllbaren göttlichen, sondern nach
dem erfahrenen menschlichen Glück. Daher kämpft er nach seiner Rückkehr gegen die Freier der Penelope und gegen die Be-
werber um seine Nachfolge als König, um sein früheres Glück
zurückzuerlangen.

Worin ein glückliches Leben für den Menschen im Spielraum
seiner Möglichkeiten besteht, drückt Epikur mit seinem Bild
vom «Sturm der Seele» aus, den es zu glätten gilt. Wir Menschen sind, wie jeder aus Erfahrung weiß, jederzeit von körperlichen Schmerzen und seelischen Ängsten bedroht und geraten
dadurch wie in einem Sturm durcheinander, der manchmal zum
Untergang führen kann. Nicht die nie vollkommene und unsi-
chere Erfüllung illusionärer Glücksvorstellungen, sondern die
realistische, annähernd erreichbare Abwesenheit von «Schmerz
und Verwirrung» bedeutet Glück, so beginnt Epikur seinen
Brief. Vom Streben nach ewig anhaltender Lust dagegen oder
gar von einem hemmungslosen Ausleben seiner Lüste ist bei
Epikur nicht die Rede. Dennoch wurde er schon zu seinen Leb-
zeiten als platter Hedonist im heute üblichen Sprachverständnis

missverstanden, dem es in erster Linie auf die Erfüllung seiner sinnlichen Lüste ankomme.

Das Epikur unterstellte Ziel eines rein sinnlich lustvollen Lebens hatte bei seinen Zeitgenossen zu neugierigen Phantasien geführt, welches Leben er selber wohl geführt hat. Diogenes Laertios, der antike Philosophiehistoriker und Erzähler von Anekdoten über Philosophen, überliefert in seinem Buch *Leben und Lehre der Philosophen* (um 220 n. Chr.) zahlreiche Berichte vom angeblich ausschweifenden Leben Epikurs. So haben einige stoische Philosophen ihm obszöne Briefe als Verfasser zugeschrieben. In seinem Brief an Themista «stellt er sich vor, wie er in sie eindringt»; und an die Hetäre Leontinon soll er geschrieben haben: «Ich wenigstens weiß nicht, was als Gutes noch denkbar bleibt, wenn ich die Lust des Gaumens, der Liebe, des Gehörs und der schönen Form abziehe.» (Dieses und die folgenden Zitate in: Diogenes Laertios, 1998, S. 458 f.) Epikur habe sich wegen seiner Schlemmereien zweimal täglich übergeben, um noch mehr Speisen genießen zu können; außerdem habe er derart ungesund gelebt, dass er sich viele Jahre lang nicht mehr von seiner Sänfte erheben konnte. Lustbesessen wie er war, habe er jede Bildung verachtet, wie er in einem Brief an seinen Schüler Pythokles geschrieben haben soll: «Fliehe, o Seliger, mit gesetzten Segeln jede Bildung.» Entsprechend habe Epikur mehrere Philosophen maßlos beschimpft: seinen Lehrer Nausiphanes als «Analphabeten, Gauner und Hurenbock», die Platoniker als «Speichellecker», Aristoteles als «Liederling» und «Drogenhändler», Protagoras als «Gepäckträger, Schreiberling Demokrits und Dorfschulpauker», den Vorsokratiker Heraklit als «Wirrkopf», den Naturphilosophen Demokrit als «Quatschkopf», die Dialektiker als «Neidhammel» und schließlich den Skeptiker Pyrrhon als «dumm und ungeschliffen».

Diogenes Laertios selber hält derartige Vorwürfe gegen Epikur für haltlos und nennt zahlreiche Zeugen, die ihn im Gegenteil als freundlichen, geselligen Menschen beschreiben. Er habe in seinem sprichwörtlichen «Garten» zusammen mit seinen

Freunden «auf eine äußerst einfache und schlichte» Weise gemäß seinen philosophischen Grundsätzen gelebt (S. 459). Epikurs Anhänger hätten seine Leitsätze für ein glückliches Leben auswendig gelernt und auch eigene Leitsätze für sich ausgearbeitet. Am Ende seines Lebens litt Epikur unter starken Schmerzen, fand sein Leben aber trotz seines qualvollen Endes insgesamt glücklich und klagte nicht. In einem Brief an seinen Freund Idomeneus schrieb er kurz vor seinem Tod: «An diesem glücklichen und zugleich letzten Tag meines Lebens möchte ich dir noch schreiben. Meine ständigen, durch Harnzwang und Ruhr bedingten Schmerzen können kaum noch schlimmer werden. Doch all dem steht die Freude entgegen, mit der sich meine Seele unserer Gespräche erinnert. Du aber kümmere dich gemäß der von jung auf mir und der Philosophie bewiesenen Zuneigung um die Kinder des Metrodoros.» (S. 463) Nach vierzehntägiger schmerzhafter Krankheit sei er, so berichtet Diogenes Laertios weiter, in eine Bronzewanne mit warmem Wasser gestiegen, habe puren Wein getrunken, seine Freunde ermahnt, seine Lehren zu beachten, und habe sein Leben mit siebzig Jahren gelassen beendet. Wie sein Vorbild Sokrates lebte er, was er lehrte.

Epikurs Leben war von früh an der Philosophie gewidmet. Er wurde einige Jahre nach Platons Tod 341 v. Chr. auf der Insel Samos vor der kleinasiatischen Küste, der heutigen Türkei, als athenischer Bürger geboren, wie Diogenes Laertios ebenfalls berichtet. Dort hatte sich sein Vater zehn Jahre zuvor mit anderen Kolonisten aus Athen angesiedelt. Epikur hatte schon früh zu philosophieren angefangen. Wie bereits einige Philosophen vor ihm war auch er, wie Sextus Empiricus berichtet, mit der mythologischen Welterklärung Hesiods unzufrieden und stellte seinem Lehrer eine typische Kinderfrage nach dem Ursprung der Welt, die zugleich eine elementare philosophische Frage ist: «Epikur fragte den Lehrer: ‹Woraus entstand das Chaos, wenn es zuerst entstand?› Darauf antwortete jener, es sei nicht seine Sache, sondern die der Philosophen, solches darzulegen. Worauf Epikur erklärte: ‹Also muss ich zu den Philosophen gehen, wenn sie denn die Wahrheit wissen›». (Diogenes Laertios 1998, S. 557, Anm. 2.)

Epikur ging nach Athen, dem damaligen Zentrum der Philosophie, und lernte dort verschiedene Philosophien kennen. Ihn überzeugte vor allem die Lehre Demokrits (460–370 v. Chr.), nach dem die Welt von Anfang an ein ewiger Atomwirbel ist und alles aus Atomen besteht. Ebenso überzeugte ihn die Lehre Aristipps (435–360 v. Chr.), für den die Lust das höchste Ziel des menschlichen Lebens bedeutet. Beide Lehren wurden für Epikurs eigene Lehre grundlegend: Alles besteht aus Atomen und die Lust ist das höchste Ziel. Nachdem Epikur unter schwierigen materiellen Umständen an mehreren Orten Philosophie unterrichtet und einen größeren Freundeskreis um sich versammelt hatte, kaufte er 306 v. Chr. in Athen ein Grundstück, das als «Garten Epikurs» seiner Schule den Namen gab. Hier lebte und philosophierte er mit seinen Freunden zurückgezogen vom politischen Geschehen «im Verborgenen». Nach dem Sieg des Persers Alexanders des Großen über die Griechen und dem Zerfall der griechischen Polis, vor allem Athens, schien den Epikureern eine Teilnahme am politischen Leben nicht mehr sinnvoll zu sein, sondern für sie war allein die Verbesserung des individuellen Lebens und Glücks erstrebenswert. Nach Diogenes Laertios hat Epikur «sehr viel geschrieben und stellte mit der Anzahl seiner Bücher alle in den Schatten; denn es gibt an die 300 Rollen». (S. 465) Epikurs Schule hatte nahezu 700 Jahre Bestand und wurde erst durch die christlichen Ordensklöster als Ort philosophischer Lebensform abgelöst.

Von Epikurs Schriften ist sein *Brief an Menoikeus* besonders bekannt und aufschlussreich für seinen Hedonismus. Epikur beginnt seinen Brief mit der Aufforderung, vom Anfang bis zum Ende seines Lebens zu philosophieren: «Wer jung ist, soll nicht zögern zu philosophieren, und wer alt ist, soll nicht müde werden im Philosophieren. Denn für keinen ist es zu früh und für keinen zu spät, sich um die Gesundheit der Seele zu kümmern.» (Dieses und die folgenden Zitate in: Epikur, 1991, S. 100–105.)

Dieser Maxime ist Epikur selber seit seiner Kinderfrage nach dem Anfang der Welt bis hin zu seinem Rückblick am Ende seines Lebens gefolgt. Ihm geht es um die «Gesundheit der Seele», die nur zusammen mit der Gesundheit des Körpers zu erreichen sei. «Gesundheit der Seele» oder Glück bedeutet für ihn nicht das nie erfüllbare Streben nach Glücksgütern, sondern sich von körperlichen Schmerzen und seelischer Furcht zu befreien, um den «Sturm seiner Seele» zu überwinden. Um dies zu erreichen, gibt Epikur in seinem *Brief an Menoikeus* und an anderen Stellen vor allem folgende Ratschläge:

• Als Erstes muss man die Furcht vor den Göttern überwinden, wie sie die Mythen Homers erzeugen. Zwar leugnet auch Epikur nicht die Existenz von Göttern, aber sie seien anders beschaffen, als es sich die meisten Menschen vorstellen. Die Welt der Götter und der Menschen sind voneinander getrennt und haben nichts miteinander zu tun. Die Götter leben in den «Zwischenwelten», «irgendwo außerhalb des Kosmos»; sie würden nichts als «Lust empfinden und in Ruhe und in höchster Heiterkeit leben und weder selbst Sorgen haben noch anderen irgendwelche Sorgen bereiten». (S. 133) Daher kümmern sie sich nicht um die Menschen. Daraus folgt, unser Tun ist den Göttern und diese sind uns gleichgültig.

• Ferner sollte und kann man seine Furcht vor dem Tod ablegen. Denn wenn man nicht mehr lebt, kann man weder angenehme noch unangenehme Empfindungen haben, da man nicht mehr den Aufprall der Atome spüren kann, aus denen nach Epikurs naturalistischer Auffassung Körper und Seele sowie unsere Empfindungen bestehen: «Das schauerlichste Übel also, der Tod, geht uns nichts an; denn solange wir existieren, ist der Tod nicht da, und wenn der Tod da ist, existieren wir nicht mehr.» (S. 101)

• Auch die Furcht vor der Zukunft ist unberechtigt, da sie «weder vollständig in unserer Gewalt ist noch vollständig unserer Gewalt entzogen» ist. (S. 102) Damit gibt Epikur indirekt den Rat, den Spielraum des eigenen Handelns auszunutzen und sich nicht damit abzumühen, was sowieso nicht zu ändern ist, und nicht bloß abzuwarten, was geschieht.

• Am Wichtigsten ist der angemessene Umgang mit seinen Lüsten oder Begierden. Hierzu braucht man die «nüchterne Überlegung» (S. 104): «Ferner ist zu beachten, dass die Begierden teils natürliche, teils nichtige sind. Von den natürlichen Begierden wiederum sind die einen notwendig, die anderen bloß natürlich. Von den notwendigen endlich sind die einen notwendig zur Glückseligkeit, die anderen zur Ungestörtheit des Leibes, die dritten zum Leben überhaupt.» (S. 102)

• Epikur gibt kaum Beispiele für seine Unterteilung der Begierden, weil ihre Beurteilung und Abwägung offensichtlich für jeden Einzelnen je nach Situation verschieden ist: «Durch wechselseitiges Abmessen und durch die Beachtung des Zuträglichen und Abträglichen vermag man dies alles zu beurteilen. Denn zu gewissen Zeiten gehen wir mit dem Gut um wie mit einem Übel und mit dem Übel wiederum wie mit einem Gute.» (S. 103)

• Ein Beispiel für die Notwendigkeit, Lust und Schmerz situativ gegeneinander abzuwägen, ist die Nahrungsaufnahme. Bei der Nahrung sehen wir, «daß bescheidene Suppen ebenso viel Lust erzeugen wie ein üppiges Mahl, sowie einmal aller schmerzende Mangel beseitigt ist, und daß Wasser und Brot die höchste Lust zu verschaffen vermögen, wenn einer sie aus Bedürfnis zu sich nimmt». (S. 103 f.) Essen ist nach Epikurs Einteilung eine natürliche und notwendige Begierde; sie dient nicht nur der Erhaltung des Lebens, sondern auch der Lusterfüllung, insofern Essen den Hungerschmerz beseitigt. Beides sei meistens leicht zu beschaffen. Die Begierde nach einem «üppigen Mahl» dagegen ist nicht natürlich und nicht notwendig für das Überleben, weil sie den Zweck, Hunger zu stillen, nicht besser erfüllt als eine «bescheidene Brühe». Außerdem sind luxuriöse Begierden sinnlos und schädlich, weil sie uns von Geld oder sonstigen äußeren Mitteln abhängig machen und – so kann man ergänzen – uns Sorgen bereiten können: «Sich also zu gewöhnen an einfaches und nicht kostspieliges Essen verschafft nicht nur volle

Gesundheit, sondern macht den Menschen auch unbeschwert gegenüber den notwendigen Verrichtungen des Lebens.» (S. 104) Die empfohlene «Selbstgenügsamkeit» bedeutet also nicht, sich «in jedem Fall mit Wenigem zu begnügen, sondern damit wir, wenn wir das Viele nicht haben, mit dem Wenigen auskommen». (S. 103)

• Dieselbe Abwägung gilt nicht nur für die Nahrungsaufnahme, sondern auch für die Erfüllung sexueller Begierden. Bei ihnen rät er außer zur Einhaltung von juristischen, konventionellen und moralischen Regeln auch zur Vorsicht gegenüber seiner Gesundheit und zur Beachtung seiner materiellen Möglichkeiten, wie er in seiner Spruchsammlung einem Freund schreibt: «Ich habe vernommen, dass bei dir die Bewegung des Fleisches nach dem Genusse der Liebe besonders heftig drängt. Wenn du nun den Gesetzen nicht zuwiderhandelst, die gute gegebene Sitte nicht verletzest, keinen von deinen Nächsten betrübst, das Fleisch nicht aufreibst und das zum Leben Notwendige nicht verbrauchst, dann folge deinem Wunsche, wie du willst.» (S. 110 f.) Sexuelle Bedürfnisse sind nach Epikur zwar natürlich, aber nicht unbedingt notwendig. Daher gibt er dem Freund den Rat: «Es ist allerdings undenkbar, dass du nicht an eine der genannten Schwierigkeiten stößt. Denn die Liebesdinge haben noch niemals genützt; man muss zufrieden sein, wenn sie nicht geschadet haben.» (S. 111)

• Während es in Epikurs Hedonismus in erster Linie um das Vermeiden von Furcht und Schmerz, nicht um die Erfüllung von Lust geht, etwa bei der Nahrungsaufnahme oder Sexualität, lobt er in seiner Spruchsammlung die Freundschaft in geradezu hymnischer Weise: «Die Freundschaft tanzt den Reigen um die Welt und ruft uns allen zu, aufzuwachen zum Preise des glückseligen Lebens»; Epikur geht sogar so weit zu behaupten: «Der Schmerz des Weisen ist nicht größer, wenn er selber gefoltert wird, als wenn sein Freund gefoltert wird.» (S. 111)

Epikurs lebenspraktische Ratschläge beruhen nicht nur auf Lebenserfahrung, sondern haben auch eine theoretische Basis in seiner naturphilosophischen Lehre vom Atomismus in der Nachfolge Demokrits. Für die Praxis des glücklichen Lebens und das notwendige Abwägen schafft seine naturalistische Philosophie eine notwendige Voraussetzung: Mit dem Tod und dem Zerfall der Seele in ihre atomaren Einzelbestandteile haben wir keine Empfindungen mehr, die aus dem Zusammenprall von Atomen besteht; damit entfällt auch die Furcht vor dem Tod. Wenn wir uns von der Furcht der Seele und den Schmerzen des Körpers befreien, können wir als Menschen ein gottähnliches Leben führen, wie Epikur seinen *Brief an Menoikeus* beendet: «Dieses und was dazugehört, überdenke Tag und Nacht in dir selber und zusammen mit dem, der deinesgleichen ist. Dann wirst du niemals, weder im Wachen noch im Schlafen, beunruhigt werden, und du wirst unter den Menschen leben wie ein Gott. Denn keinem sterblichen Wesen gleicht der Mensch, der inmitten unsterblicher Güter lebt.» (S. 105)

Epikur rät mit seinem Hedonismus dem Menschen dazu, die Grenzen seiner Sterblichkeit anzuerkennen, um ein menschenmögliches «unsterbliches» Leben führen zu können. Eine Überwindung des «Sturms der Seele» zu erreichen, verlangt daher von uns einen schmerzlichen und mühsamen Abschied von liebgewordenen Vorstellungen, ebenso eine «nüchterne Überlegung» im Einzelfall, wenn wir zwischen den unterschiedlichen Begierden abzuwägen haben. Vor allem verlangt es praktische Konsequenzen. Glück ist kein schmerz- und furchtloses Leben wie das für uns illusionäre Leben der Götter. Die Mühe des Philosophierens aber kann damit belohnt werden, dass wir, so ist Epikur überzeugt, schließlich «leben wie ein Gott».

Epikurs Lehre vom Glück hat bis heute vor allem Kritik seitens einer sinnesfeindlichen christlichen Lehre erfahren, aber ebenso viele Anhänger gewonnen. So schließt sich der Ökonom und Philosoph John Stuart Mill (1806–1873) in seiner Schrift *Der Utilitarismus* (*Utilitaranism*, 1861) Epikurs Lehre vom individuellen Glück an und erweitert sie zur Morallehre vom «Prinzip des größten Glücks» in einer Gesellschaft, an dem alle unsere Handlungen gemessen werden müssen (Mill 2006, S. 23). Mill verteidigt Epikur und dessen Anhänger, etwa seinen eigenen utilitaristischen Vorgänger Jeremy Bentham (1748–1832), gegen den Vorwurf einer «pig philosophy», den bereits die Zeitgenossen gegen Epikur erhoben hatten. Dieser Vorwurf sei ein schlichtes Missverständnis, denn gemäß Epikur seien höhere von niedrigeren Lüsten sowie seelisches Glück von sinnlicher Zufriedenheit zu unterscheiden. Dabei schließt sich Mill – der Sache nach – der Antwort des Sokrates an, die er selber auf die von ihm gestellte Frage gegeben hatte, wie sich Vernunft und Begierden des Menschen zueinander verhalten (vgl. Kapitel 2): «Kein intelligenter Mensch möchte ein Narr, kein gebildeter Mensch ein Dummkopf, keiner, der feinfühlig und gewissenhaft ist, selbstsüchtig und niederträchtig sein – auch wenn sie überzeugt wären, dass der Narr, der Dummkopf und der Schurke mit seinem Schicksal zufriedener ist als sie mit dem ihren.» (S. 29). Das Glück beruht nach Mill auf dem «Gefühl der Würde» und verlangt, hierfür auch «Unzufriedenheit» bei der Nicht-Erfüllung seiner Begierden in Kauf zu nehmen (S. 31, 29), die der Würde eines Menschen nicht entsprechen. Insofern bedeutet Glück nicht nur die Anstrengung «nüchterner Überlegung» (Epikur), sondern im Einzelfall auch Verzicht auf eine kurzfristige sinnliche Zufriedenheit: «Es ist besser, ein unzufriedener Mensch zu sein als ein zufriedenes Schwein, besser, ein unzufriedener Sokrates als ein zufriedener Narr» (S. 33).

Epikurs und ebenfalls Mills Philosophie des Glücks stützen sich auf allgemeine Lebenserfahrung, ohne eine für alle zwingende Einsicht behaupten zu können. Zudem müsse die «äußert zarte Pflanze» der Glücksfähigkeit gegen die verbreiteten Gefahren der «Charakterschwäche» und gegen «Trägheit und Egoismus» gepflegt werden, die «mit zunehmendem Alter» stärker werden (Mill 2006, S. 33). Dagegen ist Sigmund Freuds pessimistische Auffassung kaum überzeugend, die er auf der Basis seiner Triebtheorie in seiner Schrift *Vom Unbehagen der Kultur* (1930) darlegt: «... die Absicht, dass der Mensch ‹glücklich› sei,

ist im Plan der ‹Schöpfung› nicht enthalten» (Freud 2010, S. 21).
Auch die von ihm vorgeschlagenen «Techniken der Leidab-
wehr», wie Rauschmittel, Schutz gegen Naturkatastrophen oder
Sublimierungen unerreichbarer Glücksempfindungen durch
Wissenschaft oder Kunst, erst recht der von ihm empfohlene
Verzicht auf Liebe aus Angst vor Verlust (S. 22–27), sind zwar
als Mahnung zur Mäßigung sinnvoll, wiedersprechen aber Epikurs lebensweltlich gestütztem und nachvollziehbarem Hedonismus eines maßvollen Glücks mit «nüchterner Überlegung».

Epikurs Hedonismus hat als Kritik naiver Lifestyle-Konzepte,
Small-is-beautiful-Ratschläge und Askese-Predigten gegenwärtig eine hohe Aktualität. Auf Epikurs lebenspraktischen und
theoretischen Überlegungen kann auch die gegenwärtige empirische Forschung der Glücksökonomie und Glückspsychologie
aufbauen, die mit ihrer quantifizierenden Methode zu ermitteln
versucht, welche Glücksvorstellungen Menschen faktisch haben
und welches Glück sie praktisch erfahren. Die darin enthaltenen
normativen Prämissen und Präferenzen jedoch bedürfen einer
reflexiven Prüfung, wie sie Epikur vorschlägt. Das Streben nach
Glück kann Enttäuschungen mit sich bringen und wehtun,
wenn es von unrealistischen Erwartungen eines unreflektierten
Menschen- und Weltbilds ausgeht. Erwartet man jedoch für
sein Leben, dass sich der «Sturm der Seele» beruhigt, indem
man die größten Ängste durch eine gelassene Philosophie über-
windet, ist menschliches Glück durchaus möglich. Voraussetzung hierfür ist allerdings, dass man sich in einer möglicherweise schmerzhaften philosophischen Selbstbescheidung von
einer illusionären Vorstellung vollkommenen Glücks verab-
schiedet. Insofern tut auch Epikurs Hedonismus zunächst einmal weh. Er kann für ein überschäumendes Glücksstreben auch
als betuliche Predigt der Askese wirken, für einen Pessimismus
nach Art Sigmund Freuds dagegen als Befreiung. In beiden Fällen allerdings kann man sich Epikurs Überlegungen und Argumenten kaum entziehen – sie beißen und stechen uns in unserem
vermeintlichen Glück oder Unglück.

5. Was kann uns trösten?
Boethius' *Seelenärztin*

Ich suchte das Antlitz meiner Ärztin zu erkennen. Als ich nun die Augen auf sie wandte, meinen Blick auf sie heftete, sah ich meine Näherin wieder, an deren Herde ich von Jugend auf geweilt hatte, die Philosophie.

BOETHIUS: Wie, du bist in diese Einsamkeit meiner Verbannung gekommen, du, die Meisterin aller Tugend, hast dich von deinem hohen Wohnsitz herabgelassen? Oder bist du mit mir angeklagt, wirst auch du von falschen Anschuldigungen verfolgt? (...)

DIE PHILOSOPHIE: Gestattest du wohl zuerst, daß ich mit einigen kleinen Fragen deinen Geisteszustand prüfe und untersuche, damit ich wisse, auf welche Weise deine Heilung einzurichten ist?

BOETHIUS: Frage du nach deinem Gutdünken, was du willst; ich werde antworten.

DIE PHILOSOPHIE: Sage mir also, da du nicht zweifelst, daß die Welt von Gott regiert werde, nimmst du auch wahr, mit welchen Mitteln sie regiert werde?

BOETHIUS: Kaum verstehe ich den Sinn deiner Frage, geschweige denn, daß ich sie beantworten könnte.

DIE PHILOSOPHIE: So habe ich mich also nicht getäuscht, daß hier etwas fehlt, so daß wie durch die Bresche eines Walles die Krankheit der Verwirrung in deinen Geist eingedrungen ist. Aber sage mir, erinnerst du dich, was der Zweck der Dinge ist und wohin die Absicht der ganzen Natur strebt?

BOETHIUS: Ich habe es gehört, aber der Kummer hat mein Gedächtnis geschwächt.

DIE PHILOSOPHIE: Aber du weißt doch, woher alles seinen Ursprung nimmt?

BOETHIUS: Ich weiß es und habe es schon beantwortet: er ist Gott.

DIE PHILOSOPHIE: Und wie ist es möglich, daß du den Ursprung der Dinge kennst, aber ihr Endziel nicht weißt? Aber das ist so die Art dieser Störungen, dies ist ihre Wirkung, den Menschen vom richtigen Standpunkt zu verrücken; aber ihn auszureißen und ganz und gar zu entwurzeln, vermögen sie nicht. Doch willst du mir auch dies beantworten: Erinnerst du dich daran, daß du ein Mensch bist?

BOETHIUS: Wie sollte ich mich nicht erinnern?

DIE PHILOSOPHIE: Solltest du also bestimmen können, was der Mensch sei?

BOETHIUS: Fragst du danach, ob ich weiß, ich sei ein vernünftiges und sterbliches Lebewesen (*rationale animal atque mortale*)? Ich weiß es und bekenne es zu sein.

PHILOSOPHIE: Weißt du, ob du nichts anderes bist?

BOETHIUS: Nein.

PHILOSOPHIE: Ich kenne nun auch die andere und größere Ursache deiner Krankheit: du weißt nicht mehr, was du selbst bist. So habe ich also vollauf den Grund deines Leidens, aber auch den Weg, dir wieder Genesung zu verschaffen, gefunden. Weil du von Vergessenheit deiner selbst verwirrt bist, fühlst du dich schmerzlich als verbannt und der eigenen Güter beraubt. Weil du nicht weißt, was der Endzweck der Dinge ist, hältst du nichtswürdige Schurken für mächtig und glücklich.

(Boethius, Trost der Philosophie, 1990, S. 11, 35–37; Änderungen E. M.)

Boethius (ca. 480–524) war lange Zeit der mächtige Kanzler des Weströmischen Reichs unter dem Gotenkönig Theoderich am Hofe von Ravenna gewesen, auch hatte er als hochgelehrter

Kenner und Übersetzer der Schriften Platons und des Aristoteles großen Ruhm erworben. Vermutlich auf Grund einer Intrige wurde er wegen Hochverrats ungerecht zum Tode verurteilt. Während er im Kerker auf seine Hinrichtung wartete, verfasste er sein Werk *Trost der Philosophie* (*Consolatio Philosophiae*, 523/524). Wie sein Vorbild Sokrates philosophiert Boethius im Angesicht des Todes, allerdings nicht wie dieser in einem Gespräch mit Freunden, sondern in einem Selbstgespräch zwischen seiner eigenen Person und der als Seelenärztin personifizierten Philosophie. Seine Schrift gehörte bis in das Mittelalter hinein, zusammen mit den *Bekenntnissen* (*Confessiones*, ca. 397–401) des Kirchenlehrers Augustinus, dem Boethius in wesentlichen Teilen folgte, zu den am meisten gelesenen und einflussreichsten Schriften in der gelehrten Welt des Klosters. Sein Buch ist ein wichtiges, noch heute aktuelles Beispiel dafür, wie Philosophie als «Seelenärztin» gezielt wehtun, dadurch aber auch heilen kann. Sie kann aber nur unter der Voraussetzung religiösen Glaubens eine derartige Wirkung erhoffen. Übertragen auf eine «Philosophie», die mit trügerischen Versprechungen von ihren Anhängern schmerzhafte Opfer für eine glückliche Zukunft verlangt, ist Boethius auch ein warnendes Beispiel im Hinblick auf die aktuelle gesellschaftlich-politische Realität.

Boethius stellt sich vor, wie ihn die Philosophie als Seelenärztin in seinem Kerker besucht. Er schildert sie als eindrucksvolle Gestalt, die sich zwischen Erde und Himmel bewegt und sogar den Himmel selbst zu überragen scheint: «Ihr Wuchs war von wechselnder Größe; denn bald zog sie sich zum gewöhnlichen Maß der Menschen zusammen, bald schien sie mit dem Scheitel den Himmel zu berühren; und als sie noch höher ihr Haupt emporhob, ragte sie über den Himmel selbst hinaus und entzog sich so dem Blick der Menschen.» (S. 5) Sie trägt, so fährt Boethius mit seiner Schilderung der «Näherin» fort, ein von ihr selbst fein gewebtes, kunstreich geschmücktes Gewand, am unteren Rand versehen mit einem griechischen *P* (für griech. *praxis*), am oberen Rand versehen mit einem *Th* (für griech.

theoria), beides als Sinnbild für die Vermittlung von Praxis und Theorie.

Als vorbereitende Trost-Maßnahme vertreibt die Philosophie mit deftigen Worten die Dichtermusen, die Boethius mit ihren betörenden Gesängen zu trösten versuchen: «Wer hat diesen Dirnen der Bühne den Zutritt zu diesem Kranken erlaubt, ihnen, die seinen Schmerz nicht nur mit keiner Medizin lindern, sondern ihn obendrein mit süßem Gifte nähren möchten? Sind sie es doch, die mit dem unfruchtbaren Dornengestrüpp der Leidenschaften die fruchtreiche Saat der Vernunft (*ratio*) ersticken, die der Menschen Seelen an die Krankheit gewöhnen, nicht sie davon befreien.» (S. 5) Anstelle des trügerischen Trosts der Musen beansprucht die Philosophie den einzig wahren Trost spenden zu können, indem sie die Philosophie des platonischen Sokrates nachzuahmen sucht: «Hat nicht zu Platons eigener Zeit sein Lehrer Sokrates mit meinem Beistand in ungerechtem Tod den Sieg errungen?» (S. 11) Damit spielt Boethius offensichtlich auf die umstrittenen metaphysischen Unsterblichkeitsbeweise des Platon-Dialogs *Phaidon* an, die im Gegensatz zu der skeptisch-gelassenen Haltung stehen, die Sokrates selber gegenüber dem Tod und seiner ungerechten Hinrichtung einnahm (vgl. Kapitel 2). Die skeptische Haltung setzt Boethius dagegen mit Epikurs materialistischer Lehre vom Tod als Ende des individuellen Lebens gleich und lässt seine als Seelenärztin dargestellte Philosophie dem «epikureischen Pöbel» (S. 11) den Kampf ankündigen. Deren eigenes Ziel ist es, die Seele des Boethius vom vergänglichen Diesseits der Leidenschaften wieder auf das ewige Jenseits der Wahrheit zu lenken.

Ihre spezifische Tätigkeit als Ärztin beginnt die Philosophie mit der Aufforderung an Boethius zur Anamnese: «Wenn du die Hilfe des Arztes erwartest, mußt du deine Wunde aufdecken.» (S. 15) Boethius folgt dieser Aufforderung, indem er sich wortreich darüber beklagt, dass er Platons Satz vom Philosophenkönig, der über die Polis herrschen solle, gefolgt sei. Er habe

stets das «Gemeinwohl aller Guten» angestrebt und sich nicht
gescheut, die «unversöhnliche Zwietracht mit den Unredlichen»
und Mächtigen auf sich zu ziehen (S. 17). Als Lohn für sein
gerechtes Handeln müsse er nun am eigenen Leibe mit seiner
Verurteilung zum Tode eine derartige Ungerechtigkeit erfahren:
«Statt der Belohnung wahrer Tugend erdulden wir die Strafe
eines angeblichen Verbrechens.» (S. 23)

Auf die Anamnese folgt die Diagnose der Philosophie als
Seelenärztin: «Als ich dich betrübt und weinend sah, wußte ich
sofort, daß du unglücklich und elend bist. Aber wie weit du im
Elend bist, hätte ich nicht gewußt, hätte es mir deine Rede nicht
verraten. Du bist fern von der Heimat, doch nicht vertrieben,
sondern verirrt; oder willst du durchaus vertrieben sein, so hast
du dich selber vertrieben.» (S. 29 f.) Anschließend examiniert
die Philosophie Boethius wie einen Schüler in seinem philoso-
phisch-theologischen Katechismus-Wissen. Als Ursache seines
Krankheitszustandes stellt sie – in der anfangs zitierten Text-
passage – fest, dass er nicht mehr weiß, wer er als Mensch ist
und was sein Ziel oder seine Bestimmung ist. Verwirrt durch
sein derzeitiges Unglück, sehe Boethius sich selbst stattdessen
nur als ein diesseitiges Wesen mit diesseitigen Zielen an, nämlich als ein «vernünftiges und sterbliches Lebewesen» (*rationale
animal atque mortale*). Damit spielt die Philosophie auf die
klassische Definition des Menschen bei Aristoteles an, die bereits von Sokrates vertreten worden war. Boethius aber vergesse,
dass er als Mensch vor allem ein Geschöpf Gottes sei und als
höchstes Ziel auf Gott zustreben solle. Damit vertritt die Philosophie einen christlichen transformierten Platonismus, der nicht
mehr mit den Mitteln menschlicher Vernunft ausweisbar ist,
sondern auf einem religiösen Glauben beruht.

Aus dem christlich-platonistischen Menschen- und Weltbild
folgt, dass die einzige wirksame Therapie die Hinwendung oder
Rückkehr zu Gott ist. Dieses spezifische Menschen- und Weltbild bildet den wie selbstverständlich vorausgesetzten Denkrahmen der Trost-Schrift. Mit ihm markiert die Schrift das Ende

der Antike und den Aufstieg des Christentums. Beides verkör-
pert Boethius in seiner Person. Analog zu Platons metaphysisch
verstandenem Höhlengleichnis (vgl. Kapitel 3) führt die Philosophie in ihrer Therapie Boethius schrittweise aus der diesseitigen
Welt der irrigen Meinungen der Menschen in die jenseitige Welt
der Wahrheit Gottes. Für die bei Platon nur angedeutete «Idee
des Guten», die dem Menschen und der Welt insgesamt das Ziel
angibt, steht in christlicher Interpretation «Gott». Damit folgt
Boethius dem Kirchenlehrer und seinem eigenen Vorbild Augustinus, der die platonistische Tradition und das christliche Evan-
gelium in seiner Schrift *Über den Gottesstaat* (*De civitate dei*) in
eine metaphysisch-christliche Theologie umgewandelt hatte.
Auf ihrer Basis entwickelt Boethius den Trost der Philosophie.
Die fünf Bücher der Trost-Schrift enthalten nacheinander jeweils eine neue Therapiemaßnahme.

• Die erste Maßnahme der philosophischen Seelenärztin ist, wie
bereits dargestellt, die Mahnung zur Selbsterkenntnis und das
Eingeständnis des eigenen Nichtwissens oder Vergessens, dass
Gott das höchste Ziel des Menschen ist.
• Im zweiten Buch «erinnert» die Philosophie Boethius daran,
dass seine früher von ihm ausgiebig genossenen äußeren Glücks-
güter wie Reichtum, Macht und Ruhm kein wirkliches Eigentum des Menschen sind: «Streite doch vor jedem beliebigen
Richter mit mir über den Besitz der Schätze und Würden, und
wenn du zeigst, daß irgendetwas hiervon Eigentum irgendeines
Sterblichen sei, so will ich gern zugeben, daß, was du zurückfor-
derst, dein gewesen sei.» (S. 106) Für Boethius allerdings ist der
Trost, dass sowieso alles irdische Glück vergänglich und kein
endgültiger Besitz ist, nicht wirksam. Noch hängt er zu sehr am
Ziel eines diesseitigen Glücks. Die Philosophin gibt ihm darin
recht, dass ihr Trost bisher «nur einige Linderung für den störenden Schmerz ist, der sich gegen die Heilung sträubt. Was in
die Tiefe dringt, werde ich beibringen, wenn es an der Zeit ist.»
(S. 53) Damit taucht in der Schrift des Boethius zum ersten Mal

das Motiv auf, dass gute Philosophie wehtun muss. Sie fordert von uns schmerzhafte Einsichten.

• Nachdem die Seelenärztin Boethius daran erinnert hat, dass er in seinem bisherigen Leben doch ein recht großes Glück gehabt und nicht alles Glück verloren habe, vor allem nicht seine Frau und seine Kinder, zeigt ihre Therapie eine erste Wirkung. Als sich sein nur emotionaler Schmerz etwas gelegt hat, ist Boethius jetzt therapiefähig und fordert zu Beginn des dritten Buchs das versprochene intensiv schmerzende Heilmittel: «O du höchster Trost ermatteter Gemüter, wie hast du mich mit der Wucht der Gedanken (*sententiae*), aber auch der Holdseligkeit des Gesanges erquickt, so sehr, daß ich mich von jetzt an den Schlägen des Schicksals gewachsen fühle. Darum bebe ich jetzt nicht mehr zurück vor jenen Heilmitteln, die du als etwas schärfer bezeichnetest, sondern fordere sie hörbegierig mit Heftigkeit.» (S. 91) Das dritte, «schärfere» Heilmittel, das «beim Kosten wohl herb, beim Genusse aber süß ist», leitet die Philosophie mit einer Anspielung an Platons Höhlengleichnis ein, den Aufstieg aus der Welt der «Schattenbilder» (S. 91) in die Welt der Ideen. Dieser Weg ist, wie Platons Sokrates mehrfach betont hatte, schmerzhaft, weil er einem ein radikales Loslassen von der bisherigen, vertrauten Vorstellung abverlangt, was Wirklichkeit ist. Die «schärfere», «herbe» therapeutische Maßnahme der Philosophie besteht genauer darin, dass Boethius den Unterschied zwischen dem «trügerischen» und dem «wahren» Glück einsieht (S. 121). Das trügerische Glück besteht darin, lediglich nach irdischen Glücksgütern wie Besitz, Herrschaft, Ämtern, Ruhm oder Wollust zu streben, die alle das menschliche Glückstreben unerfüllt lassen, da sie jedes Mal ein Streben nach weiteren Glücksgütern auslösen. Das «wahre» Glück dagegen besteht darin, zu erkennen, dass «Gott höchstes Gut» ist (S. 135). Daraus folgt für das menschliche Glücksstreben: «Da die Menschen nämlich durch Erlangen der Glückseligkeit glückselig werden, die Glückseligkeit aber die Gottheit selbst ist, so ist klar, daß sie durch Erlangen der Gottheit glückselig werden.» (S. 137) Die

Abwertung des irdischen Glücksstrebens muss zuerst «herb» erscheinen, führt aber zu dem wahren Glück, das die Philosophie
in hymnischen Versen für den befreiten Höhlengefangenen Boethius besingt:

> Kommt nun alle hierher, o kommt, Gefangne
> die euch trugvoll schließt in die schlimmen Ketten
> Sie, die irdischen Sinn bewohnt, Begierde.
> Hier ist euch bereit eine Rast der Mühen,
> Hier winkt lieblich für euch der stille Hafen,
> Offen steht euch hier alles Elends Zuflucht.
>
> (S. 141)

• Der Trost der Philosophie wirkt allerdings bei Boethius nicht,
sondern ist für ihn im Gegenteil, wie er sich am Anfang des
vierten Buchs beklagt, sogar die Ursache für sein größtes Unglück. Mit ihm bricht die gesamte Hoffnung seines bisherigen
Lebens zusammen, zusätzlich sogar sein Glaube an einen guten
Gott: «Während die Schlechtigkeit herrscht und blüht, entbehrt
die Tugend nicht nur der Belohnung, sondern wird auch von
den Frevlern mit den Füßen getreten und büßt an ihrer Stelle
Untaten mit dem Tode. Daß dies im Reiche des allwissenden
und allmächtigen und nur das Gute wollenden Gottes geschieht,
darüber kann sich niemand genug wundern und beklagen.»
(S. 165) Die Philosophie tut weh, indem sie Boethius dazu
bringt, sich «zu verwundern». Sie verlangt von ihm nicht nur ein
Loslassen von unseren irdischen Glücksgütern, sondern mutet
ihm auch zu, seinen bisherigen Glauben an einen guten Gott
vollkommen in Frage zu stellen. Was die meisten Menschen als
gut ansehen, ist nach der Seelenärztin nur scheinbar gut, und
das Böse ist nur scheinbar böse. Außerdem lässt der gute Gott
Gerechte und Ungerechte ohne Unterschied Böses erleiden,
obendrein werden die Bösen sogar noch belohnt und die Guten
bestraft. Beides widerspricht Boethius' Menschen- und Weltbild
fundamental und ist für ihn eine maßlose Zumutung.

Mit dieser, wie es scheint, Ungerechtigkeit des guten Gottes ist Boethius daher zunächst überhaupt nicht einverstanden. Er entgegnet der Philosophie: «nicht einmal einer der Weisen möchte lieber verbannt, arm, schmachbeladen sein, statt reich an Gütern, ansehnlich an Ehre, stark durch Macht, in seiner Heimatstadt zu bleiben und zu gedeihen, (...) während doch umgekehrt der Kerker und die übrigen Qualen gesetzmäßiger Strafen eher den schädlichen Bürgern gebühren». (S. 199) Mit dieser Klage fällt Boethius allerdings auf die Stufe zurück, die er in der zweiten Therapiemaßnahme eigentlich überwunden haben sollte: das Streben nach äußeren Glücksgütern. In ihrer Antwort rechtfertigt die Philosophie die von ihm beklagte Ungerechtigkeit mit der göttlichen Ordnung und Planung aller Dinge, die über der menschlichen Ordnung steht und für den Menschen undurchschaubar sei. Gott könne beispielsweise jemanden gerade dadurch in seiner Willenskraft stärken, dass er sich in seiner ungerechten Strafe mit der ungerechten Belohnung anderer konfrontiert sieht und somit seine eigene Tugend auf die Probe stellt, ob sie sich dadurch beirren lässt.

• Im fünften Buch muss Boethius noch einen weiteren, für ihn schlimmsten Schmerz erfahren, den ihm der Trost der Philosophie als Therapiemaßnahme zufügt. Weil, so wendet er ein, die behauptete Planung des guten Lenkers als Vorsehung die Vorherbestimmung alles zukünftigen Geschehens bedeutet, ist weder Willensfreiheit und Verantwortung noch Lohn und Strafe des Menschen für seine guten oder bösen Handlungen möglich. Damit bricht für Boethius sein ganzes Weltbild zusammen, und er ruft im Ton größter Verzweiflung aus: «Dies einmal zugegeben, ist klar, welch ein Zusammenbruch der menschlichen Dinge daraus folgt (*quantus occasus humanarum rerum consequatur*). Umsonst nämlich wird ein Lohn der Guten oder eine Strafe der Bösen in Aussicht gestellt; es hat sie ja keine freie und willentliche Bewegung des Geistes verdient (...) Schließlich bleibt kein Grund mehr, irgendetwas zu erhoffen, noch etwas zu erbitten. Wer denn wird etwas erhoffen oder erbitten, wenn

alles Wünschenswerte in eine starre Kette verknüpft ist?»
(S. 243) Die «starre Kette» des theologischen Determinismus
wäre für das Leben des Boethius äußerst folgenreich und
schmerzlich. Er fühlt sich nicht nur ungerecht behandelt, sondern sieht auch seine gesamte, um Gerechtigkeit bemühte Lebensführung nachträglich als sinnlos an. Allerdings glaubt die
Philosophie, auch für diesen größten Schmerz des Boethius
einen Trost bieten zu können. Der «Streit um die Vorsehung (*de
providentia querela*)» sei alt und konnte bisher nicht beigelegt
worden, sei aber durchaus lösbar (S. 247). Die Lösung besteht
nach ihr darin, dass entgegen Boethius' Annahme Gottes «Vorauswissen (*praescientia*) nicht die zwingende Ursache der kom-
menden Dinge» sei und somit nicht «die Freiheit des Willens
hindern» könne (S. 247). Der Grund hierfür liege in der Unterscheidung von göttlicher *providentia* als «Vorsichsehen» und
menschlicher *praevidentia* als «Vorhersehen». Aus der Art und
Weise, wie wir Menschen ein Wissen von zukünftigem Geschehen haben, würde tatsächlich, wie Boethius befürchtet hatte, ein
Determinismus folgen. Demnach würde die göttliche Vorsehung
(*providentia*), verstanden als ein lückenloses Vorauswissen
(*praescientia*), das Wissen um ein notwendiges menschliches
Handeln in der Zukunft bedeuten. Dem menschlichen Handeln
bliebe damit kein Spielraum für eine Willens- und Handlungsfreiheit und für eine damit verbundene Verantwortlichkeit.
Gottes Wissen ist allerdings, so die Philosophie, kein «Vorhersehen» (*praevidentia*) notwendiger Geschehnisse in der Zukunft,
sondern ein «Vorsichsehen» (*providentia*), das alles als gegenwärtig zugleich vor sich sieht, egal ob es zufällig, freiwillig oder
notwendig geschieht. Was wir, wie die Philosophie zuvor mit
Beispielen aus dem menschlichen Erfahrungsbereich erläutert
hatte, gegenwärtig zugleich vor uns sehen können, gilt grundsätzlich für alles Wissen Gottes. Denn Gott sieht ausnahmslos
alles gleichzeitig und unterschiedslos vor sich, da er «sich fern
von den niederen Dingen aufhält und gewissermaßen vom erha-
benen Gipfel der Dinge herunter alles vor sich sieht» (S. 267).

Daher lässt die «Vorsehung» (*providentia*) Gottes entgegen der Befürchtung des Boethius einen Spielraum für den freien Willen des Menschen: «in einem einzigen Schauen (*intuitu*) ihres Geistes erkennt sie ebenso das, was notwendig, wie das, was nicht notwendig kommen wird.» (S. 267) Der von Boethius befürchtete theologische Determinismus mit allen seinen schmerzhaften praktischen Konsequenzen ist somit durch die Philosophie scharfsinnig widerlegt. Aus diesem Trost folgt am Schluss der gesamten Abhandlung die Mahnung an die Menschen: «Euch ist, wenn ihr euch nicht betrügen wollt, eine gewaltige Notwendigkeit, rechtschaffen zu sein, auferlegt, da ihr vor den Augen des alles sehenden Richters handelt.» (S. 275)

Der Trost der Philosophie endet ohne Weiterfragen seitens des Boethius, lässt aber mehrere gravierende Fragen offen. Hat der Versuch, so erstens, durch die Rechtfertigung des «guten» Gottes wirklich Boethius in seinem größten Schmerz trösten können? Auffallend jedenfalls ist, dass am Schluss jeder Dank an die Philosophie fehlt, den man nach seiner Verzweiflung zu Beginn seiner Schrift und erst recht nach seiner größten Verzweiflung zu Beginn des fünften Buchs hätte erwarten können. Auch könnte eine bloße Therapie des Denkens ohne eine Therapie der Gefühle kaum ausreichen. Argumente haben nur schwer die Oberhand über tief sitzende Emotionen wie Todesfurcht, das sinnliche Glücksstreben oder die Verzweiflung am Sinn unseres Lebens angesichts eines befürchteten Determinismus. Immerhin versucht die Philosophie von Anfang an, ihre Beweisgänge immer wieder nach Art der anfangs von ihr vertriebenen Musen mit beruhigenden und erbaulichen Gesängen zu unterstützen.

Zweitens ist nicht nur der emotionale, sondern auch der argumentative Trost der Philosophie anzuzweifeln. Zwar ist Boethius' «Philosophie» in ihrer begrifflichen Unterscheidung vom menschlichen, zeitlichen «Vorherwissen» und vom göttlichen, zeitlosen «Vorwissen» analytisch schlüssig, ob damit allerdings wirklich das Problem gelöst ist, wie dem Menschen im göttlichen Heilsplan ein freier Wille zukommen kann, ist zweifelhaft. Seit Gottfried Wilhelm Leibniz' (1646–1716) «Theodizee» ist umstritten, ob derartige Versuche den Gott zugeschriebenen Eigenschaften gerecht werden können. Zunächst ist es äußerst fraglich, ob wir überhaupt in der Lage sind, Gott irgendwelche Eigenschaften zuzuschreiben, da sie notwendigerweise aus dem menschlichen Erfahrungsbereich stammen. Außerdem beachtet die Theodizee der «Philosophie» in der Schrift des Boethius zwei von ihm selber genannte wesentliche Eigenschaften Gottes nicht: Gottes Allmacht und seine Güte. Nach der christlichen Gottesvorstellung ist Gott nicht nur allwissender Betrachter, sondern auch allmächtiger Lenker oder Verursacher der Welt und der menschlichen Handlungen in ihr. Was Gott «vor sich sieht», hat er selber in seiner Allmacht verursacht. Dem Menschen bleibt somit in der von Gott verursachten Welt kein Spielraum freien Handelns. Auch hätte Gott in seiner Güte, so die zweite in der vorangegangenen Theodizee vernachlässigte Eigenschaft, dem Menschen besser keine Willensfreiheit zukommen lassen, da diese die Ursache so vieler Übel in der Welt ist. Dagegen spricht nicht, dass der Mensch nach christlicher Vorstellung ein Ebenbild Gottes sein solle und ihm daher ebenfalls Willensfreiheit zukommen müsse (die als Wahlfreiheit zwischen Gut und Böse im Hinblick auf die Handlungen eines guten Gottes ohnehin problematisch wäre). Der Mensch als notwendigerweise unvollkommenes Ebenbild muss und kann sowieso nicht alle Eigenschaften Gottes (z. B. sein Allwissen, seine Allmacht und seine Allgüte) haben, also muss ihm als Ebenbild Gottes auch die für die Menschheit schädliche Willensfreiheit nicht notwendig zukommen.

Auch, so ein drittes Problem, ist der Tröstungsversuch der «Philosophie» im fünften Buch selber die größte Ursache für den Schmerz des Boethius, der aus seinen metaphysisch-theologischen Prämissen folgt: ein guter Gott lässt so viel Übel in der Welt zu. Das von Boethius in seiner Schrift als Denkrahmen vorausgesetzte metaphysisch-theologische Menschen- und

Weltbild ist in zirkulärer Weise zugleich Ursache und Therapie-
versuch: Ohne die Vorstellung eines guten Gottes hätte Boethius
gar nicht einen derartigen Schmerz über das erlittene Unrecht
empfunden. Außerdem ist die versuchte Theodizee innerhalb
seines Denkrahmens zwar notwendig, für ihn aber offensichtlich kein wirklicher Trost. Jedenfalls äußert er sich zum Schluss
seiner Schrift nicht dazu und dankt der «Philosophie» nicht für
ihren Trost.

Was aber kann uns überhaupt trösten? Und ist speziell ein
Trost der oder durch Philosophie möglich? In seiner Schrift *Das
Unbehagen in der Kultur* (1930) tritt Sigmund Freud für folgende «Linderungsmittel» ein: «Das Leben, wie es uns auferlegt
ist, ist zu schwer für uns, es bringt uns zuviel Schmerzen, Enttäuschungen, unlösbare Aufgaben. Um es zu ertragen, können
wir Linderungsmittel nicht entbehren (...): mächtige Ablenkungen, die uns unser Elend gering schätzen lassen, Ersatzbefriedi-
gungen, die es verringern, Rauschstoffe, die uns für dasselbe un-
empfindlich machen. Irgendetwas dieser Art ist unerläßlich.»
(Freud 2010, S. 19) In einer Fußnote weist Freud in diesem Zusammenhang in ironischer Weise auf einen Vers von Wilhelm
Busch hin: «Wer Sorgen hat, hat auch Likör.» (S. 19, Anm. 2)
Zuvor hatte Freud bereits die «Religion» als «offenkundig in-
fantiles» Trostmittel ausgeschlossen, da es sich «auf die Person
eines großartig erhöhten Vaters» bezieht; ebenfalls abgelehnt
hatte er eine Philosophie, die einen derartig personalen Gott
«durch ein unpersönliches, schattenhaft abstraktes Prinzip» er-
setzt (S. 18). Auch in Boethius' Schrift *Vom Trost der Philosophie* scheint es sich um ein derartig abstraktes Trostmittel zu
handeln. Allerdings muss man bei «Religion» unterscheiden,
ob man damit eine metaphysisch-theologische Lehre oder eine
gelebte Frömmigkeit, verbunden mit bestimmten abstrakten
Vorstellungen, meint. Bei Boethius deutet nichts darauf hin,
dass er selber ein gläubiger, frommer Christ war. Offensichtlich
ist sein «Trost der Philosophie» metaphysisch-theologischer Art
und hat die genannten argumentativen Schwächen. Auf einen in

einem frommen Glauben als subjektiv empfundenen Trost dagegen träfen derartige Einwände nur eingeschränkt im Hinblick
auf die damit verbundenen Vorstellungen über Gott und sein
Wirken in der Welt zu.

Welchen Trost also könnte die Philosophie ohne einen frag-
würdigen metaphysisch-theologischen Denkrahmen vermitteln?
Als eine Möglichkeit bietet sich ein schwächerer, skeptisch-
empirischer Trost an, wie ihn David Hume (1711–1776) vorgeschlagen hat (Hume 1990) und ähnlich auch Sokrates am
Schluss von Platons *Apologie* gelassen vorgelebt hatte (vgl. Kapitel 2). Humes Vorschlag befreit uns von der suggestiven Wahrheit eines geschlossenen Menschen- und Weltbildes und lenkt
unsere Aufmerksamkeit auf die Vielheit überprüfbarer Tatsachen als Abwehr unhaltbarer Versprechungen: «Schon lange be-
trachte ich mit Mißtrauen, was Philosophen in allen möglichen
Fragen für ausgemachte Wahrheit halten, und neige mehr dazu,
ihre Schlußfolgerungen zu bestreiten als ihnen zuzustimmen. Es
ist immer derselbe Fehler, den sie fast alle machen, nämlich sich
auf Prinzipien von sehr eingeschränkter Gültigkeit zu stützen
und der unendlichen Mannigfaltigkeit nicht Rechnung zu tragen, an der der Natur bei allen ihren Wirksamkeiten doch sehr
gelegen war.» (Hume 1990, S. 41) Durch eine sorgfältige Prüfung praktisch folgenreicher, aber fragwürdiger «Prinzipien»
bietet Philosophie wenigstens den schwachen Trost und die
Hilfe, sich von einem illusionären und enttäuschenden Glücksstreben nach Art eines Boethius zu befreien und stattdessen
nach konkreten, realistischen Glücksmöglichkeiten zu suchen,
wie sie Epikur vorgeschlagen hat (vgl. Kapitel 4).

Was bleibt also von Boethius' Trost-Philosophie übrig? An
ihr kann man exemplarisch studieren, worin die Suggestivität
und negative Auswirkung eines geschlossenen Denkrahmens
besteht, der allen Schmerz vergessen machen soll. Die Versuchung und gefährliche Realität, eine philosophische und theologische Lehre gesellschaftlich-politisch zu missbrauchen, ist
höchst aktuell, sei es in einem faschistischen, marxistisch-

leninistischen oder fundamentalistisch religiösen Herrschafts-System. Jedes Mal wird bei einem derartigen Missbrauch dem Menschen ein schmerzhafter Verzicht auf sein individuelles, diesseitiges Glücksstreben mit dem trostreichen Versprechen eingeredet, als Ausgleich ein Glück in einer fernen Zukunft oder einer jenseitigen Welt zu erzielen. Notfalls wird ein entsprechendes Versprechen durch physische Gewalt verstärkt. Der *Trost der Philosophie* übt zwar keine Gewalt aus, lässt aber den Menschen keinen Ausweg aus dem argumentativen «Gefängnis» ihres Systemdenkens. Insofern ist die Schrift des Boethius ein warnendes Beispiel dafür, wie eine Philosophie, die selber lediglich mit Argumenten wehtun will, als schlechte Philosophie missbraucht werden könnte. Allerdings ist ihre kritische Reflexion eines materialistisch verengten Glücksstrebens sinnvoll und kann auf eine mögliche religiöse oder spirituelle Glückserfahrung aufmerksam machen, sofern sie nicht als dogmatische Lehre auftritt.

6. Welche Gewissheit können wir erreichen?
René Descartes' *Traum am Kamin*

Daß ich jetzt hier bin, daß ich, mit meinem Winterrock angetan, am Kamin sitze, dich dieses Papier mit den Händen betaste und ähnliches; vollends daß diese Hände selbst, daß überhaupt mein ganzer Körper da ist, wie könnte man mir das abstreiten? Ich müßte mich denn mit ich weiß nicht welchen Wahnsinnigen vergleichen, deren ohnehin kleines Gehirn durch widerliche Dünste aus ihrer schwarzen Galle so geschwächt ist, daß sie hartnäckig behaupten, sie seien Könige, während sie bettelarm sind, oder in Purpur gekleidet, während sie nackt sind, oder sie hätten einen tönernen Kopf, oder sie seien gar Kürbisse oder aus Glas; – aber das sind eben Wahnsinnige, und ich würde eben wie sie von Sinnen zu sein scheinen, wenn ich mir sie zum Beispiel nehmen wollte.

Vortrefflich! – Als ob ich nicht ein Mensch wäre, der des Nachts zu schlafen pflegt, und dem dann genau dieselben, ja bisweilen noch weniger wahrscheinliche Dinge im Traume begegnen, als jenen im Wachen! Wie oft doch kommt es vor, daß ich mir all diese gewöhnlichen Umstände während der Nachtruhe einbilde, etwa daß ich hier bin, daß ich, mit meinem Rocke bekleidet, am Kamin sitze, während ich doch entkleidet im Bette liege.

(Descartes, Meditationen über die Grundlagen der Philosophie, 1960, S. 16)

Mit seinem Bild vom *Traum am Kamin* stellt René Descartes (1596–1650) in seiner Schrift *Meditationen über die Grundlagen der Philosophie* (1641) das Denken auf eine radikale Probe. Wachen und Träumen zu unterscheiden, ist im Alltag schwierig genug. Aber, so fragt Descartes grundsätzlich und radikal, könnte nicht *alles* Wahrnehmen und Wissen bloß ein Traum sein, sogar meine eigene Existenz und die ganze Welt? Können wir Gewissheit in unserem Wissen erreichen? Und welche Art von Gewissheit könnte dies sein? Descartes' Bild vom Traum am Kamin drückt seine radikale Unruhe aus, welche Gewissheit wir haben können. Wieso aber zweifelt Descartes überhaupt radikal an seinem Wissen und sogar an seiner eigenen Existenz und schließlich an der Existenz der Welt? Hat er reale Gründe für seine Unruhe oder ist sein Zweifel eine reine Kopfangelegenheit? Nicht nur die Art und Weise, wie Descartes seiner Frage selbstquälerisch und höchst subtil zugleich in immer wieder neuen Wendungen nachgeht, sondern bereits die Berechtigung seiner Frage ist eine Zumutung. Welcher Mensch zweifelt denn wirklich an allem? Ist nicht schon ein derartiger Zweifel ein Widerspruch in sich, wenn man ihn in Worten ausdrückt und dabei notwendigerweise davon ausgeht, dass man mit seinen Worten etwas Sinnvolles ausdrückt, das andere verstehen können? Dann setzt man die Möglichkeit von Mitteilung und der Existenz von Menschen voraus, die man andrerseits bezweifelt. Sollte man sich eine lästige Stechfliege wie Descartes nicht gleich als sinnlose Quälerei vom Leibe halten? Wenn man sich – trotz der genannten Bedenken – dennoch auf seinen Zweifelsprozess einlässt, kann man am Schluss auf überraschende Einsichten stoßen, vermutlich gegen Descartes' eigene Intention.

Descartes' Suche nach Gewissheit verläuft in zwei unterschiedlichen Phasen zunehmender Radikalität: in der ersten Phase, in seiner Methoden-Schrift *Bericht über die Methode, die Vernunft richtig zu führen und die Wahrheit in den Wissenschaften zu erforschen* (1637), finden wir bei ihm einen gemäßigt radikalen Zweifel mit dem Ergebnis vorläufiger Gewissheit; in der zweiten Phase dagegen, in seiner Meditationen-Schrift *Meditationen über die Grundlagen der Philosophie* (1641) gerät Descartes in den Strudel eines vollkommen radikalen Zweifels. Allerdings drückt er gleich zu Beginn seiner Methodenschrift sein letztlich doch unerschütterliches Vertrauen in die menschliche Vernunft aus: «Der gesunde Verstand (*le bon sens*) ist die am besten verteilte Sache der Welt, denn jeder denkt, so gut damit versehen zu sein, dass selbst diejenigen, die in allen anderen Dingen am schwersten zufriedenzustellen sind, gewöhnlich überhaupt nicht mehr davon verlangen, als sie haben. Es ist nicht wahrscheinlich, dass sich alle hierin irren, sondern dies bezeugt vielmehr, dass das Vermögen, richtig zu urteilen (*bien juger*) und das Wahre vom Falschen zu unterscheiden, welches eigentlich als gesunder Verstand oder Vernunft (*la raison*) bezeichnet wird, von Natur aus bei allen Menschen gleich ist.» (Descartes 2001, S. 9) Allerdings genüge «der gesunde Verstand» nicht, «vielmehr ist es die Hauptsache, ihn richtig anzuwenden» (S. 9). Notwendig hierfür sind gewisse methodische Regeln, die Descartes anschließend nach dem Vorbild des klaren mathematischen Denkens entwickelt und an Beispielen demonstriert.

In seiner Methodenschrift zeigt sich Descartes von der gelehrten Bildung enttäuscht, die er in der von Jesuiten geleiteten Elite-Schule in La Flèche erworben hatte: «Von Kindheit an habe ich Bildung genossen; und da man mich überzeugte, dass ich durch ihre Hilfe eine klare und sichere Erkenntnis all dessen, was für das Leben nützlich ist, gewinnen könne, hatte ich eine außerordentliche Begierde, sie zu erwerben. Doch sowie ich den ganzen Studiengang abgeschlossen hatte, an dessen Ende man gewöhnlich in die Reihe der Gelehrten aufgenommen wird, änderte ich meine Meinung gänzlich. Denn ich fand mich in so viele Zweifel und Irrtümer verwickelt, dass ich aus dem Bestreben, mich zu unterrichten, keinen anderen Nutzen zu haben schien, als den, mehr und mehr meine Unwissenheit entdeckt zu haben. Nichtsdestoweniger besuchte ich eine der berühmtesten Schulen Europas.» (Descartes 2001, S. 13) Zwar sah Descartes im Erlernen der alten Sprachen und in der Lektüre der antiken, vor allem historischen Schriften einen gewissen Wert, da er etwas über die Lebensweise und Ansichten der Menschen erfahren habe. Von den anderen Wissensgebieten aber war er enttäuscht, mit Ausnahme der Mathematik. Sie gefiel ihm zwar «wegen der Sicherheit und Evidenz ihrer Gründe ganz besonders, doch bemerkte ich noch gar nicht ihren wahren Nutzen. Ich dachte, sie diente nur den mechanischen Handwerkskünsten, und so wunderte ich mich, dass man bei so festen und unerschütterlichen Fundamenten nichts Höheres aufgebaut hatte.» (S. 19) Von der Philosophie seiner Zeit dagegen – vermutlich in ihrer scholastischen Form bloßer Definitionen und rein begrifflicher Beweise und Gegenbeweise – war Descartes deshalb enttäuscht, weil es in ihr «nicht eine Sache gibt, über die man nicht streiten würde und die folglich nicht zweifelhaft wäre» (S. 21). Er habe sogar gelernt, «dass man sich nichts so Sonderbares und Unglaubliches vorstellen kann, was nicht bereits von irgendeinem der Philosophen gesagt worden ist» (S. 35).

Tief enttäuscht über die damalige Wissenschaft und an ihrer Spitze über die Philosophie gab Descartes, wie er in seinem rückblickenden Bildungsbericht weiter schreibt, nach Abschluss seiner Schulzeit und nach Beendigung seines kurzen Jura-Studiums mit etwa zwanzig Jahren «die wissenschaftlichen Studien ganz auf» und war «entschlossen, keine andere Wissenschaft (*science*) mehr zu suchen als diejenige, die ich in mir selbst und im großen Buch der Welt würde finden können» (S. 21). Er wollte auf Reisen Menschen und verschiedene Gegenstände kennenlernen, um «Erfahrungen» zu sammeln, über sie eigene «Überlegungen» anzustellen und die praktischen Konsequenzen zu erproben, statt sich wie «ein Gelehrter in seinem Studierzimmer» durch bloße «Spekulationen» leiten zu lassen und sich dadurch «vom gesunden Menschenverstand» zu entfernen (S. 23). Zwar habe er auf diese Weise, wie Descartes resümiert, kaum etwas gefunden, «dessen ich mir sicher sein konnte», aber immerhin habe er seine frühere Orientierung an «Beispiel und Herkommen» überwunden, die «unser natürliches Licht verdunkeln können und unsere Fähigkeit, auf unsere Vernunft zu hören, verringern» (S. 23). Mehr als jeder bloß spekulativen Wissenschaft vertraut Descartes dem «gesunden Menschenverstand». Wie er aber zu Beginn seiner Methoden-Schrift festgestellt hatte, braucht dieser eine sichere Leitung.

Im zweiten Teil seiner Methoden-Schrift beschreibt Descartes, wie er während seiner Militärdienstzeit in Deutschland zu Beginn des Dreißigjährigen Kriegs, um 1618, in einem Winterquartier ohne «zerstreuende Unterhaltung» und frei von störenden «Sorgen und Leidenschaften» «den ganzen Tag allein in einer warmen Stube eingeschlossen blieb und hier all die Muße fand, um mich mit meinen Gedanken zu unterhalten» (S. 27). Dabei wurde ihm der wahre Nutzen der Mathematik klar, den er während seiner Schulzeit noch nicht gesehen hatte. Im weiteren Fortgang seiner Methoden-Schrift entwickelt er eine allgemeine Methode des analytischen, in einem weiten Sinn an der Klarheit der Mathematik orientierten Denkens, die uns aus heutiger Sicht fast selbstverständlich erscheint. Allerdings beansprucht er nicht, «hier die Methode zu lehren, der jeder folgen muss, um seine Vernunft richtig zu führen, sondern lediglich ersichtlich zu machen, auf welche Weise ich versucht habe, die meine zu führen» (S. 13). Die Basis der richtigen Leitung des gesunden Menschenverstandes ist dieser selbst, jedenfalls wenn er über seine lebensweltlich immer schon erfolgreich praktizierte Methode reflektiert. Descartes beruft sich auf «die einfachen Überlegungen, die ein Mann von gesundem Verstand auf natürliche Weise hinsichtlich der sich zeigenden Dinge anstellen kann» (S. 29). Die von Descartes entwickelte «Methode, die Vernunft richtig zu führen und die Wahrheit in den Wissenschaften zu erforschen», wie er seine Schrift betitelt, besteht nach dem Vorbild der «Geometer» aus folgenden vier einfachen, von ihm auf knapp einer Seite formulierten Regeln (S. 39–41):

(1) Evidenz: «niemals irgendeine Sache als wahr zu akzeptieren, die ich nicht evidentermaßen als solche erkenne; dies bedeutet, sorgfältig Übereilung und Voreingenommenheit vermeiden und in meinen Urteilen nicht mehr zu umfassen, als das, was sich so klar und so deutlich (*si clairement et si distinctement*; lat. *clare et distincte*) meinem Geist vorstellt, dass ich keine Möglichkeit hätte, daran zu zweifeln.»

(2) Problemzergliederung: «jede der Schwierigkeiten, die ich untersuchen würde, in so viele Teile zu zerlegen, wie es möglich und wie es erforderlich ist, um sie leichter zu lösen».

(3) Stufen-Ordnung: «mit den am einfachsten und am leichtesten zu erkennenden Dingen zu beginnen, um nach und nach, gleichsam stufenweise, bis zu der Erkenntnis der am meisten zusammengesetzten aufzusteigen» und gegebenenfalls eine eigene Ordnung zu unterstellen.

(4) Vollständigkeit: «überall so vollständige Aufzählungen und so allgemeine Übersichten herzustellen, dass ich versichert wäre, nichts wegzulassen».

Anschließend gibt Descartes drei Proben seiner Methode. Zunächst stellt er im dritten Teil seiner Schrift Grundsätze einer «Moral auf Zeit» auf, an die er sich auch selber halte (S. 47–55):

• erstens, den «Sitten und Gebräuchen meines Vaterlandes zu gehorchen», «an der Religion» festzuhalten und sich an den «maßvollsten» Meinungen zu orientieren;

• in seinem zweiten Grundsatz verlangt er von sich, «in meinen Handlungen so fest und entschlossen zu sein, wie es mir möglich war»; wenn man sich, so erläutert er diesen Grundsatz mit einem Vergleich, in einem Wald verirrt hat, ist es besser, den eingeschlagenen Weg erst einmal fortzusetzen als sich ziellos noch weiter zu verirren;

• auch der dritte Grundsatz ist an der Erfahrung statt an bloßer Spekulation orientiert: «eher mich zu besiegen als das Schicksal»;

• mit seinem vierten Grundsatz, wie man sich am «besten» in seinem Leben orientiert, beruft er sich auf seine eigene bewährte Erfahrung: «ich könnte nichts Besseres tun, als mit der fortzufahren, bei der ich mich befand, d. h. mein ganzes Leben darauf zu verwenden, meine Vernunft zu kultivieren», etwa, wie er zu verstehen ist, die zuvor entwickelten drei Grundsätze anzuwenden.

Bei Descartes' «Moral auf Zeit» handelt es sich somit keineswegs um eine bloß provisorische Moral, wie sie oft als Vorstufe zu Spinozas *Ethica, ordine geometrico demonstrata* (1677) mit sicheren Axiomen und Ableitungen verstanden wird. Vielmehr vertritt Descartes eine lebensweltlich ausgerichtete, auf ständige Verbesserung bedachte Moral, die ihre Inhalte, so sein erster Grundsatz, aus den vorliegenden «Sitten und Gebräuchen» bezieht und diese kritisch nach den Grundsätzen seiner Methode prüft.

Die zweite Probe oder Anwendung seiner Methode ist sein Beweis für die Existenz Gottes und der unsterblichen Seele nach der Evidenz-Regel, auf den er in der zweiten Phase seines radikalen Zweifels als, wie er meinte, Lösung zurückgreifen wird und der später noch kritisch zu prüfen sein wird.

Die dritte Probe ist die Untersuchung eines physikalisch-medizinischen Problems, der «Bewegung des Herzens», nach dem Stand der damaligen Forschung. In einem Ausblick schließlich betont Descartes, wie wenig er selber bisher in den Wissenschaften vorangekommen und wie viel noch zu erforschen sei. Dabei vertraut er darauf, dass man mit Hilfe seiner rationalen Methode immer mehr Gewissheit in der Erkenntnis erreichen kann, vor allem auf dem Gebiet der Medizin. Sein Vertrauen hat sich seit seiner Zeit weitgehend bestätigt, wenn auch seine Hoffnung und sein Ziel, wir Menschen könnten schließlich «zu Herren und Eigentümern der Natur werden» (S. 115), auf Grund der erfahrbaren Ambivalenz des wissenschaftlich-technischen Fortschritts heute eher skeptisch beurteilt werden muss.

In der zweiten Phase seines Zweifels, in den *Meditationen* (1641), prüft Descartes noch radikaler die Möglichkeit menschlichen Wissens als in der ersten Phase, indem er nicht nur den einzelnen Wissenschaften, sondern dem Anspruch auf Gewissheit der Wissenschaft insgesamt misstraut, selbst der Mathematik. Descartes leitet seinen «Traum am Kamin» (siehe Textauszug) zu Beginn seiner *Ersten Meditation* erneut mit einem biographischen Bericht über die Vorgeschichte seines Zweifels ein: «Schon vor einer Reihe von Jahren habe ich bemerkt, wie viel Falsches ich in meiner Jugend habe gelten lassen und wie zweifelhaft alles ist, was ich hernach darauf aufgebaut, daß ich daher einmal in meinem Leben alles von Grund aus umstoßen und von den ersten Grundlagen an neu beginnen müsse, wenn ich jemals für etwas Unerschütterliches und Bleibendes in den Wissenschaften festen Halt schaffen wollte.» (Descartes 1960, S. 15) Descartes geht es um einen festen Halt für die «Wissenschaften», nicht um Orientierung im Alltag. Woher sonst aber könnten wir, so war Descartes überzeugt, in den Wissenschaften Gewissheit erhoffen, wenn nicht von der Philosophie? Was aber sind «die Grundlagen der Philosophie», von denen seine *Meditationen* handeln sollen? Und auf welcher Basis kann Descartes seinen radikalen Zweifel und seine Neubegründung der Philosophie und allen Wissens durchführen, wenn er sowohl der Tradition als auch der Spekulation misstraut? Kann er, wie in der Methoden-Schrift, auf die Erfahrungen seines «gesunden Verstandes» vertrauen, denen er ja gerade ebenso wie der Wissenschaft misstraut?

Descartes steht am Übergang von der Antike und dem Mittelalter zur Neuzeit und zur Moderne sowie von der Selbstgewissheit des spekulativen Denkens zur Kritik des methodischen Denkens. Die überlieferte Form der Wissenschaft begann zu seiner Zeit ihre Gültigkeit zu verlieren. Francis Bacon (1561–1626) hatte bereits kurze Zeit vor Descartes die gesamte bisherige Wissenschaft von der Antike bis zum Mittelalter, einschließlich der Philosophie, radikal kritisiert. Sie baue in der Tradition des Aristoteles nur auf ausgedachten Definitionen und Axiomen auf, ohne eine empirische Basis zu haben, wie er vor allem die scholastische Philosophie des Mittelalters kritisierte. In seiner Schrift *Neues Werkzeug* (*Novum Organon*), ein Teil seines unvollendeten Hauptwerks *Große Erneuerung* (*Instauratio Magna*, 1620), entwickelte Bacon die induktive Methode, die von der Beobachtung von Einzelfällen ausgeht und daraus allgemeine Definitionen und Axiome deduziert. Damit leitete er den

Siegeszug der neuzeitlichen *empirischen* Wissenschaft ein. Was bei Bacon aber noch fehlte, ist der zweite Bestandteil der heutigen empirisch-*logischen* Wissenschaft, den Descartes ergänzte. Das Fundament der Wissenschaft muss nach ihm nicht nur in der Erfahrung, sondern auch in der Vernunft neu gelegt werden. Dies bedeutet, die Gültigkeit ihrer logischen Form, unserer Definitionen und Axiome, muss angezweifelt und neu begründet werden, mit ihr die Gültigkeit oder Gewissheit der Vernunft und unseres Erkennens insgesamt.

Das klingt bedrohlich. Denn wenn jede Sicherheit schwindet, versinken wir auch in unserer Existenz, deren wir nicht mehr sicher sein können, ins Bodenlose. Allerdings ist Descartes' Zweifel – jedenfalls anfangs – nicht wirklich existenziell bedrohlich für ihn. Immerhin traut er auch in seinem grundsätzlichen Zweifel der Möglichkeit der Vernunft und des Denkens weiterhin zu, seine Zweifel zu überwinden. Sein Zweifel ist zunächst ein methodischer oder bloß vorgestellter Zweifel im Labor des Denkens, nicht eine Verzweiflung, die ihn in seiner ganzen Persönlichkeit oder Existenz wie «eine Axt für das gefrorene Meer in uns» (Franz Kafka) trifft. Beide Arten des Zweifels unterscheidet der Existenzphilosoph Sören Kierkegaard (1813–1855) voneinander: «Zweifel ist die Verzweiflung des Gedankens, Verzweiflung ist der Zweifel der Persönlichkeit.» (Kierkegaard 1988, S. 769) Allerdings weitet sich auch Descartes' anfänglich nur methodischer Zweifel im Laufe seines Gedankenexperiments zu einer existenziellen Verzweiflung aus, in der ihm schließlich jede Gewissheit des Denkens und selbst seiner eigenen Existenz verlorenzugehen droht. Wenn man Wert auf radikale Ehrlichkeit in seinem Denken setzt, kann man sich der Zerreißprobe von Descartes' Philosophie nicht entziehen; auch nicht der Zerreißprobe des sokratischen Philosophierens, wenn man Wert auf radikale Ehrlichkeit in seiner Lebensführung legt. Wie zur Belohnung der quälenden Zerreißprobe stellt die dramatische, subtile Form des Zweifel-Prozesses auch einen intellektuellen Genuss dar, ebenso wie die ironische, spitzfindige Form des sokratischen «Rechenschaftgebens».

In seiner ersten Meditation (S. 15–20) geht Descartes mit seinem Bild vom «Traum an Kamin» von einem umfassend angelegten Gedankenexperiment aus. Dabei wendet er alle vier Grundsätze seiner Methode an (Evidenz, Problemzergliederung, Stufen-Ordnung, Vollständigkeit). Außerdem geht er dialektisch vor, indem er in einem inneren Zwiegespräch stufenweise seinen Argumenten jeweils Gegenargumente folgen lässt, bis er zu einem Schlusspunkt kommt, der ihm einleuchtet. Zudem geht er durchgehend von erfahrbaren Phänomenen aus und führt schließlich auch ein spezielles Gedankenexperiment vom «Betrüger» durch. Als allgemeine Prämisse schickt er seiner Analyse vorweg, er müsse nicht auf jede einzelne Art des bisherigen Wissens eingehen, sondern es reiche aus, exemplarisch jeweils nur den geringsten möglichen Zweifel aufzuzeigen, «da bei untergrabenen Fundamenten alles darauf Gebaute von selbst zusammenstürzt» (S. 15). Man kann bei Descartes folgende Schritte feststellen:

• Als Erstes nimmt sich Descartes die Sinneswahrnehmungen vor, die uns am sichersten zu sein scheinen. Dass wir uns jedoch auf sie nicht verlassen können, zeigen bereits als Beispiel die bekannten Sinnestäuschungen «mit Bezug auf zu kleine und entfernte Gegenstände».

• Nicht alle Sinneswahrnehmungen aber, so argumentiert er gegen sich selbst, müssen Täuschungen sein. Auf die sinnliche Gewissheit unserer eigenen Existenz nämlich, «daß ich jetzt hier bin, daß ich, mit meinem Winterrock angetan, am Kamin sitze», können wir uns doch verlassen.

• Auch auf sie jedoch, so muss Descartes gegen sich selber gewandt wiederum zugeben, ist kein Verlass. Wie er an seinem Bild vom Traum am Kamin demonstriert, können wir nicht wissen, ob wir jetzt hier wachen oder träumen.

• Dem Zweifel, ob wir jetzt hier am Kamin wachen oder träumen, stellt er die Sicherheit des «wachen Blicks» entgegen, mit dem er einzelne, sinnlich wahrnehmbare Handlungen sehen könne, wie er jetzt beispielsweise auf das Papier schaue, auf dem er gerade seine Überlegungen niederschreibt, seinen Kopf dabei hin- und herbewege und seine schreibende Hand befühle.

• Auch diese Sicherheit einzelner sinnlicher Akte hält seinem Zweifel nicht stand. Vielmehr gibt Descartes gegen sich selbst zu bedenken, dass er derartige Handlungen auch früher im Traum vollzogen habe und sie möglicherweise auch jetzt bloß im Traum vollziehe.

• In einem nächsten Schritt zweifelt er zudem nicht nur an seinen einzelnen sinnlichen Handlungen, sondern an seiner Existenz insgesamt, weil «Wachsein und Träumen niemals durch sichere Kennzeichen unterschieden werden können». Diese Einsicht mache ihn «ganz betroffen», und sein anfänglicher methodischer Zweifel nimmt erste Anzeichen einer persönlichen, existenziellen Verzweiflung an. Vielleicht ist unser gesamtes Dasein nur ein Traum oder nichts als eine Illusion?

• Allerdings, selbst wenn unser gesamtes Dasein nur ein Traum wäre, müsse man doch zugeben, dass man die im Schlaf gesehenen sinnlichen Bilder nur nach dem «Muster wahrer Dinge sich abmalen konnte». Daraus folgt, dass wenigstens «dies Allgemeine», das heißt die entsprechenden Begriffe «Augen, Haupt, Hände und überhaupt der ganze Körper nicht bloß eingebildet ist, sondern wirklich existiert», wie auch die Maler sich beim Malen noch so imaginärer Phantasiegebilde wie «Sirenen und Satyren» auf real vorhandene Glieder verschiedener lebender Wesen beziehen und diese auf ihrem Phantasiegebilde neu miteinander vermischen.

• Auch diese Sicherheit geistig erkennbarer Muster aber zweifelt Descartes an. Bei gänzlich neuartigen, «unwahren» Bildern nämlich sind keine in der Wirklichkeit «vorhandenen Glieder» mehr zu erkennen.

• Selbst bei gänzlich neuartigen Bildern, so wiederum sein Gegeneinwand, würden von den Malern zumindest «wahre» Farben verwendet. Analog könnten auch bei den Träumen zwar die

Muster oder Allgemeinbegriffe «unwahr» sein, aber es seien «wenigstens gewisse andere, noch einfachere und allgemeinere Dinge wahr», wie ähnlich in der Malerei die Farben. Hierzu zählen nach Descartes «die Natur des Körpers im allgemeinen» (d. h. «Ausdehnung zu sein»), «ferner die Gestalten der ausgedehnten Dinge, ebenso die Quantität, d. i. ihre Größe und Zahl, ebenso der Ort, an dem sie existieren, die Zeit, während der sie dauern, und dergleichen». Gemäß dieser Unterscheidung zwischen allgemeinen Begriffen und deren allgemeinen Eigenschaften unterscheidet Descartes diejenigen Wissenschaften, die sich mit «zusammengesetzten Dingen» beschäftigen, wie Physik, Astronomie oder Medizin, von denjenigen, die sich mit den «allereinfachsten und allgemeinsten Gegenständen» beschäftigen, wie Arithmetik oder Geometrie. Im Unterschied zu den materialen Wissenschaften, wie man heute unterscheiden würde, kümmern sich die formalen nicht darum, ob ihre Gegenstände «in der Wirklichkeit vorhanden sind oder nicht», sondern nur darum, ob sie «etwas von zweifelloser Gewißheit enthalten». So ist «stets 2+3=5» oder hat «das Quadrat nie mehr als vier Seiten». Mit der Wahrheit formaler allgemeiner Eigenschaften scheint Descartes sein Ziel zweifelloser Gewissheit erreicht zu haben. Ihre Wahrheit ist unbestreitbar, insofern sie, wie man hinzusetzen muss, analytisch rein aus der Definition der verwendeten Begriffe folgt.

• Allerdings stellt Descartes auch die Sicherheit der mathematischen Wahrheit in einem speziellen Gedankenexperiment in Frage. Man könne die Möglichkeit nicht von vorneherein ausschließen, dass uns «irgendein böser Geist, der zugleich allmächtig und verschlagen ist», in allem und damit selbst in der Wahrheit der Mathematik täuscht. Die gesamte von uns als sicher angenommene Wirklichkeit, so stellt sich Descartes fast verzweifelt vor, ist möglicherweise «nichts als das täuschende Spiel von Träumen, durch die er meiner Leichtgläubigkeit Fallen stellt». Der Traum am Kamin wird für ihn zu einem Albtraum, sein Zweifel droht zur Verzweiflung zu werden.

• Doch auch hier hat Descartes noch das Gegenargument, wenn er schon nichts Wahres erkennen könne, könne er wenigstens «hartnäckig» versuchen, so viel Falsches wie möglich zu vermeiden und sich nicht «von jenem Betrüger hintergehen lassen, so mächtig und so verschlagen er auch sein mag».

• Dagegen wiederum wendet er ein, dieser Versuch sei «ein mühevolles Unterfangen». Auch fürchtet er: «eine gewisse Trägheit führt mich zur gewohnten Lebensweise zurück», indem er sich von dem angenommenen Betrüger doch wieder Wahres vorgaukeln lasse und schließlich, so führt er seine Anspielung auf Platons Höhlengefangene und den Gaukler fort, die Finsternis der «behaglichen Ruhe» dem Licht des «mühseligen Wachseins» vorziehen könnte.

In der «zweiten Meditation» unternimmt Descartes einen völlig neuen Versuch, aus seinem radikalen Zweifel herauszufinden. Dabei macht er fast ausschließlich von der Evidenz-Regel Gebrauch (alle folgenden Zitate dort, S. 20–30):

• Nachdem er sich die realen Konsequenzen eines «mühevollen» Widerstands gegen den allmächtigen Betrüger lebhaft vorgestellt hat, sinkt Descartes erschöpft in den Schlaf. Am folgenden Tag zieht er eine Zwischenbilanz: «Die gestrige Betrachtung hat mich in so gewaltige Zweifel gestürzt, daß ich sie nicht mehr vergessen kann, und doch sehe ich nicht, wie sie zu lösen sind; sondern ich bin wie bei einem unvorhergesehenen Sturz in einen tiefen Strudel so verwirrt, daß ich weder auf dem Grunde festen Fuß fassen, noch zur Oberfläche emporschwimmen kann.»

• «Dennoch» entscheidet sich Descartes, den Kampf nicht aufzugeben, und will sich aus dem Strudel «herausarbeiten». Als Gegenargument gegen seinen «gewaltigen Zweifel» nimmt er nicht Zuflucht zu dem rettenden Gegenargument, dass er bei seinem methodischen Zweifel faktisch bis zuletzt darauf vertraut hat, dass er keinen Unsinn redet, sondern dass er vernünftige Gedanken äußert, die man verstehen und kritisieren kann. Er kann in der Tat dem sogenannten performativen Widerspruch nicht entgehen, dass er das tut, was er bezweifelt: er denkt. Erst später macht er aus dem Bewusstsein seines Zweifelns und Denkens ein Argument für sein Wachsein gegen den befürchteten Traumzustand.

• Vor seinem Neuanfang geht Descartes noch einmal alle Schritte seines Zweifelns bis zum gerade unternommenen Gedankenexperiment eines «bösen Geistes» durch. Aus der Annahme eines solchen bösen Geistes, der ihn in allen seinen Gedanken über die Wirklichkeit täuscht, folgt für Descartes der vorerst rettende Gedanke: «Er täusche mich, soviel er kann, niemals wird er doch fertigbringen, daß ich nichts bin, solange ich denke, daß ich etwas sei.» Der daraus folgende Gedanke «Ich bin, ich existiere», und zwar als «denkendes Wesen» (S. 22, 23), ist für Descartes «notwendig wahr». Bei diesem Satz handelt es sich nicht, wie es vielleicht scheinen könnte, um einen syllogistischen Schluss der Form: «Prämisse: Alles, was denkt, existiert. – Mittelsatz: Ich denke. – Schluss: Also existiere ich.» Vielmehr drückt dieser Satz eine evidente, aus sich her unmittelbar einleuchtende Einsicht als Akt unseres Bewusstseins von uns selbst aus, der keiner weiteren Beweise bedarf. Damit kommt Descartes auf eine Überlegung aus seiner Methoden-Schrift zurück. Dort diente ihm der in der Form leicht abgewandelte Gedanke: «Ich denke, also bin ich» (*je pense, donc je suis*; Descartes, 2001, S. 65) als Beispiel einer evidenten Einsicht. In seiner lateinischen Übersetzung *cogito ergo sum* ist dieser Satz heute zum Allgemeingut höherer Bildung geworden.

• Die Gewissheit seiner selbst aber reicht Descartes für die Überwindung des radikalen Zweifels nicht aus, da sie noch nichts über die Gewissheit des Denkens oder der Gedanken aussagt. Er fragt sich daher in einer selbstkritischen Erwiderung, was eigentlich «ein denkendes Wesen» heißt.

• Darauf antwortet er sich: «Nun, – ein Wesen, das zweifelt, einsieht, bejaht, verneint, will, nicht will und das sich auch etwas bildlich vorstellt und empfindet.» Mit Hilfe dieser Be-

griffsklärung kann Descartes seine Überlegungen präziser fort-
setzen. Dass er, Descartes, dies alles *als* denkendes Wesen tut,
egal, ob er wacht oder träumt, dessen ist er sich bewusst und
sicher.

• Was aber hat er damit für seine Suche nach Gewissheit
gewonnen, fragt sich Descartes weiter und mahnt sich selbst,
nicht bei seiner Suche «abzuirren». Um sich auf seine Frage
nach Gewissheit zu konzentrieren, spielt er seine bisherigen
Überlegungen noch einmal an einem Phänomen durch. Was
heißt «z. B. dieses Stück Wachs» zu erkennen? Alle sinnlich
wahrnehmbaren Eigenschaften des Stücks Wachs, etwa sein Geschmack, Geruch, seine Farbe, Gestalt oder Größe, können sich
ändern, wenn man es etwa dem Feuer nähert, «und doch es
bleibt – das Wachs» (S. 26).

• Bei Descartes' Frage nach Gewissheit finden die sinnlichen,
vergänglichen Qualitäten keine Beachtung, die «dieses Stück
Wachs» hat, in dem noch der «Geschmack des Honigs» und der
«Duft der Blumen» zu spüren ist (S. 26). In der Tradition der
platonistischen Zwei-Welten-Lehre kann sich ein sicheres Wissen, das Gewissheit anstrebt, nur auf das beziehen, was «bleibt»,
hier die Quantitäten dieses Stückes Wachs vor uns. Damit ist die
Dominanz der neuzeitlichen wissenschaftlichen Perspektive
über die lebensweltliche Perspektive des Menschen, der wie die
Sinnendinge selber vergänglich ist, vorgezeichnet. Die Tragweite
dieser Entwicklung kritisiert Heidegger in seiner Phänomen-
analyse des «blühenden Baums», der vor uns auf der Wiese
steht (vgl. Kapitel 9).

• Was also, so fragt Descartes, ist das Wachs, das «bleibt»?
Seine Antwort: Es ist ein Körper, und ein Körper ist etwas «Ausgedehntes». Was aber wiederum ist «das Ausgedehnte»? Damit
fragt Descartes nach den allgemeinen Eigenschaften des Allge-
meinbegriffs «ausgedehnt», wie er es bereits vorher bei seiner
Traumanalyse getan hatte.

• Das Ausgedehnte kann unzählige verschiedene Formen annehmen, etwa eine quadratische, runde oder eckige, die ich

mir in ihrer Verschiedenheit nie vollständig bloß sinnlich vorstellen, sondern nur denken kann. Daraus folgt: dieses Stück
Wachs bleibt dasselbe, das ich vorher wahrgenommen habe,
aber nicht als sinnlich wahrnehmbares, vergängliches Etwas,
sondern als bleibendes Etwas, das der «Einsicht einzig und allein des Verstandes» zugänglich ist. Damit kommt Descartes auf
seine bereits in der ersten Meditation gewonnene Einsicht
zurück, dass Erkenntnis nur durch den Verstand möglich ist.
Zugleich ist seine Epistemologie (Lehre von der Erkenntnis)
mit seiner Ontologie (Lehre vom Seienden) nach Art der platonistischen Zwei-Welten-Lehre verbunden (vgl. Kapitel 3): Bleibende, sichere Erkenntnis kann sich nur auf bleibendes Seiendes
beziehen. Für seine Anthropologie als Lehre, was der Mensch
ist, folgt daraus, dass der Mensch nicht in seinen sinnlich wechselnden Eigenschaften, sondern allein in seiner bleibenden
Eigenschaft als denkendes Wesen gedacht und erkannt werden
kann: «Da sehe ich zufällig vom Fenster aus Menschen auf der
Straße vorübergehen, von denen ich ebenfalls, genau wie vom
Wachse, gewohnt bin zu sagen: ich sehe sie, und doch sehe ich
nichts als die Hüte und Kleider, unter denen sich ja Automaten
verbergen könnten. Ich urteile aber, daß es Menschen sind.»
(S. 8)

• Das Urteil stützt sich bei Descartes allein auf das Kriterium
des Denkens, nicht auf sinnliche Eigenschaften wie das Empfinden oder die Sterblichkeit des Menschen. Wie bei seiner Reduktion des Erkennens von Dingen auf das Wissen von ihren Quantitäten hat Descartes auch bei seiner Reduktion des Menschen
auf die Eigenschaft des Denkens einer Sichtweise Vorschub
gleistet, die gegenwärtig den Menschen als denkenden Compu-
ter und quantifizierbares, funktionales Etwas versteht und behandelt (vgl. Kapitel 9).

• Der Versuch, mit Hilfe der Einsicht *cogito ergo sum* aus dem
Strudel seines Zweifels und seiner Verzweiflung herauszukom-
men, scheint Descartes aber missglückt. Denn mit der Gewissheit unserer mentalen Akte ist nichts gewonnen, da auch sie ins-

gesamt trügerisch sein können, wie Descartes sein Betrüger-Argument wieder aufnimmt.

Gegen das Betrüger-Argument bringt Descartes in seiner «dritten Meditation» (alle folgenden Zitate dort, S. 30–48) als letzten Trumpf das Gottes-Argument ins Spiel. Die Vorstellung eines Betrügers widerspräche der Idee Gottes, der uns in seiner Güte nicht an allem zweifeln und sogar verzweifeln lässt.

• Wie aber, so fragt sich Descartes selbstkritisch weiter, lässt sich Gottes Existenz beweisen? Descartes wiederholt im Wesentlichen den Gottesbeweis, den er bereits in seiner Methoden-Schrift vorgelegt hatte. Unsere Vorstellung von Unvollkommenheit, so argumentiert er, setzt die Vorstellung von etwas Vollkommenem voraus. Man könnte nicht begreifen, dass man zweifelt oder unvollkommen ist, «wenn gar keine Vorstellung von einem vollkommeneren Wesen in mir wäre, womit ich mich vergleiche und so meine Mängel erkenne». Damit folgt Descartes dem Gottes-Beweis der antiken und mittelalterlichen Metaphysik, dass sich aus dem Begriff der Unvollkommenheit die notwendige Existenz der Vollkommenheit, also Gottes, ergebe.

• Mit der Existenz eines vollkommenen Gottes ist für Descartes das Betrüger-Argument aber noch nicht widerlegt, wie er in seinem quälenden Zweifel oder in seiner vielleicht existenziellen Verzweiflung fortfährt. Solange er die erhoffte Gewissheit unseres Denkens nicht erreicht hat, gibt er keine Ruhe – auch wenn er zur Zeit der Abfassung seiner *Meditationen* sicher bereits den Ausweg aus seinem radikalen Zweifel und seiner Verzweiflung gewusst hatte. Dennoch führt er seine Leser weiter in den von ihm selbst zuvor erfahrenen «tiefen Strudel» (S. 20) hinein. Es besteht ja die Möglichkeit zu denken, dass ein allmächtiger Betrüger und ein guter Gott nebeneinander existieren und dass das Böse sogar über das Gute dominieren könnte.

• Die Eigenschaft Gottes als eines vollkommenen und allmächtigen Wesens aber schließt nach Descartes die Existenz des Bösen aus, da Gott sonst nicht vollkommen wäre. Also gibt es keinen bösen Betrüger, der uns in allem, selbst in der Gewissheit der Mathematik, täuschen könnte. Ein guter Gott ist daher der Garant unserer mathematischen, quantifizierenden Gewissheit und nach ihrem Vorbild der Gewissheit unseres Erkennens insgesamt.

• So wie Descartes nach dem «gewaltigen Zweifel» am Ende der ersten Meditation zur Erholung erst einmal in einen tiefen Schlaf gefallen war, um danach in einem neuen Versuch den rettenden Ausweg zu versuchen, will er jetzt, nachdem er sicher ist, ihn gefunden zu haben, zur Belohnung «eine Zeit lang bei der Betrachtung Gottes verweilen» und somit die «höchste Lust» erfahren. Damit gleicht Descartes den befreiten Höhlengefangenen Platons, fügt allerdings seinem Beweisgang von Platons «Idee des Guten» oder von der Existenz des christlichen Gottes den Zusatz hinzu: «wie der Glaube uns lehrt». Damit bleibt ein Rest von Zweifel für uns, ob Descartes letztlich auf den religiösen «Glauben» oder seine evidente Vernunfteinsicht vertraute.

In der anschließenden «vierten» und «fünften Meditation» untersucht Descartes wieder allein mit Hilfe seiner Evidenz-Methode die Konsequenzen, die sich aus der bewiesenen Gewissheit des geistigen Ichs und der Existenz Gottes ergeben (alle folgenden Zitate dort, S. 48–64):

• Für Descartes ergibt sich als erste Konsequenz, dass Gottes Vollkommenheit ausschließt, dass er uns in allem täuscht, selbst in unseren evidenten Einsichten.

• An zweiter Stelle folgt daraus, dass wir uns in unserer «Urteilsfähigkeit» nicht grundsätzlich täuschen können, die Descartes mit dem «gesunden Verstand» (*bon sense*) gleichgesetzt, von der er zu Beginn der Methoden-Schrift als Basis ausgegangen war und die er jetzt wieder aufgreift: «Sodann entdecke ich in mir eine gewisse Urteilsfähigkeit, die ich sicherlich, wie auch alles übrige in mir, von Gott empfangen habe und die, da er mich nicht täuschen will, gewiß nicht so sein wird, daß ich jemals irren könnte, solange ich sie nur recht gebrauche.» (S. 49)

• Ferner beantwortet sich Descartes die Frage, wieso wir Menschen uns irren können, obwohl dies nicht in der Absicht eines
allgütigen Gottes liegen könne. Dies liegt für ihn daran, dass
sich unser Wille auch auf Gebiete wage, «die ich nicht verstehe»,
und sei nicht auf eine «Mitwirkung Gottes» zurückzuführen.

• Mit seinem Gottesbeweis ist sich Descartes gewiss, am Ende
seiner Suche nach Gewissheit angelangt zu sein. Es lasse sich, so
Descartes gegen Ende der fünften Meditation, jetzt «kein Ge-
gengrund mehr beibringen, der mich zum Zweifeln verleiten
könnte» (S. 63). Mit seinem Beweis der Existenz Gottes ist für
Descartes der Albtraum einer möglichen totalen Täuschung
vorbei, wie er sein Bild vom Traum am Kamin aufgreift: «Was
will man also sagen? Etwa – wie ich mir vor kurzem den Einwand machte, ich träumte vielleicht, oder es sei alles das, was
ich jetzt denke, nicht wahrer als das, was mir im Traum vor-
schwebt? Indessen – auch das ändert nichts: denn selbst wenn
ich träumte, so ist dennoch sicher alles wahr, was meinem Verstand einleuchtet» (S. 63 f.). Ob wir träumen oder wachen,
ändert nichts an der Gewissheit unseres evidenten Denkens. Der
Traum am Kamin ist nur noch ein Alltagsproblem, das uns nicht
weiter beunruhigen muss und sich heute mit Hilfe bildgebender
Verfahren eines Gehirnscanners lösen ließe.

In der «sechsten Meditation» versucht Descartes den Nachweis,
dass wir auch körperliche Dinge erkennen können und dass unser Geist vom Körper unabhängig sei (alle folgenden Zitat dort,
S. 64–80):

• Aus der «Einbildungskraft», so fügt Descartes der Gewissheit
mathematischer Erkenntnis hinzu, lassen sich prinzipiell auch
körperliche oder materielle Dinge sicher erkennen. Allerdings
sei die Seele als «ein denkendes, nicht ausgedehntes Wesen»
deutlich «von meinem Körper» als «ausgedehntes, nicht denkendes Wesen» unterschieden und könne auch ohne ihn existieren – eine Behauptung, die in der Tradition der platonistischen
Zwei-Welten-Lehre steht (vgl. Kapitel 3).

• Insgesamt aber, so schließt Descartes seine *Meditationen* in einem letzten Satz selbstkritisch gegenüber einer anfangs von ihm erstrebten absoluten Gewissheit ab, «kann man nicht leugnen, daß das menschliche Leben häufig in Einzelheiten dem Irrtum ausgesetzt ist, und man muß am Ende die Schwäche unserer Natur anerkennen».

Descartes hat sich selbst und seinen Lesern in seinen *Meditationen* ein Höchstmaß an Zweifel bis hin zur existenziellen Verzweiflung an der Gewissheit unserer eigenen Existenz zugemutet. Wie viel Gewissheit aber kann Descartes mit seinem Beweisgang wirklich erreichen? Die Antwort ist für den, der ihm auf dem Weg des radikalen Zweifels gefolgt ist, ernüchternd. Offensichtlich hat Descartes dem Evidenz-Prinzip mehr zugemutet, als es leisten kann. Er hat sich – gefangen vom Denkrahmen der metaphysisch-theologischen Tradition – nicht selbstkritisch gefragt, ob sein Gottesbeweis wirklich haltbar ist. Die behauptete *Existenz* Gottes ist zwar per definitionem oder analytisch in dem *Begriff* Gottes enthalten, insofern im Begriff des Vollkommenen notwendig die Eigenschaft der Existenz enthalten ist. In dem Begriff ist aber nicht analytisch das Urteil über die Realität seiner Existenz enthalten, weil die *reale* Existenz nicht aus der *gedachten* Existenz folgt. Der von Descartes und vor ihm vor allem auch von Anselm von Canterbury (1033–1109) vertretene «ontologische Gottesbeweis», der vom Begriff auf eine reale Wesenheit schließt, beruht nach Kants Darlegung in der *Kritik der reinen Vernunft* auf einer «Verwechslung eines logischen Prädikats mit einem realen» (Kant, *KrV*, A 598/B 626). Die reale Existenz Gottes zu beweisen, liegt, so argumentiert Kant, jenseits der Möglichkeit des menschlichen Denkens, das an die Grenzen von Raum und Zeit gebunden ist und nichts über jenseitige, «transzendente» Wesen wie Gott aussagen kann. Descartes dagegen traut dem Menschen ein evidentes Wissen auf der Basis reiner Vernunft zu, ohne hierfür einen von ihm sonst immer wieder geforderten unzweifelhaften Beweis zu haben.

Ist mit dem Scheitern der Suche nach einer absoluten Gewissheit jede Suche nach Gewissheit oder Sicherheit unseres Denkens gescheitert? Müssen wir uns stattdessen mit der anfänglich von Descartes beklagten Ungewissheit resigniert bescheiden? Es gibt einen Ausweg aus dem Dilemma von Gewissheit oder Ungewissheit. Allein sein metaphysisch-theologischer Denkrahmen hat Descartes zu einer Suche verleitet, die zur Absicherung unseres *bon sense* nicht nötig und auch nicht möglich ist. Die von Descartes in der Methoden-Schrift aufgestellten vier Regeln reichen aus, um unseren gesunden Verstand in der Wissenschaft und im Alltag richtig anzuwenden. Man braucht zu ihrer Absicherung keine absolute, metaphysische Gewissheit eines guten Gottes und ist auch nicht dem metaphysischen Zweifel einer Täuschung durch einen bösen Betrüger ausgesetzt.

Selbst wenn man aber Descartes' Suche nach Gewissheit von der Hypothek unhaltbarer metaphysischer Prämissen befreit, bleibt noch der Zweifel an seiner Wahrheitsregel der Evidenz übrig. Können wir uns wirklich auf alles verlassen, was uns als gewiss einleuchtet? Haben wir nicht genügend Erfahrungen damit gemacht, dass wir scheinbar evidente Einsichten nachträglich als Irrtümer einsehen mussten, etwa den ontologischen Gottesbeweis? Auch die Evidenzregel, so betont Descartes selber, beruht auf einer bewährten lebensweltlichen Erfahrung und muss sich einer kritischen Prüfung aussetzen. Wenn man keine absolute, sondern lediglich eine menschenmögliche Gewissheit anstrebt, hätte das Scheitern des Gottes-Beweises nicht zur Folge, dass uns nur noch die Alternative absoluter Ungewissheit übrigbleibt. Es gibt vielmehr einen dritten Weg zwischen absoluter Gewissheit und absoluter Ungewissheit: die möglichst gut geprüften wahren Sätze oder Meinungen.

Was also hat Descartes bei seiner Suche nach Gewissheit gewonnen, was auch heute, das heißt ohne einen metaphysisch-theologischen Denkrahmen Bestand haben kann? Bei radikaler Ehrlichkeit, so ist ihm zuzugeben, kommen uns notwendig Zweifel, ob wir nicht einen Traum am Kamin voller Illusionen leben. Mit Descartes' methodisch geleiteten *bon sense* aber können wir statt mit einer naiven mit einer selbstkritisch reflektierten Gewissheit bei unserem Streben nach Erkennen zu falliblen, irrtumsfähigen Gewissheiten gelangen, ohne der Evidenzregel zu stark zu vertrauen. Die Stechfliege des Zweifels, so die erste Phase des Zweifels bei Descartes, muss man «bei der Schwäche unserer Natur» (Descartes) als unverzichtbar anerkennen. Ebenso ist der bleibende, für Denker des Absoluten nicht anders als für angstbesetzte Sicherheitsdenker sicher schmerzhafte Zweifel an der Notwendigkeit und Möglichkeit einer absoluten Gewissheit unvermeidbar. Descartes' radikale zweite Phase des Zweifels an allem ist weder möglich noch notwendig. Vielmehr ist der von ihm gleich zu Beginn seiner Methoden-Schrift geäußerte, aber von ihm selber nicht konsequent angewendete selbstkritische Zweifel zu beherzigen: «Indem ich diese Schrift nur als eine Geschichte oder, wenn Sie lieber wollen, als eine Fabel vorschlage, in der man unter manchen nachahmenswerten Beispielen vielleicht auch einige andere findet, denen man aus gutem Grund nicht folgen wird, so hoffe ich, daß diese für einige nützlich sein wird, ohne für jemanden abträglich zu sein, und daß mir alle für meine Offenheit Dank wissen werden.» (Descartes 2001, S. 13)

Aus der Erfahrung einer Überschätzung des evidenten mathematischen oder quantitativen Denkens können wir gegenwärtig besser als Descartes selber zu Beginn der Erfolgsgeschichte des wissenschaftlich-technischen Fortschritts die Schattenseiten des szientistischen Deutungsmonopols erkennen (vgl. Kapitel 9), ebenso die Anmaßung des Menschen, sich als «Herrn und Besitzer der Natur» zu verstehen. Diese Erkenntnis mag ebenso wehtun wie Descartes' Kritik an der damaligen «spekulativen» Wissenschaft, öffnet aber zugleich den Blick unseres aufgeklärten «gesundes Verstandes» für die unterschiedlichen Zugänge zu einer unverkürzten Wirklichkeit von uns Menschen und der Welt.

7. Wie viel Gier brauchen wir?
Bernard Mandevilles *Bienenfabel*

Ein Bienenstock, dem keiner sich
An Macht und Reichtum sonst verglich.
Des fleißige, wohlgenährte Scharen
Geehrt in Krieg und Frieden waren,
War als das rechte Heimatland
Von Kunst und Wissenschaft bekannt.
(...) Das Leben dieser Bienen glich
Genau dem unsern, denn was sich
Bei Menschen findet, das war auch
En miniature bei ihnen Brauch
(...) Es gab kein Fach und Amt im Land,
wo Lug und Trug ganz unbekannt.
Die Advokaten waren groß
Im Recht-Verdrehen und suchten bloß,
Statt zu versöhnen die Parteien,
Sie immer mehr noch zu entzweien
(...) Den Ärzten, wurden sie nur reich,
war ihrer Kranken Zustand gleich.
Aufs Heilen gaben sie nicht viel
(...) Von denen, die dazu ersehen,
Des Himmels Segen zu erflehen,
War selten einer ernst-gelehrt,
Viel öfter hitzig und verkehrt.
Doch glückt's den meisten zu verhüllen,
Wie Stolz und Habgier sie erfüllen,
Worin sie nicht geringern Ruf,
Als der Soldat in Spiel und Suff.
(...) Dem Krieger, den zur Schlacht man trieb,
Ward Ehre, wenn er leben blieb:
Gelang's ihm, seitwärts sich zu schlagen,

Riskiert er dennoch Kopf und Kragen.
Manch General kämpft wie ein Held,
Und mancher nimmt vom Feinde Geld.
(...) Minister dienten zwar den Königen,
Doch Treue fand man nur bei wenigen,
Da dienend nur sich selbst sie nutzten,
Bestahl'n den Thron sie, den sie stützten.
(...) S' gab keine Biene, die nicht wollte
Mehr kriegen, nicht grad als sie sollte,
Doch als sie wünschte, dem zu zeigen,
Der's zahlte; (...)
Justitia, so hoch gesinnt,
Kann fühlen noch, ist sie auch blind,
die Waage oft der Hand entsank,
Die nötig war zum Geldempfang.
(...) Trotz all dem sündlichen Gewimmel
War's doch im ganzen wie im Himmel.
(...) Die Tugend, die von Politik
Gelernt gar manchen schlauen Trick,
Auf der so vorgeschriebenen Bahn
Ward nun des Lasters Freund; fortan
Der Allerschlechteste sogar,
Fürs Allgemeinwohl tätig war.
(...) Die Tierchen waren zwar soweit
Zufrieden mit der Obrigkeit;
Jedoch, ging einmal etwas quer,
Dann gab es gleich kein Halten mehr,
Heer, Flotte und Regierung flugs
Beschuldigte man des Betrugs,
Den man sich selbst zwar gern verzieh,
Indessen andern Leuten nie.
(...) Doch Jupiter, der länger sehen
Den Zank nicht mochte, rief: «Genug.
So seid befreit denn vom Betrug!»

Sofort geschah's – und Redlichkeit
Erfüllt nun alle weit und breit.
(...) O Gott, wie war der Schreck entsetzlich!
Der Wandel war auch gar zu plötzlich.
(...) Da man auf Luxus jetzt verzichtet,
So ist der Handel bald vernichtet.
Manch Handwerk mehr und mehr verfällt,
Betriebe werden eingestellt.
Darnieder liegt Kunst und Gewerb;
Sie, aller Strebsamkeit Verderb,
Zufriedenheit, läßt sie genießen
Ihr Weniges und nichts vermissen.
(...) So klagt denn nicht: für Tugend hat's
In großen Staaten nicht viel Platz.
Mit möglichstem Komfort zu leben,
Im Krieg zu glänzen und doch zu streben,
Von Lastern frei zu sein, wird nie
Was andres sein als Utopie.
Stolz, Luxus und Betrügerei
Muß sein, damit ein Volk gedeih'.
(...) Mit Tugend bloß kommt man nicht weit;
Wer wünscht, daß eine goldene Zeit
Zurückkehrt, sollte nicht vergessen:
Man mußte damals Eicheln essen.

(Mandeville, Die Bienenfabel, 1980, S. 80–92)

Eine Verteidigung der Gier, und sei es nur in der vorsichtigen Frage, wie viel Gier wir Menschen zu unserem individuellen und zum Nutzen aller brauchen, löst bei den meisten Menschen moralische Empörung aus. Daher ist es nicht verwunderlich, dass Bernard Mandevilles (1670–1733) Verteidigung der Gier in seiner Zeit ebenfalls heftigen Widerstand auslöste, besonders bei der Kirche als Hüter der Moral. Nur wenige andere Philosophen, wie Kant, verteidigen die Gier, ebenso nur wenige Vertreter der gegenwärtigen Wirtschaftsethik. Ein kompromissloses «Dafür oder Dagegen» reicht nicht aus. Vielmehr ist eine Reihe von Fragen zu stellen: «*Wie viel* Gier brauchen wir?» Daran schließen sich grundlegende Fragen an: Heiligt der (gute) Zweck das (schlechte) Mittel? Inwiefern ist Gier ein Mittel für den Zweck des Allgemeinwohls? Was ist Gier, ist sie gut oder schlecht? Sind wir von Natur aus habgierige oder moralische Lebewesen? Nicht nur hartnäckige Vorurteile über die Motive unseres Handelns, sondern auch unsere Vorstellung von uns selbst müssen wir einer schmerzhaften Selbstprüfung unterziehen, wenn wir uns über ein so elementares Phänomen wie die Gier mehr Klarheit verschaffen wollen.

Mandeville unterzieht die gängigen Annahmen seiner Zeit über die menschlichen Tugenden und Laster im privaten und öffentlichen Leben einer beißenden Kritik und macht selber einen provokativen Vorschlag zur Rolle der Gier. Seine Diagnose und Therapie sind weiterhin höchst aktuell. Mandevilles Schrift *Die Bienenfabel* (1714) enthält bereits im Untertitel *Private Laster, öffentliche Vorteile* seine provozierende These vom öffentlichen Vorteil privater Laster. Mandeville beschreibt die zu seiner Zeit vorherrschende Doppelmoral, dass private Laster wie Gier und Egoismus offiziell zwar verurteilt, im öffentlichen Handeln aber befolgt werden. Er verurteilt diese Doppelmoral nicht, sondern sieht im Gegenteil in den praktizierten Lastern einen Vorteil für das Gemeinwohl: «Trotz all dem sündlichen Gewimmel war's doch im Ganzen wie im Himmel». Seine Feststellung und Empfehlung, dass Immoralität die Triebfeder des Gemeinwohls sei und sein solle, war zu seiner Zeit und ist bis heute umstritten. Kein Zweifel, private Gewinnsucht und Egoismus können den allgemeinen Wohlstand heben. Aber genießen nicht, so wird Mandevilles angebliche Ideologie ungezügelter Marktwirtschaft kritisiert, die größten Vorteile nur wenige, nicht die «Öffentlichkeit» in ihrer ganzen Breite? Die Nachteile treffen in der Tat viele, wenn man an Phänomene wie

Sklaven- und Kinderarbeit oder an die Rationalisierung sämtlicher Arbeits- und Lebensprozesse denkt, ebenso an die globale Ausbeutung der natürlichen Ressourcen als Lebensgrundlage der Menschen. Mandevilles Behauptung ist auch deshalb anstößig, weil sie eine schlechte Wirklichkeit als Legitimationsbasis unmoralischen Handelns statt als Anreiz zu ihrer Überwindung sieht. Allerdings hält Mandeville seiner und unserer Zeit einen Spiegel ihrer verlogenen Doppelmoral vor Augen und kann Aufmerksamkeit für die wirklichen gesellschaftlichen Verhältnisse sowie die wirkliche, nicht bloß erwünschte menschliche Natur bewirken. Ob er selber tatsächlich die dargestellte Doppelmoral bejaht, ob sein negatives Menschenbild stimmt und für alle nützlich ist, beschäftigt die Gier-Diskussion bis in die gegenwärtige Wirtschaftsethik hinein.

Mandeville war Denker, Praktiker und Schriftsteller zugleich. Er wurde in Holland geboren, studierte Philosophie und Medizin, schloss beide Studien mit einer Promotion ab und praktizierte als Facharzt für Nerven- und Magenleiden. In den 1690er Jahren siedelte er nach London über und war neben seiner ärztlichen Praxis sehr erfolgreich als Schriftsteller tätig. Mandeville lebte bis zu seinem Tod in England und starb 1733 in der Nähe von London. 1695 erschien anonym sein Gedicht *Der unzufriedene Bienenstock oder Die ehrlich gewordenen Schurken* als verbreitete Sixpenny-Broschüre; 1714 erschien es, ebenfalls anonym, um längere Anmerkungen und einen Essay erweitert unter dem Titel *Die Bienenfabel oder Private Laster, öffentliche Vorteile,* sodann in einer erweiterten zweiten Auflage 1723, aus dem der Auszug entnommen ist. Wie die *Bienenfabel* stießen auch seine weiteren Schriften auf großes Interesse, etwa *Die entlarvte Jungfrau, oder weibliche Dialoge zwischen einer älteren ledigen Dame und ihrer Nichte* (1709) über die Leichtgläubigkeit und Verführbarkeit des weiblichen Geschlechts, ferner seine Schrift *Zur Befürwortung öffentlicher Bordelle, oder ein Essay über die im Königreich praktizierte Prostitution* (1724) und die *Untersuchung über die Ursachen der zahlreichen Hinrichtungen in Tyburn, sowie Vorschläge für die Behandlung von Zuchthäuslern* (1725) über rigorose Abschreckungsmaßnahmen zum Schutz des Eigentums. Vor allem die These der *Bienenfabel*, die als Aufforderung zur Unmoral aufgefasst wurde, stieß auf scharfe Kritik, etwa seitens des Bischofs und Philosophen George Berkeley, der als Gegenschrift *Alciphron, oder der scharfsinnige Philosoph, sieben Dialoge für das Christentum und gegen die Freidenker* (1732) verfasste. Insgesamt aber fanden Mandevilles Schriften als populäre Philosophie großes Interesse und breite Zustimmung. Sie wurden mehrfach neu aufgelegt und in andere Sprachen übersetzt.

Mandeville schildert die gesellschaftlichen Zustände seiner Zeit zutreffend, wie Walter Euchner, der Herausgeber der *Bienenfabel*, schreibt: «Je analytisch genauer seine Apologie des Frühkapitalismus wird, desto mehr gerät sie in die Nähe des Schwarzen Humors.» (Mandeville 1980, S. 10) Nach der Glorious Revolution (1688) des Großbürgertums gegen den Adel entwickelte sich England zu einem führenden Handels- und Industriestaat. Seine gesellschaftlichen Zustände waren durch einen krassen Gegensatz von Arm und Reich sowie von Handelsgeist und kultureller Blüte geprägt, durchgehend begleitet von Bestechungen und anderer Kriminalität, wie in der *Bienenfabel* beschrieben wird. In den Anmerkungen und Artikeln, die zusammen mit seiner Schrift erschienen, erläutert Mandeville seine Position einer aufklärerischen Philosophie deutlicher, als sie aus der Fabel selbst erkennbar ist. Im «Vorwort» zur Neuauflage von 1714 betont er, dass es ihm entgegen vielfacher Unterstellungen keineswegs um eine bloße «Satire auf die Tugend und Moral» ankomme, schon gar nicht auf eine «Ermutigung des Lasters» (S. 59). Seine wirkliche Absicht dagegen macht er in der «Einleitung» zum Anhang der *Bienenfabel* deutlich. Er kritisiert, dass sich «so wenige Menschen über sich selbst im klaren sind», weil «die meisten Schriftsteller ihnen immer nur auseinandersetzten, wie sie sein *sollen,* und kaum jemals sich darum kümmern, ihnen zu sagen, wie sie in Wirklichkeit *sind*».

Dagegen wolle er den «Menschen schlechthin, im Naturzustande und ohne Kenntnis des wahren Gottes» beschreiben (S. 93). Mandeville will nicht ein religiös veredeltes, sondern ein realistisches Menschenbild schildern, das sich auf Beobachtungen stützt.

In dem an seine *Bienenfabel* anschließenden Essay *Eine Untersuchung über den Ursprung der sittlichen Tugend* (1714) zählt Mandeville den Menschen zu den «in Freiheit lebenden Tieren», die alle «ausschließlich nach Befriedigung ihrer Begierden» streben; dabei befolgen sie «naturgemäß ihren Neigungen, ohne sich darum zu kümmern, welches Gute oder Böse für andere aus ihrer Befriedigung entspringt» (S. 94). Von einer spezifisch menschlichen Vernunft- und Sozialfähigkeit dagegen, die dem christlichen Menschenbild in Anlehnung an Platon und Aristoteles zugrunde liegt, ist bei Mandeville keine Rede mehr. Dieses verbreitete Menschenbild erklärt er damit, dass für das unvermeidbare gesellschaftliche Zusammenleben «der Gesetzgeber und andere weise Männer die Aufgabe (haben ...), den Menschen, die sie zu regieren haben, den Glauben beizubringen, dass es für jeden einzelnen vorteilhafter sei, seine Begierden zu unterdrücken als ihnen freien Lauf zu lassen, und dass es weit besser sei, das allgemeine Wohl als die vermeintlichen Privatinteressen im Auge zu haben. (...) die Moralisten und die Philosophen aller Zeiten verwendeten ihr bestes Können darauf, die Wahrheit eines so nützlichen Grundsatzes zu beweisen» (S. 94). Zusätzlich, so ergänzt Mandeville seine These, hätten die Gesetzgeber ein System von «Lob» und «Verachtung» eingeführt, auch die vermeintliche menschliche «Vernunftbegabtheit», mit deren Hilfe sie die Vorteile ihrer privaten Tugenden für die Allgemeinheit erkennen könnten (S. 95). Mandeville war sich im Klaren darüber, dass seine Entlarvung der fundamentalen abendländisch-christlichen Werte heftige Kritik seitens der Kirche in der Person des Bischofs Berkeley hervorrufen musste. Seine Philosophie war «für das Christentum verletzend» (S. 106).

Allerdings trifft Mandevilles «seltsames Paradoxon» (S. 134) einer Harmonie von «private Laster, öffentliche Vorteile» in vielen Fällen auch heute noch die gesellschaftliche Wirklichkeit und dient einer reinen, ungezügelten Marktwirtschaft als Legitimationsmittel: Nur wer an sich denkt, kann auch für andere nützlich sein. Allerdings muss das Mandeville-Paradoxon auf Grund von Erfahrungen mit zwei wichtigen Einschränkungen versehen werden. Ohne Regulative, so die erste Einschränkung, können private Laster nicht nur für den Einzelnen, sondern auch für die Öffentlichkeit schädlich sein, wie besonders drastisch die Lehman-Bankenpleite vom 15. September 2008 gezeigt hat. Und zweitens: Die anthropologische Aussage über «den Menschen schlechthin, im Naturzustande», wie Mandeville seine Aussage versteht, wird weder den Individuen mit ihren unterschiedlichen moralischen oder unmoralischen Motiven gerecht, noch trifft sie als generelle Aussage die menschliche Natur. Neuere Forschungen der evolutionsbiologischen Anthropologie haben gezeigt, dass der Mensch im Laufe der Evolution nicht nur, wie der Sozialdarwinismus behauptet, Gier und Egoismus, sondern auch Formen der Kooperation entwickelt hat, die seine rein egoistischen Begierden eingrenzen können (Bauer 2006, Tomasello 2014). Diese Fähigkeit ist weder eine metaphysisch-religiöse Gabe oder Forderung noch eine bloße Erfindung kluger Gesetzgeber, wie bereits Kritias zur Zeit Platons kritisiert hatte (vgl. Kapitel 1), sondern eine natürliche Eigenschaft des Menschen.

Die von Mandeville vertretene These von den menschlichen «Lastern» als notwendigen Triebfedern zum Wohle aller beschäftigt bis heute die Auseinandersetzung um eine freie Marktwirtschaft, zuletzt ausgelöst durch die internationale Banken- und Finanzkrise 2008. Als hauptsächliche Ursache wird die Gier der Banker, weniger auch die Gier der Kapitalanleger angesehen. «Gier» gilt in der Öffentlichkeit und in der Wirtschaftsethik als Wurzel allen Übels. Was aber unter Gier genauer zu verstehen und wie sie zu bewerten ist, wurde selten grundsätzlich untersucht. Gier wurde entweder zur unveränderlichen Natur des Menschen gezählt oder als kulturell bedingte menschliche Eigenschaft angesehen, die als Triebfeder des kapitalistischen Wirtschaftssystems entweder bejaht oder wegen ihrer erwiesenen Schädlichkeit kritisiert werden müsse. Unabhängig von der Diskussion über den Nutzen und Schaden für die Wirtschaft wurde die Gier außerdem entweder schlechthin als Laster verurteilt oder im Gegenteil als positive Triebfeder menschlichen Handelns begrüßt. Die Frage der Bankenregulierung und der Regulierung des Marktes weitete sich zu der generellen Frage nach einer Regulierung der menschlichen Gier aus. Gier wird in der Diskussion umgangssprachlich als «Immer-mehr-haben-wollen» oder als «mehr kriegen-wollen» (Mandeville) verstanden. Die Gruppe der Gier-Kritiker führen traditionell die Moralisten und Theologen an. Im Lasterkatalog der christlichen Kirche, der sich auf den Evangelisten Markus (7,2 f.) berufen kann, gehört Gier (*avaritia*) zusammen mit Hochmut (*superbia*), Genusssucht (*luxuria*), Wut (*ira*), Völlerei (*gula*), Missgunst (*invidia*) und Ignoranz (*acedia*) zu den sieben Todsünden. Gier ist gut, behauptet dagegen etwa Mandeville in seiner *Bienenfabel*. «Gier ist beides, sie ist gut und schlecht», sagen wiederum die Dritten, man müsse sie nur in der richtigen Weise zügeln und nutzen.

In der gegenwärtigen wirtschaftsethischen Diskussion über die kapitalistische Wirtschaft wird häufig auch auf die Metapher der «unsichtbaren Hand» des schottischen Nationalökonomen und Moralphilosophen Adam Smith (1723–1790) verwiesen. Diese Metapher sei genau so wie Mandevilles *Bienenfabel* kennzeichnend für die Verfechter eines schrankenlosen Marktliberalismus. In Adam Smiths Buch *Der Wohlstand der Nationen* (1776) heißt es vom individuellen Kapitalanleger: «Wenn er es vorzieht, die nationale Wirtschaft anstatt die ausländische zu unterstützen, denkt er eigentlich nur an die eigene Sicherheit, und wenn er dadurch die Erwerbstätigkeit so fördert, dass ihr Ertrag den höchsten Wert erzielen kann, strebt er lediglich nach eigenem Gewinn. Er wird in diesem wie auch in vielen an-

deren Fällen von einer unsichtbaren Hand (*invisible hand*) geleitet, um einen Zweck zu fördern, den zu erfüllen er in keiner
Weise beabsichtigt hat. Auch für das Land ist es keineswegs immer das schlechteste, daß der einzelne ein solches Ziel nicht bewußt anstrebt, ja, gerade dadurch, dass er das eigene Interesse
verfolgt, fördert er häufig dasjenige der Gesellschaft nachhalti-
ger, als wenn er wirklich beabsichtigt, es zu tun.» (Smith, 2005,
S. 371)

Die Metapher von der «unsichtbaren Hand» verwendet
Adam Smith in seinem umfangreichen Werk nur ein einziges
Mal (im zweiten Kapitel des Vierten Buchs). Mit ihr beabsichtigt er keineswegs, ein Grundprinzip für die Marktwirtschaft aufzustellen und die ungezügelte Gier oder den Egoismus
des Einzelnen als Mittel zur Vermehrung des Gemeinwohls
zu rechtfertigen. Er wendet sich vielmehr lediglich gegen eine
binnenländische Monopolbildung einzelner Wirtschaftszweige
durch staatlich verordnete Einfuhrbeschränkungen ausländi-
scher Güter. Damit werde eine Lenkung von Kapitaleinsatz
vorgenommen, die weder für das Einzel- noch für das Gesamt-
interesse vorteilhaft sei. Die *invisible hand* ist somit keine ge-
heimnisvolle «unsichtbare» Kraft, sondern die Summe kluger
Kalkulationen, die auf konkreten Erfahrungen des Einzelnen
beruht: «Der einzelne vermag ganz offensichtlich aus seiner
Kenntnis der örtlichen Verhältnisse weit besser zu beurteilen,
als es irgendein Staatsmann oder Gesetzgeber für ihn tun kann,
welcher Erwerbszweig im Lande für den Einsatz seines Kapitals
geeignet ist und welcher einen Ertrag abwirft, der den höchsten
Wertzuwachs verspricht.» (S. 371)

Während Mandeville ausdrücklich die menschlichen Begierden als Triebfeder des privaten und damit auch des öffentlichen
Nutzens ansieht, ohne dabei näher auf wirtschaftliche Sachver-
halte einzugehen, ist bei Smith von Begierden oder Gier überhaupt nicht die Rede, sondern lediglich von klug kalkuliertem
Handeln des Einzelnen, das dem Allgemeinwohl dienen könne.
Ein allgemeines Gier-Prinzip als Motor des Kapitalismus kommt

bei ihm nicht zur Sprache. Daher ist Smith für die gegenwärtige Debatte der ambivalenten Gier nur wenig hilfreich. Dagegen wird Immanuel Kants realistische Bewertung der Gier als notwendiger Triebfeder menschlicher Höherentwicklung, die sich allerdings moralischen Gesetzen fügen müsse, dem Phänomen Gier eher gerecht. In seiner Abhandlung *Ideen zu einer weltbürgerlichen Geschichte in weltbürgerlicher Absicht* (1784) unterstellt er dem Menschen einen «Hang zur Faulheit», der durch die bei ihm ebenfalls vorhandenen «Begierden» überwunden werden müsse und dadurch «aus der Rohigkeit zu Kultur» führe: «Dank sei also der Natur, für die mißgünstig wetteifernde Eitelkeit, für die nicht zu befriedigende Begierde zum Haben oder auch zum Herrschen. Ohne sie würden alle vortrefflichen Naturanlagen in der Menschheit ewig unterentwickelt schlummern.» (A 392) Zwar kann sich Kant bei seinen anthropologischen und geschichtsphilosophischen Ausführungen auf keine empirisch gesicherte Theorie stützen, wohl aber von Beobachtungen und Erfahrungen ausgehen, die man leicht nachvollziehen kann.

Die auch von Kant prinzipiell anerkannte positive Rolle der Gier betont etwa in dem Kultfilm *Wall Street* (1987) der Finanzmakler Gordon Gekko in einseitiger Weise mit seinem markigen Ausspruch: «Gier ist gut». Um eine wütende Versammlung von Klein- und Großaktionären zu beruhigen, die er gerade durch seine habgierigen Spekulationsgeschäfte um den erhofften Gewinn ihrer eigenen Habgier gebracht hatte, verkündigt Gekko im Sinne von Mandeville sein Credo: «Der entscheidende Punkt ist doch: Die Gier ist richtig, die Gier ist gut. Die Gier klärt die Dinge, durchdringt sie. Sie ist der Kern jedes fortschrittlichen Geistes in allen ihren Formen, der Gier nach Leben, Geld, Liebe, Wissen.» Egal aber, ob man Gier für gut, schlecht oder für beides hält, sie scheint sich nur schwer abschaffen oder zügeln zu lassen. Auch Gekko, der wegen seiner betrügerischen Bankgeschäfte zu acht Jahren Haft verurteilt worden war, ist nach seiner Entlassung in dem Anschluss-Film *Geld schläft nicht* (2010) unbelehrbar und macht mit seiner alten Geldgier weiter. Die Zügelung der Gier der Märkte und des Einzelverhaltens durch Gesetze für die Wirtschaft, durch Boni-Begrenzung für die Banker oder durch Steuerabgaben für die Anleger kommt nach den bisherigen Erfahrungen kaum voran; und auch die Moralpredigten der Bibel haben von Anfang an keinen merklichen Erfolg. Offensichtlich ist Gier, wie auch Kant behauptet, eine unausrottbare, nur schwer zügelbare Triebfeder menschlichen Handelns. Neuroökonomen wollen sogar wissenschaftlich herausgefunden haben, dass Gier im Umgang mit Geld genetisch bedingt ist. Manche Menschen reagieren auf Geld wie auf Kokain, es mache sie süchtig. Dies müsse man bei der Einstellung von Bankmanagern testen und gezielt einsetzen (DIE WELT, 19.06.09).

Wie aber ist der Begriff Gier genauer zu definieren? Das Phänomen Gier lässt sich zunächst in verschiedenen Formen unterscheiden, wie Gekko im Film *Wall Street* angedeutet hatte: «Gier nach Leben, Geld, Liebe, Wissen». Die Gier nach Leben macht sich beispielsweise in einer unbegrenzten Lebensverlängerung durch die moderne Apparatemedizin bemerkbar; die Gier nach Geld ist das Hauptthema bei der Forderung nach einer strikten Regulierung der Finanzmärkte; die Gier nach Liebe ist die Basis der Erotik-Industrie; die Gier nach Wissen ist die Triebfeder der Grundlagenforschung in der Hoffnung auf verwertbaren Nutzen; zu ergänzen wäre noch die von Kant erwähnte «Begierde zum Herrschen» oder auch die Gier nach Ruhm.

Es gibt also nicht nur die eine Gier, sondern verschiedene Formen. Gemeinsam ist ihnen das Immer-mehr-haben-Wollen. Wenn wir dagegen die Gier vor lauter moralischen Bedenken und Angst von vorneherein rigoros begrenzen, bevor wir sie ausprobieren, können wir nicht erfahren, was an Wissen, Leben, Geld, Liebe oder Macht und Ruhm alles möglich und nützlich ist. Die Grenzenlosigkeit der Gier lässt sich beispielsweise an den verschiedenen Formen der Gier nach Wissen oder der Neugier beobachten. Neugier ist eine natürliche Grundeigenschaft des Lebewesens Mensch und dient seiner Weiterentwicklung. Der Mensch wäre ohne seine forschend-explorative Neugier heute noch Bewohner einer dunklen Höhle in einer Zeit, wo man «Eicheln essen» musste (Mandeville), und würde ohne sie «ewig unterentwickelt schlummern» (Kant). Auch eine zweite Art der Neugier ist nicht aus unserem Leben wegzudenken: die sinnlich-ästhetische Neugier. Als Naturwesen wollen wir überleben, als Kulturwesen auch angenehm und sinnenfroh leben. Seit Beginn ihrer kulturellen Entwicklung stellen die Menschen nicht nur nützliche Waffen zur Jagd und zur Verteidigung her, sondern sie richten ihre Umwelt auch durch Malereien, Tänze und Musik sinnlich ansprechend ein und legen Wert auf Schönheit ihres Aussehens.

Die Neugier ist als Naturerbe und als Kulturerbe für unser Überleben und Wohlleben unverzichtbar. Beides aber ist nicht nur positiv, sondern auch negativ besetzt. Dem Nutzen der forschend-explorativen Neugier steht das Risiko eines Missbrauchs entgegen. Die Entdeckung der Kernspaltung machte den Einsatz der Atombombe möglich, die Entdeckung des genetischen Bauplans des Lebens ermöglicht genetische Manipulationen des Menschen und der Natur, ebenso die Erforschung der neuronalen Netze des Gehirns. Auch die sinnlich-ästhetische Neugier ist ambivalent. Beispielsweise kann die Gafferei des Katastrophentourismus notwendige Rettungsaktionen behindern.

Wie viel Gier also brauchen wir? Ohne Gier ist uns kein Überleben möglich und auch kein Wohlleben. Unserer Gier aber sind zugleich Grenzen gesetzt. Eine grenzenlose Gier würde unser Überleben und unser Zusammenleben gefährden. Daher müssen Neugier, aber auch die Gier nach Leben, Geld, Liebe oder Macht und Ruhm einerseits und die Angst vor ihren negativen Folgen ständig neu austariert werden. In jedem Einzelfall die richtige Mitte für ein gutes, auch moralisch akzeptables Leben zu finden, kann zu unbequemen Entscheidungen führen, ist aber eine unausweichliche Anstrengung menschlichen Lebens.

8. Was ist der Mensch?
Immanuel Kants *bestirnter Himmel über mir und das moralische Gesetz in mir*

Zwei Dinge erfüllen das Gemüt mit immer neuer und zunehmender Bewunderung und Ehrfurcht, je öfter und anhaltender sich das Nachdenken damit beschäftigt: der bestirnte Himmel über mir und das moralische Gesetz in mir. Beide darf ich nicht als in Dunkelheit verhüllt oder im Überschwenglichen, außer meinem Gesichtskreise suchen und bloß vermuten; ich sehe sie vor mir und verknüpfe sie unmittelbar mit dem Bewußtsein meiner Existenz. Das erste fängt von dem Platze an, den ich in der äußeren Sinnenwelt einnehme, und erweitert die Verknüpfung, darin ich stehe, ins unabsehlich Große mit Welten über Welten und Systemen von Systemen, überdem noch in grenzenlosen Zeiten ihrer periodischen Bewegung, deren Anfang und Fortdauer. Das zweite fängt von meinem unsichtbaren Selbst, meiner Persönlichkeit an und stellt mich in einer Welt dar, die wahre Unendlichkeit hat, aber nur dem Verstande spürbar ist, und mit welcher (dadurch aber auch zugleich mit allen jenen sichtbaren Welten) ich mich nicht wie dort in bloß zufälliger, sondern allgemeiner und notwendiger Verknüpfung erkenne. Der erstere Anblick einer zahllosen Weltenmenge vernichtet gleichsam meine Wichtigkeit als eines tierischen Geschöpfs, das die Materie, daraus es ward, dem Planeten (einem bloßen Punkt im Weltall) wieder zurückgeben muß, nachdem es eine kurze Zeit (man weiß nicht wie) mit Lebenskraft versehen gewesen. Der zweite erhebt dagegen meinen Wert als einer Intelligenz unendlich durch meine Persönlichkeit, in welcher das moralische Gesetz mir ein von der Tierheit und selbst von der ganzen Sinnenwelt unabhängiges Leben offenbart.

(Kant, Kritik der praktischen Vernunft, A 288 f.)

Dieser Absatz aus dem «Beschluss» der *Kritik der praktischen Vernunft* (*KprV*, 1787) enthält in knapper Form das Vermächtnis des Philosophen Immanuel Kant (1724–1804) für die Menschheit. Der erste Satz dieses Absatzes wurde zu seinem 100. Todestag auf eine Gedenktafel am Königsberger Schloss eingraviert, die 1945 verschollen ging und 1994 als zweisprachige Gedächtnis-Tafel in Kaliningrad erneuert wurde. Kants Philosophie vom «Wert» des Menschen bildet der Sache nach die Grundlage der Deklaration der universellen Menschenrechte der UNO von 1948. In ihrer Präambel heißt es, dass «die Anerkennung der angeborenen Würde und der gleichen Rechte aller Mitglieder der Gemeinschaft der Menschen die Grundlage von Freiheit, Gerechtigkeit und Frieden in der Welt» ist. Dass die Menschenrechte längst noch nicht weltweit realisiert sind, ist offensichtlich. Auch sind die Menschenrechte im Streit zwischen einem, wie man sagt, westlich-europäischen und östlich-asiatischen Denken von Anfang an umstritten und ergänzungsbedürftig, etwa um die Rechte der Frau, der Natur und um die Menschenpflichten. Vor allem aber wird ihre universelle Geltung nach wie vor bestritten. Sollen wir uns eher als Individuen verstehen, die ihre Interessen durchsetzen, oder als eine Gemeinschaft, der sich die Einzelnen unterzuordnen haben? Durch ein funktionalistisches und naturalistisches Menschenbild werden der Wert und die Würde des Menschen zusätzlich bedroht, wie die einen sagen, oder endlich auf eine realistische Basis gestellt, wie die anderen sagen. Was also ist mit dem für alle gültigen «moralischen Gesetz in mir» gemeint, und wie lässt es sich begründen? Kann das von Kant behauptete humane Selbstverständnis des Menschen als Basis des globalen Zusammenlebens im Sinne der UNO wirklich universelle Geltung für sich beanspruchen?

Sprachlich fällt auf, dass Kant nicht aus der Perspektive der unbeteiligten, dritten Person eines Gelehrten oder Wissenschaftlers, sondern aus der Perspektive der erlebenden, ersten Person schreibt. Zwar beginnt Kant mit einer allgemeinen Aussage

über «das Gemüt» und «das Nachdenken», wechselt aber anschließend auf die Ebene persönlicher Erfahrung und Wertung,
ja emotionaler Betroffenheit über. Er redet nicht allgemein von
dem bestirnten Himmel und *dem* moralischen Gesetz, sondern
vom bestirnten Himmel «über mir» und vom moralischen Gesetz «in mir». Seine Hinwendung vom Allgemeinen zum Konkreten oder von der unpersönlichen Behauptung zur persönlichen Erfahrung ist keine bloß äußere, zufällige Sprechweise,
sondern beruht auf Kants Erkenntnistheorie, dass jede Erkenntnis mit der sinnlichen Erfahrung anfängt. Seine «Bewunderung
und Ehrfurcht» richtet sich nicht auf etwas, das «in Dunkelheit
verhüllt oder im Überschwenglichen, außer meinem Gesichts-
kreis» bloß zu «vermuten» ist, sondern entspringt einer persönlichen Erfahrung. Diese persönliche Erfahrung jedoch könne jeder teilen. Kants Ich ist als Wir der Menschheit gemeint. Kant
fängt «von dem Platze an, den ich in der äußeren Sinnenwelt
einnehme» und «von meinem unsichtbaren Selbst, meiner Persönlichkeit», beansprucht aber zugleich die Zustimmung aller
Menschen. Jeder soll Kants Erfahrungen und seine daraus abge-
leiteten Einsichten teilen können. Kant denkt und schreibt per-
sönlich und pathetisch, erhebt aber zugleich den Anspruch auf
eine allgemeine rationale Zustimmung.

Bereits mit seiner Bewunderung des bestirnten Himmels aber
kann Kant nicht nur Zustimmung erwarten, sondern muss auch
mit einem Erschrecken vor der Leere des unendlichen Univer-
sums rechnen. Dass damit «gleichsam meine Wichtigkeit als
eines tierischen Geschöpfs» vernichtet werde, ist allerdings als
Gedanke leicht nachzuvollziehen. Seine «Ehrfurcht» vor dem
moralischen Gesetz dagegen ist nicht problemlos allgemein zu-
stimmungsfähig, ebenso wenig seine Behauptung, dass es ihm
und jedermann «ein von der Tierheit und selbst von der ganzen
Sinnenwelt unabhängiges Leben offenbart». Ein «von der ganzen Sinnenwelt unabhängiges Leben» in einer rein geistigen
Welt klingt nicht nur für eine metaphysik-skeptische Philosophie anstößig, sondern erst recht für das heute weit verbreitete

funktionalistische und naturalistische Denken. Dass wir als Menschen primär zu funktionieren haben und als biologische Lebewesen lediglich unseren natürlichen Interessen folgen, scheint für viele selbstverständlich zu sein. Ein «moralisches Gesetz» und ein «geistiges Selbst» scheint aber auch nach Kants eigener erkenntniskritischer Philosophie nicht haltbar zu sein. Denn Kant beansprucht mit den zitierten Sätzen in seiner *Kritik der praktischen Vernunft* eine metaphysische, das heißt «jenseits der Sinnenwelt» liegende Erkenntnis, die er selber in seiner *Kritik der reinen Vernunft* (1781) einer grundsätzlichen Kritik unterzogen hatte. Danach können wir nur das erkennen, was für uns in Raum und Zeit erfahrbar ist. Auch wenn Kant sehr vorsichtig davon spricht, das «moralische Gesetz in mir» sei «nur dem Verstande *spürbar*» (kursiv E. M.), und nicht sagt, es sei nur dem Verstande *erkennbar,* bleibt der bei Kant selbst angelegte Widerspruch zu seiner Erkenntniskritik zunächst bestehen. Kants gesamte Philosophie vom moralfähigen, autonomen Menschen hat auf den ersten Blick kein tragfähiges Fundament.

Praktisch aber war Kant ein glühender Verfechter der Autonomie und Freiheit des Menschen, die er in der Französischen Revolution von 1789 realisiert sah. Die Vorstellung von der Autonomie des Menschen ist seitdem nicht nur aus politischen, sozialen oder ökonomischen Gründen, sondern gegenwärtig besonders aus naturwissenschaftlichen Gründen stark angegriffen worden. Der Mensch als frei handelnde, verantwortliche und damit auch schuldfähige und über der «Tierheit» stehende Person scheint eine bloße Illusion zu sein. So verkündet der englische populäre Philosoph John Gray in seinem Buch *Von Menschen und anderen Tieren* im Untertitel den *Abschied vom Humanismus* (Gray 2002). Nach ihm ist der Mensch, anders als Christen und Humanisten aller Art behaupten, nichts als ein kluges und räuberisches Tier und «die Gerechtigkeitsideen sind so zeitlos wie die Hutmode» (S. 117). Seine Auffassung vom Menschen belegt Gray mit den Menschheitsverbrechen der jüngsten Geschichte sowie mit den Lehren des Darwinismus und der Psychoanalyse Freuds. Gray könnte sich, so scheint es wenigstens, zusätzlich auf die neuere Hirnforschung berufen. Einen «Angriff auf das Menschenbild» verkündete etwa die Zeitschrift *Gehirn&Geist* (1/2003) auf ihrem Titelbild und meinte damit die neueren Experimente der Hirnforschung. Diese hätten alles Denken, Wollen und Handeln als neuronale, rein automatische Abläufe ohne menschliche Freiheit bewiesen.

Mit dem «Angriff auf das Menschenbild» steht auch das humane Menschenbild der UNO als Leitbild globalen Handelns auf dem Spiel. Die UNO wurde 1945 infolge der Erfahrungen mit den Gräueltaten des gerade beendeten Zweiten Weltkrieges gegründet und hatte das Hauptziel, neuen Diktaturen und Kriegen entgegenzuwirken. Dies betont die Leitidee der UNESCO (United Nations Educational, Scientific and Cultural Organisation): «Da Kriege im Geist (*mind*) der Menschen entstehen, muss auch der Frieden im Geist der Menschen verankert sein», das heißt «in der geistigen und moralischen Solidarität der Menschheit». Das Menschenbild der autonomen Person ist allerdings nicht erst durch die gegenwärtige Hirnforschung, sondern bereits seit der Gründung der UNO in seiner Geltung umstritten. Es ist dem Vorwurf ausgesetzt, lediglich ein Produkt der europäischen Aufklärung und des Christentums zu sein und vor allem konfuzianische oder buddhistische Sichtweisen des Menschen als Gemeinschaftswesen zu missachten. Das universelle Menschenbild der UNO wird als bloß partielle europäische Tradition relativiert, die als Sieger der Geschichte andere Menschenbilder verdrängt habe. Außerdem gebe es auch innerhalb der westlichen Denk-Tradition alternative Auffassungen, die von der antiken Sophistik über Hobbes bis hin zu Darwin reichen. Nach ihnen ist der Mensch ein triebgesteuertes, egoistisches Tier, das sich im natürlichen Kampf ums Überleben als Gattung und Individuum durchsetze. Kriege jeder Art sind demnach naturnotwendig; ihnen könne der humane «Geist der Menschen», dem sich die UNESCO verpflichtet fühlt, keinen Widerstand leisten.

Allerdings lässt sich trotz aller «Angriffe auf das Menschen-bild» und trotz Kants eigener erkenntnistheoretischer Skepsis die Vorstellung von uns Menschen als autonome Person retten. In seiner *Kritik der reinen Vernunft (KrV)* hatte Kant zwar die Hoffnung der traditionellen Metaphysik als unerfüllbar zurück-gewiesen, die Autonomie des Menschen theoretisch beweisen zu können. In seiner *Kritik der praktischen Vernunft (KprV)* da-gegen macht er den Versuch, sie praktisch neu zu begründen. Wenn man zwischen diesen beiden Formen der Vernunft, der theoretischen und der praktischen, unterscheidet, könnte sich der Widerspruch zwischen Kants Ablehnung und Wiederauf-nahme der Metaphysik auflösen. Was also kann die praktische Vernunft für die Begründung unseres humanen Menschenbildes leisten? Kant ist als Physiker auf der einen Seite davon über-zeugt, dass wir durchgehend den Naturgesetzen unterworfen sind, auf der anderen Seite aber beansprucht er, mit rationalen Argumenten beweisen zu können, dass wir prinzipiell fähig sind, eine neue Handlungskette autonom nach moralischen Ge-setzen zu beginnen. Der Mensch, so Kant, gehört «zu beiden Welten», zur «Sinnenwelt» und zur «intelligiblen Welt» (*KprV*, A 155).

Ein derartiges Menschenbild versuchen naturalistische und szientistische Ansätze der gegenwärtigen Philosophie zu über-winden. Den Naturalismus definiert Wolfgang Detel als «Auf-fassung, dass sich alles, was sich im geistigen und moralischen Bereich beschreiben und erklären lässt, letztlich mit Hilfe der Sprachen, Theorien und Methoden der Naturwissenschaften wird beschreiben und erklären lassen»; damit typischerweise verbunden sei der «Szientismus» als Auffassung, «dass alle Dis-ziplinen, die einen wissenschaftlichen Status beanspruchen, die Methoden der Naturwissenschaften zu übernehmen haben», besonders der «Neurobiologie» (Detel 2011, S. 10). Detel sieht den Naturalismus und Szientismus «weltweit auf dem Vor-marsch», deren «Kernthesen» seien aber «nach dem gegenwär-tigen Stand der Forschung mehr als zweifelhaft» (S. 10).

Der naturalistische Ansatz würde auch dem «Kategorischen Imperativ» als Kern der Kantschen Moralphilosophie widersprechen. Kant beschreibt die unbedingte Geltung des obersten Moralprinzips unabhängig von jedem Nutzen mit dem Bild eines Juwels: «So würde er wie ein Juwel doch für sich selbst glänzen, als etwas, das seinen vollen Wert in sich selbst hat. Die Nutzlosigkeit oder Fruchtlosigkeit kann diesem Werte weder etwas zusetzen, noch abnehmen. Sie würde gleichsam nur die Einfassung sein, um ihn im gemeinen Verkehr besser handhaben zu lassen.» (*Grundlegung zur Metaphysik der Sitten*, BA 4) Moralität ist nach Kant zwar *auch* nützlich, in erster Linie aber hat sie einen davon unabhängigen Wert, da sie die Würde des Menschen in seiner «Persönlichkeit» auszeichnet. Wir sollen und können unabhängig von den Gesetzmäßigkeiten und Motiven der «äußeren Sinnenwelt» moralisch handeln.

Der Kategorische Imperativ lautet in seiner ersten, bekanntesten Fassung als Verallgemeinerungs-Formel (1): «Handle nur nach derjenigen Maxime, durch die du zugleich wollen kannst, dass sie ein allgemeines Gesetz werde.» (*GMS*, BA 52) Wenn es sich jemand beispielsweise zu seiner Maxime oder subjektiven Regel gemacht hat, er dürfe in bestimmten Fällen zu einem guten Zweck lügen, solle er seine subjektive Maxime prüfen, ob er wollen kann, dass jeder sie als objektive Regel anerkennen kann. Der Test: «Was wäre, wenn jeder so handelt?», müsse, so Kant, in diesem Fall negativ ausfallen. Selbst wenn man nach dieser Maxime das Leben eines andern schützen könne, wäre Lügen keine verallgemeinerungsfähige Regel. Denn niemand könne wollen, dass jeder zu einem guten Zweck lügen darf, weil sonst das Wahrheitsgebot oder Lügenverbot in sich widersprüchlich und unwirksam würde: Wir sollen und sollen zugleich nicht die Wahrheit sagen. Wenn jeder von dem anderen annehmen müsste, dass dieser zugleich auch das Gegenteil von dem, was er sagt oder sogar verspricht, meinen und beabsichtigen könnte, könnte außerdem keiner mehr dem anderen glauben. Das wechselseitige, für gemeinsames Handeln notwendige Vertrauensverhältnis wäre zerstört. Zugleich würden wir unserer menschlichen Würde und Selbstachtung nicht gerecht, moralisch handeln zu können und uns dadurch von der «Tierheit» abzuheben.

Kants Verallgemeinerungs-Formel wurde und wird heftig als rigoros oder unerbittlich kritisiert, da sie den unvermeidbaren Wertekonflikt von gleichrangigen Geboten oder Pflichten nicht berücksichtige, etwa den Konflikt von Wahrheits- und Menschenliebe. Kants rigoros verstandene Moralphilosophie würde sogar, so die Kritiker, ein herzloses oder unmenschliches Handeln rechtfertigen und somit der von ihm betonten Würde des Menschen widersprechen. Tatsächlich bekräftigt Kant in seiner Schrift *Über ein vermeintes Recht, aus Menschenliebe zu lügen* (1797) noch einmal nachdrücklich das unbedingte Lügenverbot, nachdem es beispielsweise von dem französischen Philosophen Benjamin Constant kritisiert worden war. Dabei geht es erneut um sein eigenes Beispiel, ob man einen Mörder, der einen Unschuldigen verfolgt, anlügen dürfe, dass sich der Verfolgte nicht in diesem Hause befinde, während er sich in Wirklichkeit doch noch im Haus des Befragten aufhalte. Kant lehnt ein «vermeintes Recht, aus Menschenliebe zu lügen», kategorisch ab. Die befürchteten Folgen oder der erhoffte Nutzen seien nicht ausschlaggebend, zumal sie auch nicht sicher vorauszusehen seien. Vielmehr könne auch eine gut gemeinte Notlüge für denjenigen schlimme Folgen haben, den man dadurch gerade schützen wolle. Wenn nämlich der Mörder der Lüge des Befragten glaubt und daraufhin den Verfolgten außerhalb des Hauses sucht, könne dieser ihm auf seiner unterdessen vielleicht gerade erfolgten Flucht in die Hände fallen. Der Notlügner trüge dann die Schuld daran. Wenn der Befragte dagegen die Wahrheit gesagt hätte, sei nicht auszuschließen gewesen, dass der Verfolgte unterdessen unentdeckt hätte fliehen können, während ihn der Mörder im Hause zu ergreifen versucht hätte.

Kants Argumentation muss man als Wahrscheinlichkeitskalkül einer notwendigen, in ihrem Ergebnis aber keineswegs sicheren Abwägung zugeben, ob es in diesem Fall besser sei, die Wahrheit zu sagen oder zu lügen. So konnte das jüdische Mädchen Anne Frank über eine längere Zeit hinweg in ihrem Versteck eines Hinterhauses in Amsterdam infolge der «Lügen» ihrer Beschützer unentdeckt überleben, bis sie, von anderen verraten, von der Gestapo entdeckt und in ein Lager deportiert wurde, wo sie ermordet wurde. «Menschenliebe», nicht aber «Wahrheitsliebe», hatte Anne Frank zunächst beschützt, und sie hätte ohne den Verrat anderer vielleicht sogar überleben können. Beide Alternativen aber, Wahrheit oder Notlüge, sind in ihrem möglichen Nutzen nicht sicher. Immerhin hat eine klug überlegte Notlüge aus Menschenliebe das Beste für Anne Frank zu tun versucht, währen die unbedingte Wahrheitsliebe ihre sofortige Entdeckung und Ermordung erbarmungslos in Kauf genommen hätte.

Gegen Kants rigoros verstandenen Kategorischen Imperativ lässt sich, abgesehen vom offen bleibenden Wahrscheinlichkeitskalkül, auch grundsätzlich einwenden, dass subjektive Maximen immer auf einen konkreten Kontext bezogen werden müssen, was Kant selbst aber nicht mitbedenkt. Nicht das Lügen als abstrakte Handlungsmaxime, sondern das Lügen als Maxime für konkrete Situationen ist zu prüfen. Wenn es sich jemand zu seiner Maxime macht, den anderen zu belügen, um sich dadurch selbst einen Vorteil zu verschaffen, kann man dies als Regel nicht verallgemeinern, weil sonst jeder den anderen zu seinem beliebigen Zwecke gebrauchen dürfte und kein wechselseitiges Vertrauen mehr möglich wäre. Wenn es sich aber jemand zu seiner Maxime macht, den Verfolger eines schuldlosen und hilfsbedürftigen Menschen in einer Notsituation anzulügen, kann man eine solche Maxime als Regel verallgemeinern. Man würde in einem solchen Kontext den Wert des anderen als Person in Kants Sinne respektieren und ihn nicht als Mittel für seine eigenen Zwecke ausnützen. Daher ist, wie der Kant-Interpret Marcus George Singer vorschlägt, im Sinne Kants zu fragen: «Könnte man es als allgemeines Gesetz wollen, dass jeder in einer solchen Situation lügen sollte?» (Singer 1975, S. 271). Dies müsste auch Kant bejahen, insofern er den «Wert» des Menschen als notwendige Prämisse aller Maximen voraussetzt. Die Forderung nach Verallgemeinerbarkeit der subjektiven Maximen setzt als verdeckte Prämisse die objektive Regel voraus, dabei jederzeit den Wert des anderen zu respektieren und zu schützen.

Dass die Verallgemeinerungs-Formel (1) nicht ausreicht, um den unbedingten Wert des Menschen zu respektieren und zu schützen, drückt Kant in der Selbstzweck-Formel (2) aus (die anderen Fassungen können hier vernachlässigt werden): «Handle so, daß du die Menschheit, sowohl in deiner Person, als in der Person eines jeden andern, jederzeit zugleich als Zweck, niemals bloß als Mittel brauchest.» (GMS, BA 66f.) Eine subjektive Maxime ist demnach nur dann verallgemeinerungsfähig, wenn durch sie eine Person – und zwar in einer konkreten Situation – nicht zu einem beliebigen, ungerechtfertigten Zweck instrumentalisiert, sondern als Selbstzweck oder in ihrer Menschenwürde geachtet, das heißt auch geschützt wird.

Kants Formulierung (2) bedarf allerdings in zweierlei Hinsicht einer näheren Klärung. Kant redet, so erstens, von der unbedingt achtenswerten «Menschheit». Damit fordert er ein Handeln, bei dem man nicht nur den anderen, sondern auch sich selber nicht instrumentalisiert, indem man beispielsweise einen unschuldig Verfolgten aus reiner Geldgier verrät, um eine Belohnung zu erhalten. Dadurch würde man nicht nur den anderen für einen ungerechtfertigten Zweck als Mittel benutzen, sondern auch gegen seine eigene Würde handeln, indem man als Handlanger oder Mittel ungerechtfertigter Zwecke dient. Man würde sich selbst oder die «Menschheit» als Mittel degradieren. Zweitens ist durch Kants Zusätze «zugleich» und «niemals bloß» erlaubt oder einfach als Tatsache anerkannt, dass wir uns wechselseitig als «Mittel» gebrauchen müssen, etwa in Arbeitsverhältnissen, wenn wir uns jedenfalls dabei wechselseitig in unserer Person respektieren. Wir dürfen uns etwa in der Rolle von Verkäufer und Käufer als Mittel im beidseitigen berechtigten Interesse *be*nutzen, wenn wir uns zugleich wechselseitig respektieren und nicht bloß einseitig *aus*nutzen. Der Kategorische Imperativ ist der Ausdruck unseres Wollens, in einer menschenwürdigen Gesellschaft zu leben, in der die gerechtfertigten Interessen eines jeden berücksichtigt werden. Er ist nicht ein Mittel zum Nutzen einer derartigen Gesellschaft, sondern wird in seiner Selbstzweck-Formel dabei vorausgesetzt. Worin ein derartiges berechtigtes Interesse im Einzelnen besteht, ist bei Kant nicht genauer definiert. Die Deklaration der Menschenrechte durch die UNO und das Deutsche Grundgesetz stellen zum Beispiel einen Versuch dar, im Sinne Kants die menschenwürdigen Interessen rechtsverbindlich festzulegen und zu schützen, etwa das Existenzminimum, Gewissens- und Religionsfreiheit, freie Entfaltung der Persönlichkeit, sexuelle Selbstbestimmung, Gleichberechtigung, Eigentumsrechte usw.

Auch wenn man somit den Inhalt des Kategorischen Imperativs in seiner notwendigen Verschränkung der beiden Formeln (1) und (2) gegen Missverständnisse prinzipiell verteidigen kann, bleibt die Frage nach seiner allgemeinen Begründung noch zu klären. Der Kategorische Imperativ, so verschärft Kant selber das Begründungs-Problem, ist weder durch die theoretische Vernunft beweisbar, weil er außerhalb der raum-zeitlichen Erfahrung liegt, noch kann er uns von außen, sei es durch eine göttliche bzw. metaphysische Autorität der Vernunft oder sei es durch eine allgemeine Naturanlage, vorgegeben sein. Beides widerspräche der Autonomie des Menschen. Kant sieht selber, in welche Beweisnot eine Philosophie der Autonomie dadurch gerät: «Hier sehen wir nun die Philosophie auf einen mißlichen Standpunkt gestellt, der fest sein soll, unerachtet er weder im Himmel, noch auf der Erde an etwas gehängt oder woran gestützt wird.» (*GMS*, BA 60).

Für die Begründung der absoluten Geltung des Kategorischen Imperativs beruft sich Kant als eine vermittelnde Position zwischen «Himmel» und «Erde» auf ein «Faktum der Vernunft», das «unleugbar» sei *(KprV,* A 56). Der Kategorische Imperativ sei weder als empirisches («Erde») noch als religiöses oder metaphysisches Gebot («Himmel») beweisbar, sondern «nur dem Verstande *spürbar*» (vgl. Textauszug). Was wir alle aber als unbedingtes Moralgebot praktisch «spüren» können, so muss man Kant entgegenhalten, ist äußerst fragwürdig. Kant selber beruft sich an mehreren Stellen darauf, dass sich die «gemeine Menschenvernunft» ohne ausdrückliche Kenntnis des Kategorischen Imperativs faktisch von ihm leiten lasse: «Es wäre hier leicht zu zeigen, wie sie, mit diesem Kompasse in der Hand, in allen vorkommenden Fällen sehr gut Bescheid wisse, zu unterscheiden, was gut, was böse, pflichtgemäß oder pflichtwidrig sei, wenn man, ohne sie im Mindesten etwas Neues zu lehren, sie nur, wie Sokrates tat, auf ihr eigenes Prinzip aufmerksam macht.» (*GMS*, BA 20) Zu erinnern ist etwa an Platons Dialog *Euthyphron,* in dem Zeus und die anderen Götter Homers wegen ihres eigenen unmoralischen Handelns als oberste Moralinstanz unter Zustimmung aller kritisiert werden (vgl. Kapitel 3). Sogar einem «zehnjährigen Knaben», so behauptet Kant in der «Methodenlehre» der *Kritik der praktischen Vernunft,* brauche man nur das Beispiel «eines redlichen Mannes» vorzulegen, der nicht bereit ist, selbst unter Aussicht auf Belohnung oder unter Androhung von Strafen eine unschuldige Person zu verleumden: «Und so wird mein jugendlicher Zuhörer stufenweise von der bloßen Billigung zur Bewunderung, von da zum Erstaunen, endlich bis zur größten Verehrung und einem lebhaften Wunsche, selbst ein solcher Mann sein zu können (obzwar freilich nicht in seinem Zustande), erhoben werden.» (*KprV*, A 277 f.)

Ist es aber Kant mit dem behaupteten *spürbaren* Faktum, das unleugbar sei, tatsächlich gelungen, den Kategorischen Imperativ durch die praktische Vernunft zwischen Himmel und Erde zu verankern? Hat er, so in Kants eigener Terminologie, den Kategorischen Imperativ als «synthetisches Urteil apriori», das heißt als praktische metaphysische Erfahrung vor aller empirischen Erfahrung beweisen können? Offensichtlich ist dies stark zu bezweifeln. Die Behauptung eines *spürbaren* Sinnes für Moral, der dem *moral sense* des Empiristen David Hume (1711–1776) ähnelt, ist keineswegs ein unleugbares allgemeines Faktum, das in der Vernunft von jedermann vorhanden ist, wie die unzähligen Gegenbeispiele von Brutalität beweisen. Was Kant beweisen will, setzt er somit voraus. Der von ihm behauptete synthetische Satz ist in Wirklichkeit ein analytischer Satz, der in einer Zweck-Mittel-Abfolge enthalten ist: *Wenn* wir in einer humanen Gemeinschaft leben wollen, *dann* ist der Kategorische Imperativ als Vertrauensgrundlage unbedingt notwendig und in diesem Wollen bereits enthalten.

Allerdings ist Kant zuzustimmen, dass in dem unbedingten *Sollen* analytisch notwendig ein *Können* der menschlichen Freiheit enthalten ist. Denn eine Forderung, die von vorneherein unerfüllbar ist, wäre in sich widersprüchlich. Daher setzt sie als Bedingung ihrer Möglichkeit die Freiheitsfähigkeit des Menschen voraus. Auf eine knappe Formel gebracht heißt dies: Du kannst, denn du sollst. Kant räumt aber selber am Schluss der *Grundlegung der Metaphysik der Sitten* ein, dass das von ihm behauptete *spürbare* Faktum des unbedingten Moralgebots und damit der menschlichen Freiheit für ihn letztlich unerklärlich ist: «Und so begreifen wir zwar nicht die praktische unbedingte Notwendigkeit des moralischen Imperativs, wir begreifen aber doch seine *Unbegreiflichkeit*, welches alles ist, welches billigermaßen von einer Philosophie, die bis zur Grenze der menschlichen Vernunft in Prinzipien strebt, gefordert werden kann.» (*GMS,* BA 128)

Kann eine derartig «unbegreifliche» Begründung der Moral und der Freiheit des Menschen akzeptabel sein? Sie kann es, wenn man das unbedingte Sollen in einem schwächeren Sinne als unser eigenes unbedingtes Wollen versteht, wie Kant selber andeutet: «Dieses Sollen ist eigentlich ein Wollen, das unter der Bedingung für jedes vernünftige Wesen gilt, wenn die Vernunft bei ihm ohne Hindernisse praktisch wäre.» (*GMS*, BA 102) Dabei argumentiert Kant zirkulär: Man muss bereits ansatzweise moralisch sein, um unbedingt moralisch sein zu wollen. Diesen Zirkel sieht Ernst Tugendhat in seinen *Vorlesungen über Ethik* (1993) als unvermeidbar an. Kants apriorische Vernunftbegründung dagegen, so Tugendhat, ist eine «pseudoreligiöse Begründung» als «Versuch, die religiöse Begründung zu säkularisieren» (Tugendhat 1993, S. 15). Man könne niemanden mit zwingenden Argumenten zum Standpunkt der Moral bewegen, der sich nicht vorher schon bestimmte Fragen beantwortet hat: «Wer die Frage ‹will ich zur moralischen Gemeinschaft gehören?› stellt, muß sich also fragen: ‹wer will ich überhaupt sein, woran liegt mir am Leben, und was hängt für mich davon ab, ob ich mich als zugehörig zur moralischen Gemeinschaft verstehe?›» (S. 96) Wem nicht wenigstens in minimaler Weise an einer Gemeinschaft wechselseitiger Anerkennung als Person und an den entsprechenden Sanktionen von Lob und Tadel liegt, kann weder durch Berufung auf eine religiöse bzw. metaphysische Autorität noch auf eine allgemeine empirische Naturanlage dazu gezwungen werden. Vielmehr entscheiden wir uns als autonome Personen selber auf Grund von Überlegungen, wie wir die gestellten Fragen nach dem eigenen Selbstbild und Lebensentwurf beantworten wollen. Tugendhat ist sich dessen bewusst, dass eine derartige Moralbegründung für die Hoffnung auf absolute Grundlegung enttäuschend sein muss: «Aber was immer man sich wünschen mag, so schwach ist nun einmal die Basis.» (S. 97)

Hierin ähnelt Tugendhat Kant, der die «Unbegreifbarkeit» einer letzten Begründung des Kategorischen Imperativs zugeben musste. Das moralische Wollen ist ein existenzieller Appell, nicht aber durch theoretische oder praktische Vernunft beweisbar. Wir können es einem anderen nur anempfehlen, für den es bereits *spürbar* ist: «Wir können unserem Freund nur sagen: *take it or leave it*.» (S. 89) Für die individuelle und politische Praxis ist trotz aller abschreckenden Erfahrungen und trotz der gescheiterten apriorischen Begründung des «moralischen Gesetzes in mir» die existenzielle Entscheidung des Einzelnen zur Moral nötig und praktisch auch möglich – auch als Selbst-Verpflichtung der UNO.

Selbst wenn man der Moral-Begründung durch einen existenziellen Appell zustimmt, bleibt noch das Problem zu lösen, ob man kann, was man will. Können wir als Lebewesen der «Sinnenwelt» das sein, was wir sein wollen, nämlich unbedingt moralisch? Können wir uns über die «Tierheit» stellen? Das von uns gewollte moralische Können wird – außer durch die bekannten äußeren Hindernisse oder die Willensschwäche der menschlichen Natur – gegenwertig hauptsächlich durch zwei Angriffe in Frage gestellt. Der eine Angriff erfolgt seitens der Evolutionsbiologie, dass der Mensch ein unzähmbares gieriges Lebewesen sei, wie Gray gegen das humanistische Menschenbild einwendet. Der andere Angriff beruft sich auf die Erkenntnisse der Hirnforschung, dass wir nichts anderes als ein mechanistisch funktionierendes Bündel von Neuronen seien. Beide Angriffe allerdings werden sowohl durch die neuere evolutionsbiologische als auch durch die neuere hirnphysiologische Forschung selbst widerlegt.

So hat Frans de Waal in seinem populär geschriebenen Buch *Primaten und Philosophen. Wie die Evolution die Moral hervorbrachte* (2008) an Hand zahlreicher Versuche gezeigt, dass ein kooperatives Verhalten und die Empathie als Vorteil im Überlebenskampf bei Menschen nicht anders als bei Schimpansen und Bonobos von Natur aus angelegt sind: «Soziale Tiere müssen Aktionen und Positionen koordinieren, kollektiv auf Gefahren reagieren, sich über Nahrungs- und Wasservorkommen verständigen sowie Hilfsbedürftigen beistehen.» (de Waal 2008, S. 43) Beispielsweise berichtet de Waal von einer «Menschenaffenmutter, die einem winselnden Jungen von einem Baum auf den nächsten hilft, indem sie ihren Körper als lebende Brücke dazwischen anbietet» (S. 44). Das evolutionär entwickelte naturalistische *Können* von Moral vollzieht sich bei den

Tieren allerdings reflexhaft und innerhalb ihrer Gruppe, während der Mensch das Können zusätzlich reflexiv über seine unmittelbare Gruppe hinaus *wollen* kann. Tiere handeln *gemäß* der gruppenspezifischen Moral, Menschen *aus* universeller Moral, wie Kant unterscheidet. Insofern ist «das moralische Gesetz in mir» zwar ein tierisches Erbe in seiner Möglichkeit, erhebt uns aber durch unser eigenes Wollen über die gesamte «Tierheit».

Der zweite generelle Angriff gegen das humane Menschenbild Kants und somit auch der UNO erfolgt seitens der Hirnforschung. Danach sind unsere Willensentscheidungen nichts anderes als determinierte Hirnprozesse. Wenn dies stimmt, wäre nicht nur Kants praktische Philosophie der Autonomie widerlegt, sondern auch die in unserer Alltags- und Rechtspraxis vorausgesetzte Autonomie des Menschen. Sie wäre nichts als eine Illusion, die unserem Selbstwertgefühl schmeichelt, von der wir uns aber trennen müssen. Moralisch-rechtliche Gebote und Sanktionen wären lediglich äußere Reizfaktoren, die unsere Gehirnströme determinieren. Ebenso wären die Erfinder dieser Gebote und Sanktionen durch Gehirnströme oder genetisch angelegte Antriebe in ihren Aktionen festgelegt. Ob das in den letzten Jahren heftig diskutierte Libet-Experiment derartige Spekulationen empirisch beweisen kann, wird noch zu prüfen sein (vgl. Kapitel 9).

Wem also tut Kants Philosophie weh? Der «Verlust» ihrer Erkenntnisansprüche, so ist Kant überzeugt, «trifft nur das Monopol der Schulen, keineswegs aber das Interesse der Menschen» (*KrV*, B XXXII). In seiner gelehrten *Kritik der reinen Vernunft* hat sich Kant in erster Linie an die Vertreter der philosophischen «Schulen» gerichtet. Seine Erkenntnisse aber betreffen darüber hinaus auch «das Interesse der Menschen» in ihrer Lebenswelt. Hierfür lasen sich zwei Beispiele nennen.

Das erste Beispiel ist die sogenannte Kant-Krise des Dichters Heinrich von Kleist (1777–1831). Der aus einer Adels- und Offiziersfamilie stammende Kleist war zeit seines Lebens auf der

Suche nach der für ihn passenden beruflichen und persönlichen
Lebensweise. Zuerst strebte er in der Tradition seiner Familie
eine militärische Laufbahn an, schrieb sich dann aber an der
Universität Frankfurt a. d. Oder für mathematisch-philosophi-
sche Studien ein. Diese Studien brach er kurz nach seiner Verlobung mit Wilhelmine von Zenge 1800 ab, um auf Drängen ihrer
Familie eine Stelle als Volonteur im preußischen Wirtschafts-
ministerium anzutreten und somit später eine Familie durch
eine feste Anstellung ernähren zu können. In seinem Brief vom
22. März 1801 an seine Verlobte begründet Kleist seine Abkehr
von der Wissenschaft allerdings mit seinem generellen Zweifel
an der menschlichen Erkenntnisfähigkeit und führt seinen
Zweifel auf die Lektüre von Kants *Kritik der reinen Vernunft*
zurück. Wenn alle Menschen Träger «grüner Brillen» wären, so
sein Vergleich, könnten sie nie wissen, ob die von ihnen gesehenen Gegenstände wirklich grün sind oder durch unsere Brille
nur so aussehen. Daher können wir nie die Wahrheit oder Wirklichkeit erkennen: «Ach, Wilhelmine, wenn die Spitze dieses Gedankens Dein Herz nicht trifft, so lächle nicht über einen andern, der sich tief in seinem heiligsten Innern darin verwundet
fühlt. Mein einziges, mein höchstes Ziel ist gesunken, ich habe
nun keines mehr. (…) Seit diese Überzeugung, nämlich, daß hie-
nieden keine Wahrheit zu finden ist, vor meine Seele trat, habe
ich nicht wieder ein Buch angerührt.» (Kleist 1987–1997, Bd. 4,
S. 205) Es gibt wohl kaum einen erschütternderen Beleg dafür,
wie sehr Philosophie dem Denken und Fühlen eines Menschen
wehtun kann. Allerdings hat Kleist die Erkenntniskritik Kants
falsch verstanden, ähnlich wie gegenwärtig die Vertreter des
«radikalen Konstruktivismus» (vgl. Kapitel 11). Nach Kant
verfälschen weder unsere Anschauungsformen (Raum und Zeit)
noch unsere Verstandeskategorien (Quantität, Qualität, Rela-
tion, Modalität) unser Erkennen und machen es nicht als unsere
bloß subjektiven Konstruktionen wertlos. Vielmehr machen sie
ein objektives, sicheres Erkennen gerade erst möglich. Außerhalb der von uns auf diese Weise erkannten empirischen Wirk-

lichkeit gibt es keine Wirklichkeit, die wir nicht erkennen können. Dagegen können wir nach Kant die Wirklichkeit von Gott, Freiheit und Unsterblichkeit, die jenseits unserer raum-zeitlichen Erfahrung liegt, tatsächlich nicht erkennen.

Kleist hätte also bei einem besseren Kant-Verständnis seinen wissenschaftlichen Interessen weiter nachgehen können, seine möglicherweise metaphysischen Erkenntniserwartungen aber tatsächlich aufgeben müssen. Auch kann man bezweifeln, ob Kleists Kant-Lektüre wirklich die Ursache seiner Verzweiflung war, wie er es im Brief an seine Verlobte ansah. Denn auch durch die Ablenkungen auf seinen anschließenden ausgedehnten Reisen nach Frankreich konnte Kleist seine Krise nicht überwinden. Kurze Zeit später löste er seine Verlobung auf und widmete sich immer stärker seiner literarischen Tätigkeit. Er konnte dadurch aber zunächst nur wenig die erhoffte Anerkennung und finanzielle Absicherung gewinnen. Zehn Jahre später, am 21. November 1811, beschloss er gemeinsam mit der krebskranken Henriette Vogel, zuerst sie und dann sich selber zu erschießen. Der unruhige und dramatisch endende Lebensweg Kleists lässt vermuten, dass seine Krise eher psychisch und durch äußere Umstände als philosophisch durch die (von ihm falsch verstandene) Lektüre Kants verursacht war. Vielleicht kommt bei ihm aber beides zusammen.

Das zweite Beispiel ist «der alte Lampe», Kants langjähriger treuer Diener. In seinen ursprünglich für eine französische Zeitschrift geschriebenen Beiträgen *Zur Geschichte der Religion und Philosophie in Deutschland* (1834) stellt sich Heinrich Heine (1797–1856) in seiner Pariser Zeit die Verzweiflung vor, in die ein einfacher Mann wie «der alte Lampe» in eine religiöse Krise geraten könnte, wenn er hört, dass ein so berühmter Philosoph wie sein Dienstherr Kant die Existenz Gottes anzweifelt, weil man sie nicht beweisen könne. Während die Französische Revolution «nur» ein irdisches Blutbad angerichtet habe, habe Kant in Deutschland als «unerbittlicher Philosoph» gleichsam ein religiöses Blutbad angerichtet: «Er hat den Himmel ge-

stürmt, er hat die ganze Besatzung über die Klinge springen lassen, der Oberherr der Welt schwimmt unbewiesen in seinem
Blute, es gibt jetzt keine Allbarmherzigkeit mehr, keine Vater-
güte, keine jenseitige Belohnung für diesseitige Enthaltsamkeit,
die Unsterblichkeit der Seelen liegt in den letzten Zügen – das
röchelt, das stöhnt – und der alte Lampe steht dabei mit seinem
Regenschirm unterm Arm, als betrübter Zuschauer, und Angst-
schweiß und Tränen rinnen ihm vom Gesicht.» (Heine 1976,
S. 604) In der Vorrede zur zweiten Auflage seiner Beiträge
(1852) distanziert sich Heine von seiner früheren Überzeugung
und Hoffnung, dass «die Vernunftkritik» nicht nur die Beweise
für die Existenz Gottes vernichtet, sondern «auch dem Dasein
Gottes selber ein Ende gemacht habe». Vielmehr halte er seine
eigene frühere kritische Haltung in der «großen Gottesfrage»
im Nachhinein für «eben so unbesonnen wie falsch» (S. 509). In
seinem Geiste habe eine «Umwandlung» stattgefunden, wie
Heine als frommer Jude schreibt (S. 511). Daher sollte man seinen früheren stark ironischen Ton, mit dem Heine die Verzweiflung des «armen» Dieners und das Erbarmen seines «guten»
Herrn beschreibt, im Nachhinein in einen «humanistisch-
toleranten» Ton (S. 508) umgewandelt lesen: «Da erbarmt sich
Immanuel Kant und zeigt, daß er nicht bloß ein großer Philosoph, sondern auch ein guter Mensch ist, und er überlegt, und
halb gutmütig und halb ironisch spricht er: ‹der alte Mensch
muß einen Gott haben, sonst kann der arme Mensch nicht
glücklich sein – der Mensch soll aber auf der Welt glücklich
sein – das sagt die praktische Vernunft – meinetwegen – so mag
auch die praktische Vernunft die Existenz Gottes verbürgen.›»
(S. 604) Gott, so lautet Kants Lösung in der *Kritik der praktischen Vernunft*, ist der Garant dafür, dass wir im Jenseits die
verdiente vollkommene Glückseligkeit erreichen können, die
wir im Diesseits nie erreichen können; dies setze aber die Unsterblichkeit der Seele voraus sowie unsere Freiheit, da sonst
Lohn und Strafe im Jenseits für den Menschen nicht denkbar
wären. Aus den von Kant abgelehnten Beweisen der theoreti-

schen Vernunft (vgl. Kapitel 6) werden «Postulate» der praktischen Vernunft, die den Glauben an die Existenz Gottes unterstützen können.

Kants Philosophie des humanen Menschen, so lässt sich ein
Fazit ziehen, tut in mehrfacher Hinsicht weh. Wenn man von
Kants Philosophie einen Beweis *für* das «moralische Gebot in
mir» und den unbedingten Wert der Person erwartet, muss sie
uns enttäuschen. Im Gegenteil, Kant zieht uns alle möglicherweise von ihm erwarteten Beweise als Stützen weg. Wir können
das humane Menschenbild weder empirisch noch metaphysisch
beweisen. Vielmehr liegt es, so Kant, an der freien, persönlichen
Entscheidung unserer «Existenz», für «das moralische Gesetz
in mir» immer wieder neu und zunehmend «Bewunderung und
Ehrfurcht» zu empfinden. Damit tut Kants Philosophie, wie er
selber sagt, vor allem den Anhängern von Schulrichtungen der
dogmatischen Metaphysiker und der Empiristen weh, die ihre
Grundannahmen als haltlos erkennen müssen und sich zu einem
für sie schmerzhaften Umdenken gezwungen sehen. In seiner
Kritik der reinen Vernunft hat Kant den Nachweis erbracht,
dass anders, als der «Dogmatismus der Metaphysik» eines
Christian Wolff und seiner Anhänger für sich beansprucht, unsere auf raum-zeitliche Erfahrung gestützte Vernunft keine Erkenntnis über «Gott, Freiheit und Unsterblichkeit» erlangen kann (*KrV*, B XXX). Daher stellt Kant nüchtern fest: «Es ist
demütigend für die menschliche Vernunft, daß sie in ihrem reinen Gebrauche nichts ausrichtet.» (*KrV*, A 795/B 823) Wenn
wir uns aber dennoch als frei handelnde, von der Sinnenwelt in
dieser Hinsicht unabhängige Personen verstehen *wollen*, bedeutet dies: «der Begriff der Freiheit ist der Stein des Anstoßes für
alle Empiristen» (*KprV*, A 12) oder, wie man heute sagen kann,
für alle Naturalisten. Unser Verhalten unterliegt zwar den Naturgesetzen, unser Handeln aber kann sich dennoch am moralischen Gesetz orientieren. Kants Zurückweisung der metaphysischen Vernunfterkenntnis und sein Nachweis, dass wir aus
praktischem Wollen entgegen dem Empirismus und Naturalis-

mus zu Freiheit und Moral fähig sind, bedeutet eine Abwehr leerer und verwirrender Spekulationen, zugleich aber eine Stärkung des Selbstvertrauens in das eigene vernünftige Wollen von jedermann. An die gelehrten Schulen gerichtet, sagt Kant gegen Schluss seiner *Kritik der reinen Vernunft*: «Verlangt ihr denn, daß ein (sic!) Erkenntnis, welche alle Menschen angeht, den gemeinen Verstand übersteigen, und euch nur von Philosophen entdeckt werden solle?» (*KrV*, A 831/B 859)

Kants Philosophie tut den philosophischen Schulen weh, seine Zumutung des Selbstdenkens und freien Wollens aber tut den Menschen gut. Allerdings ist autonomes Denken und Wollen im Gegensatz zur bequemen Orientierung an Autoritäten ein mühsamer Weg (vgl. Kapitel 10).

9. Ist die Wissenschaft der Maßstab von allem? Martin Heideggers *blühender Baum*

Gewiß; in unserem Gehirn mag mancherlei ablaufen, wenn wir auf einer Wiese stehen und einen blühenden Baum in seinem Leuchten und Duften vor uns stehen haben, ihn wahrnehmen. Man kann heute sogar die Vorgänge im Kopf als Gehirnströme durch geeignete Apparaturen der Umformung und Verstärkung akustisch vernehmbar machen und ihren Verlauf in Kurven nachzeichnen. Man kann – gewiß! Was kann der heutige Mensch nicht. Er kann sogar mit diesem Können streckenweise helfen. Und er hilft überall in der besten Absicht. Man kann – vermutlich ahnt noch niemand von uns, was der Mensch demnächst wissenschaftlich alles kann. Aber wo bleibt, um uns auf unseren Fall zu beschränken, wo bleibt bei den wissenschaftlich registrierbaren Gehirnströmen der blühende Baum? Wo bleibt die Wiese? Wo bleibt der Mensch? Nicht das Gehirn, sondern der Mensch, der uns morgen vielleicht wegstirbt und ehedem auf uns zukam? Wo bleibt das Vorstellen, worin der Baum sich vorstellt und der Mensch sich ins Gegenüber zum Baum vorstellt?

Vermutlich geht beim jetzt genannten Vorstellen mancherlei auch dort vor sich, was man als Sphäre des Bewußtseins beschreibt und als das Seelische betrachtet. Aber steht der Baum ‹im Bewußtsein›, oder steht er auf der Wiese? Liegt die Wiese als Erlebnis in der Seele oder ausgebreitet auf der Erde? Ist die Erde in unserem Kopf? Oder stehen wir auf der Erde?

Man wird entgegnen wollen: wozu denn solche Fragen über einen Sachverhalt, den jedermann billigerweise sogleich zugibt, da es doch für alle Welt sonnenklar ist, daß wir auf der Erde und nach dem gewählten Beispiel einem Baum gegenüberstehen? Doch verfahren wir mit diesem Zugeben nicht zu eilig, nehmen wir dieses Sonnenklare nicht zu leicht. Denn unversehens geben wir alles preis, sobald uns die Wissenschaften der Physik, Physiologie und

Psychologie samt der wissenschaftlichen Philosophie mit dem gesamten Aufwand ihrer Belege und Beweise erklären, daß wir doch eigentlich keinen Baum wahrnehmen, sondern in Wirklichkeit eine Leere, in die spärlich hie und da elektrische Ladungen eingestreut sind, die mit großer Geschwindigkeit hin- und hersausen. Es genügt nicht, daß wir nur für die gleichsam wissenschaftlich unbewachten Augenblicke zugeben, wir stünden natürlich einem blühenden Baum gegenüber, um dann im nächsten Augenblick ebenso selbstverständlich zu versichern, daß jene Meinung natürlich nur die naive, weil vorwissenschaftliche Auffassung der Gegenstände kennzeichne. Mit dieser Versicherung haben wir jedoch etwas zugestanden, dessen Tragweite wir kaum beachten, nämlich dies, daß eigentlich die genannten Wissenschaften darüber befinden, was an dem blühenden Baum als Wirklichkeit gelten dürfe und was nicht. Woher nehmen die Wissenschaften, denen die Herkunft ihres eigenen Wissens dunkel bleiben muß, die Befugnis zu solchen Urteilen? «Woher nehmen die Wissenschaften das Recht, den Standort des Menschen zu bestimmen und sich als den Maßstab solcher Bestimmungen anzusetzen?»

(Heidegger, Was heißt Denken?, 1954, S. 17 f.)

Martin Heidegger (1889–1976) ist ein höchst umstrittener Denker, nicht nur wegen seiner oft eigenartigen Sprechweise und seiner mysteriösen Seins-Philosophie, sondern auch wegen seiner seit den *Schwarzen Heften* (2014) nicht mehr länger zu leugnenden offenen Parteinahme für den Nationalsozialismus und seiner drastischen antisemitischen Äußerungen. Dennoch enthält die phänomenologische Philosophie des Erkennens des früheren Heidegger in *Sein und Zeit* (1927) als Gegenentwurf gegen den folgenreichen Monopolanspruch der heutigen Wissenschaft grundlegende Überlegungen, die in der gegenwärtigen Debatte Gehör verdienen.

In seiner Vorlesung *Was heißt Denken?* (1951/52) stellte Heidegger vor mehr als sechzig Jahren eine grundlegende Frage, die uns erst heute in ihrer «Tragweite» immer deutlicher wird. Ist die Wissenschaft, so fragte er, «der Physik, Physiologie und Psychologie» wirklich der «Maßstab» von allem, wie sie zunehmend beansprucht und wir selber zunehmend akzeptieren? Hat sie ein Deutungsmonopol zu «bestimmen», was etwas «in Wirklichkeit» *ist*? Lebensweltlich oder in unserer Alltagspsychologie scheint es hier keine Fragen zu geben und alles «sonnenklar» zu sein. Mit dem von Heidegger kritisierten Deutungsmonopol kann man, so scheint es wenigstens, mühelos umgehen. Es gibt eben, so könnte man sagen, nicht nur eine, sondern zwei Deutungsmöglichkeiten der Wirklichkeit: die lebensweltliche und die wissenschaftliche. Beide Möglichkeiten lassen sich an Heideggers Beispiel der Subjekt-Objekt-Relation eines Menschen, der auf einer Wiese einen blühenden Baum wahrnimmt, erläutern.

Nach der ersten Deutungsweise gibt es auf der einen Seite das Subjekt Mensch, das etwas wahrnimmt, auf der anderen Seite das Objekt, das wahrgenommen wird. Beides gibt es etwa auf einer Wiese, auf der sich ein Mensch und ein Baum befinden. Der Mensch hat neben individuellen auch die allgemeinen Eigenschaften, dass er «uns morgen vielleicht wegstirbt und ehedem auf uns zukam». Der Baum hat unter anderem bestimmte wahrnehmbare Eigenschaften, zum Beispiel dass er blüht, leuchtet und duftet. Was man dabei alles sonst noch wahrnimmt, auch fühlt oder sich denkt, ist für jeden unterschiedlich, etwa: «Unter diesem Baum möchte ich jetzt mit meinem Freund, meiner Freundin liegen; diesen Baum da möchte ich fotografieren; den kann ich gut als Material für meine Schreinerei brauchen; der Baum muss für die Straßenbegradigung gefällt werden» etc.

Dieselbe Subjekt-Objekt-Relation erklärt die Wissenschaft aus ihrer eigenen Perspektive: Für den Physiker ist der Baum, den man als feste Materie anfassen kann, in Wirklichkeit «eine Leere, in die spärlich hier und da elektrische Ladungen eingestreut sind», das heißt, die für uns feste Materie ist innerhalb der umgebenden (relativen) Leere lediglich eine Ansammlung von Molekülen und Atomen, die sich noch weiter auflösen lassen und als «elektrische Ladungen» messbar sind; für den Psychologen ferner ist der blühende Baum ein «Erlebnis in der Seele», das sich als schöne oder als traurige Erinnerung an vergangene Tage und als vieles mehr klassifizieren lassen kann; die Physiologen oder die von Heidegger damals noch nicht eigens benannten Neurowissenschaftler reduzieren das Erlebnis des Baumes auf messbare «Vorgänge im Kopf als Gehirnströme», die durch externe Reize ausgelöst werden; die «wissenschaftliche Philosophie» schließlich, wie Heidegger mit einem Seitenhieb gegen den Positivismus oder, wie man heute sagen würde, gegen den Szientismus und Naturalismus anmerkt, stimmt den Einzelwissenschaften zu, dass die gesamte, auch die geistige Wirklichkeit aus nichts anderem als aus Materie oder elektrischen Ladungen besteht. Dies bedeutet, dass auch der Mensch selbst in Wirklichkeit aus nichts anderem als aus messbaren «Gehirnströmen» besteht. Der Mensch, der blühende Baum und die Wirklichkeit insgesamt bestehen aus einem unendlichen Atomwirbel, so die antike Atomtheorie (vgl. Kapitel 4), oder aus unendlichen Gehirnströmen, so die moderne Neurowissenschaft. Alles andere, was man sonst noch in seiner Lebenswelt bei der Wahrnehmung eines blühenden Baumes oder eines Menschen empfinden oder denken könnte, ist bloße Romantik und rein subjektiv.

Beide Deutungsmöglichkeiten, so scheint es, können nebeneinander existieren. Die eine sieht eben die Wirklichkeit aus wissenschaftlicher Sicht an, die andere aus der Sicht unserer lebensweltlichen Erfahrung. Alles scheint «sonnenklar» zu sein. Heidegger allerdings sah bereits vor sechzig Jahren eine Entwicklung voraus, nach der nicht nur die Experten der Wissenschaft, sondern auch die Laien zu einer Monopoldeutung der Wirklichkeit neigen. Es genüge aber nicht, so kritisiert er, dass wir «nur für die gleichsam wissenschaftlich unbewachten Augenblicke zugeben, wir stünden natürlich einem blühenden Baum gegenüber, um dann im nächsten Augenblick ebenso selbstverständlich zu versichern, daß jene Meinung natürlich nur die naive, weil vorwissenschaftliche Auffassung der Gegenstände kennzeichne» (vgl. Textauszug oben). Warum genügt Heidegger die Koexistenz-Auffassung nicht, erst recht nicht die Monopol-Auffassung, die, wie er zu beobachten glaubt, auch in der Lebenswelt insgeheim akzeptiert wird?

Heidegger wendet sich, so ist zunächst festzuhalten, gegen den Monopolanspruch, nicht aber gegen den partiellen Erkenntnisanspruch und den möglichen Nutzen von Wissenschaft durch ihre technische Anwendung: «Was kann der heutige Mensch nicht! Er kann sogar mit diesem Können streckenweise helfen. Und er hilft überall in der besten Absicht» (vgl. Textauszug). Heidegger weist selber der Sache nach auf die damals erst erfundene und inzwischen weiterentwickelte Elektroenzephalographie (EEG) hin, die «heute sogar die Vorgänge im Kopf als Gehirnströme durch geeignete Apparaturen der Umformung und Verstärkung akustisch vernehmbar machen und ihren Verlauf in Kurven nachzeichnen» kann. So kann die moderne Neurowissenschaft unterdessen mit Hilfe des EEG pathologische oder unerwünschte Anomalitäten der Gehirnströme immer gezielter diagnostizieren, neurochirurgisch therapieren oder bei der Strafzumessung und Erziehung berücksichtigen. Zwar sind heute längst noch nicht alle Gehirnregionen in ihren möglichen Auswirkungen auf unser Handeln erforscht. Dennoch kann an Heideggers Beispiel von den «wissenschaftlich registrierbaren Gehirnströmen» der Nutzen wissenschaftlichen Wissens nicht geleugnet werden, allerdings auch nicht die Gefahr manipulativer Eingriffe.

Auch wendet sich Heidegger, so eine weitere Klarstellung, nicht gegen eine wissenschaftlich-technische Nutzung der Natur. Er weist aber darauf hin, dass beispielsweise das Schreinerhandwerk bei der Nutzung von Maschinen auf den «Bezug zum Holz» angewiesen bleibt (Heidegger 1954, S. 53 f.). Auch die maschinelle Bearbeitung von Holz, so ist er offensichtlich zu verstehen, muss dessen Eigenschaften wie unterschiedliche Haltbarkeit, Maserung und Dämmungseigenschaften beachten. Nicht jedes Holz ist für jeden Zweck geeignet. Aus Teakholz und Mahagoni lassen sich edle Möbel herstellen, nicht aber Planken für ein seetaugliches Schiff. Auch der blühende Baum und der Mensch als Person vor und mit uns sind für bestimmte Zwecke einer quantitativen Analyse zugänglich. Beide können krank sein und in ihren Defekten wissenschaftlich analysiert und therapiert werden, sollten nach Heidegger aber in ihren erlebbaren Eigenschaften beachtet werden. Heideggers Kritik am szientistischen Deutungsmonopol darf daher nicht mit einer Ablehnung von Wissenschaft generell verwechselt werden. Er wolle, so Heidegger, keineswegs behaupten, «der Zustand unseres Planeten lasse sich in absehbarer Zeit oder überhaupt je wieder in eine Dorfidylle verwandeln» (S. 54). Unsere Lebenswelt kann nicht als vor-wissenschaftlicher Gegenentwurf zu einer von Wissenschaft und Technik geprägten Welt dienen. Wir leben nicht in der «Idylle» einer vor-wissenschaftlichen Welt.

Die Tragweite der szientistischen Monopoldeutung liegt nach Heidegger nicht primär in ihrer – durchaus kritikwürdigen – Anwendung durch die Technik, sondern darin, dass wir in unserer eigenen Lebenswelt zunehmend, wie er zu beobachten glaubte, der Suggestion des Szientismus erliegen. «Die Wissenschaft sagt!» ist für uns zur Autoritätsformel in mehr und mehr Lebensbereichen geworden, oft flankiert durch Pseudowissenschaft und Esoterik (Bussmann 2014). Eine vorläufig noch relativ harmlos einzuschätzende Entwicklung ist beispielsweise die aus den USA stammende *Quantified Self*-Bewegung. Ihre Mitglieder verfolgen das Ziel, ihre Handlungen – vorerst nur im Alltag – möglichst lückenlos etwa durch Waagen, Schrittzähler, Blutdruckmessapparate, Schlafsensoren und schließlich auch durch Hirnscanner zu kontrollieren und zu optimieren. Dabei ist die Gefahr nicht zu übersehen, dass aus einer freiwilligen partiellen Selbstkontrolle eine arbeitsökonomisch erzwungene völlige Fremdkontrolle werden könnte. Die Maxime «Miss dich selbst!» als totalitäres Messinstrument könnte die Maxime «Erkenne dich selbst» als reflexive Selbsterfahrung ablösen. Aus dem Menschen als autonome Person würde ein quantifizierbares Objekt. Das humane Menschenbild hätte keine Geltung mehr.

Die Abschaffung des humanen Menschenbildes wird durch einige Vertreter der Neurowissenschaften gegenwärtig zur wissenschaftlichen Notwendigkeit erklärt. So behauptet Wolf Singer in seinem Beitrag *Verschaltungen legen uns fest: wir sollten aufhören, von Freiheit zu sprechen*, die menschliche Willensfreiheit sei eine wissenschaftlich entlarvte «Illusion» (Singer 2004, S. 50). Nicht nur in der wissenschaftlichen, sondern auch in der öffentlichen Diskussion verschiedener populärer Wissenschaftszeitschriften und -sendungen wird immer wieder das sogenannte Libet-Experiment als angeblicher Beweis herangezogen. Wie der Physiologe Benjamin Libet (1916–2007) über seine Versuchsreihe in den 1990er-Jahren schreibt, wollte er folgende Frage klären: «Geht der bewußte Wille der Aktion des Gehirns voraus oder folgt er ihr nach?» (Libet 2005, S. 167) Auf Grund von Messungen der Gehirnströme zahlreicher Versuchspersonen stellte sich heraus, dass die von den Probanden erbetene Tätigkeit, einen bestimmten Hebel zu einem selbst gewählten Zeitpunkt zu drücken, als Impuls («Bereitstellungspotenzial») bereits feststellbar war, bevor die Versuchspersonen bewusst den Hebel drücken *wollten*. Allerdings war ein Zeitraum von einem Bruchteil von Sekunden messbar, in dem sie spontan ein Veto einlegen konnten, ob sie den Impuls dann stoppen oder ihm nachgeben wollten. Daraus ergab sich für Libet als Antwort auf seine Frage: «Wir können Willenshandlungen so auffassen, dass sie mit unbewussten Initiativen beginnen, die aus dem Gehirn ‹hervorsprudeln›. Der bewusste Wille würde dann eine Auswahl zwischen diesen Initiativen treffen und entscheiden, welche davon sich im Handeln niederschlagen soll, welche unterdrückt oder abgebrochen werden sollen, so dass es nicht zur motorischen Handlung kommt.» (S. 179) Der menschliche Wille, so folgerte Libet daraus, ist nicht absolut, sondern nur bedingt frei, hat aber die letzte Entscheidungsfreiheit, ein Veto einzulegen.

Wenn die philosophische Tradition den menschlichen Willen nach Art des aristotelischen Gottes als «unbewegten Beweger» verstand, der völlig unabhängig von Naturgesetzen Handlungen von selbst in Gang setzen kann, muss sie sich durch das Libet-Experiment belehren lassen. Allerdings schränkt das Experiment den menschlichen Willen zwar ein, widerlegt ihn aber nicht. Im Gegenteil, nach Libets eigener Interpretation des experimentell feststellbaren Vetos erfährt die Willens- und Handlungsfreiheit sogar eine zusätzliche Bestätigung als bedingter Wille, den wir lebensweltlich erfahren. Andrerseits wurde gegen Libets Veto-Freiheit der Einwand erhoben, auch das sogenannte freie Veto sei durch vorausgehende Gehirnströme determiniert. Die Vertreter der Willensfreiheit dagegen weisen darauf hin, dass es sich beim Libet-Experiment um einen nur sehr begrenzten und vorweg gesteuerten Entscheidungsprozess handele, während wir es lebensweltlich mit komplexen Entscheidungsprozessen zu tun haben, in denen wir Argumente gegeneinander abwägen und es auch mit Emotionen, Gewohnheiten oder sonstigen Einflüssen zu tun haben.

Im Streit zwischen den Angreifern und Verteidigern der lebensweltlichen Weltsicht versuchen die Wissenschaftler «mit dem ganzen Aufwand ihrer Belege und Beweise» (Heidegger, siehe Textauszug) die Sache für sich zu entscheiden. So wird seitens der Naturwissenschaftler unabhängig vom Libet-Experiment als grundsätzliches Argument gegen den freien Willen hervorgebracht, dass wir als Naturwesen durchgängig durch physikalische Gesetze determiniert seien. Als Gegenargument wiederum wendet die Physikerin und Philosophin Brigitte Falkenburg ein, die Prämisse einer vollkommenen physikalischen Determination lasse sich empirisch nicht beweisen, sondern sei ein metaphysisches Konstrukt. Das unterstellte Kausalprinzip nämlich sei keine Tatsachenbehauptung, sondern sei im Sinne Kants methodologisch als Verfahrensregel zu verstehen, «nach der die Physiker, Chemiker und Biologen vorgehen, um ihre Naturerkenntnis zu erweitern» (Falkenburg 2012, S. 47). Die Vorstellung, dass den Naturvorgängen ein durchgängiges Kausalprinzip zugrunde liege, sei bereits durch Humes Empirismus widerlegt worden. Wir können noch so gut festgestellte Reihen von Ereignissen, die regelmäßig aufeinanderfolgen, nur als *post hoc*, nicht aber als *propter hoc* bezeichnen, das heißt, sie ereignen sich nicht kausal «deswegen» hintereinander, sondern lediglich temporal «danach».

Daher beruht das szientistische Deutungsmonopol des Menschen durch die Naturwissenschaft von vorneherein auf einer unhaltbaren metaphysischen Prämisse. Der unterstellte durchgängige Determinismus in der physischen Welt ähnele, so Falkenburg, dem antiken mythologischen Determinismus: «Die Götter wurden als Erklärungsinstanzen entthront, die Welt durch umfassende Kausalerklärungen entzaubert und nun gehen wir mit der Neurobiologie unserem Selbstbild an den Kragen, bis wir nichts mehr von uns selbst übrig lassen als überaus komplexe, prächtig funktionierende Maschinen – als wären nicht *wir* es gewesen, die sich die Maschinen unserer wissenschaftlich-technischen Lebenswelt ausgedacht haben.» (S. 50) Folglich geht auch der Streit zwischen Kompatibilisten und Inkompatibilisten, ob und inwiefern die mentale Willensfreiheit mit der als durchgängig angenommenen physischen Determination des Menschen vereinbar oder nicht vereinbar sei, von einer unhaltbaren Prämisse aus und ist somit als Grundsatzstreit in sich unsinnig.

Dies trifft beispielsweise auch auf die kompatibilistische Position des Neurowissenschaftlers Gerhard Roth zu. Roth will den Menschen zwar entgegen seiner medienwirksamen Rezeption nicht in einem reduktionistischen Sinne als «*homo neurobiologicus*» deuten, hält aber dennoch am metaphysischen Kausalitätsprinzip fest. Daher ist für ihn die neurobiologisch nachgewiesene Natur des Menschen für dessen Wollen, Denken und Handeln entscheidend: «Wir können nicht *aus eigener Kraft*

unsere Persönlichkeitsstruktur ändern, wir können uns aber
diejenigen gesellschaftlichen Verhältnisse suchen, die am besten
zu dieser Struktur passen. Hierin besteht die Autonomie des
Menschen.» (Roth 2003, S. 564) Zu den passenden gesellschaftlichen Verhältnissen gehört beispielsweise eine Justiz, die nach-
weisbare neurobiologische Defizite beim «Speichern und Ab-
rufen sozialer Regeln» bei der gesetzlichen Strafzumessung ent-
lastend berücksichtigt (Singer 2004, S. 63).

«Libertarier» schließen lösen sich am ehesten von einer szientistischen Sichtweise. Sie gehen von der lebensweltlich veranker-
ten Prämisse aus, dass wir eine Willensfreiheit besitzen. Nicht
wir, sondern die Neurowissenschaftler hätten daher in einer
Umkehr der Beweislast experimentell gestützte Gegenargumente vorzubringen, was ihnen bis jetzt nicht gelungen sei. Bei
der libertarischen Freiheitsauffassung handele es sich nicht um
einen «philosophischen Ismus», wie der Philosoph Geert Keil
behauptet, sondern «um eine gewöhnliche Auffassung des gesunden Menschenverstandes, die wir alle teilen, soweit wir nicht
durch kompatibilistische Philosophie verbildet sind» (Keil
2009, S. 16). Er gibt allerdings zu, dass der «gesunde Menschenverstand» nicht unbedingt eine verlässliche Basis zur Beurteilung solch elementarer Fragen wie die Willensfreiheit darstellt.
Immerhin könne man sich zunächst einmal auf ihn berufen – bis
zum Beweis des Gegenteils.

Wie die Vertreter der libertarischen Freiheitsauffassung geht
auch Heidegger von einem Selbstverständnis des Menschen aus,
das der szientistischen Sichtweise vorausliegt. Er beruft sich dabei allerdings nicht auf den gesunden Menschenverstand, sondern auf ein grundlegendes phänomenologisches Denken, das
allein dem Verhältnis des Menschen zu sich selbst und zur Welt
gerecht werden könne. Der Wissenschaft dagegen, so deutet er
im oben angeführten Textauszug nur an, müsse «die Herkunft
ihres Wesens dunkel bleiben». Der Grund hierfür ist, wie er zu
Anfang seiner Vorlesung behauptet: «Die Wissenschaft denkt
nicht.» (S. 4) Dieser Satz klingt «anstößig», so gibt Heidegger

selber zu; wir müssen aber, so fordert er, «das Anstößige und Befremdliche des Denkens aushalten» (S. 5) Nicht nur seine Behauptung, dass die Wissenschaft nicht denkt, sondern auch das von ihm selber gemeinte Denken ist nach Heidegger «anstößig». Was also heißt für ihn denken?

Zunächst ist festzuhalten, dass Heidegger der Wissenschaft keineswegs ein Denken abspricht, wie man es als wissenschaftliches Denken mit der Methode des deduktiven oder induktiven Schließens kennt. In diesem Sinne habe es die Wissenschaft sogar «stets und auf ihre besondere Weise mit dem Denken zu tun» (S. 4). Er wirft der Wissenschaft auch nicht vor, dass sie keine Wissenschaftsphilosophie betreibe und nicht auf die Methoden und ethischen Folgen von Wissenschaft reflektiert. Vielmehr provoziert Heidegger mit seinem «anstößigen» Satz die gesamte bisherige Philosophie, die der Frage, was Denken heißt, nicht konsequent genug nachgegangen sei. Ebenso provoziert er mit seinem «anstößigen» Satz unser alltägliches Selbstverständnis, wenn man sich etwa an den Einleitungssatz von Descartes' Methodenschrift erinnert, «der gesunde Verstand (*bon sense*)» sei «die am besten verteilte Sache der Welt». Denken, so Descartes, könne jeder, er muss sich nur an gewisse methodische Regeln halten (vgl. Kapitel 6).

Für die Wissenschaft, die bisherige Philosophie und unser Alltagsverständnis ist Heideggers Behauptung nicht nur inhaltlich, sondern auch in seinem Vorgehen äußerst «anstößig». Dies betrifft zunächst seine Berufung auf die ursprüngliche Wortbedeutung von «denken», die etymologisch von «danken» herkomme. Die Etymologie trifft zwar sprachwissenschaftlich zu, wird von Heidegger aber in einer von ihm an einer anderen Stelle selber kritisierten «hemmungslosen Wortmystik» (*Sein und Zeit*, S. 220) verwendet. In «danken», so führt er weiter aus, der etymologischen Wurzel von «denken», sei inhaltlich «An-dacht» enthalten, und diese bedeute «das unablässige, gesammelte Bleiben bei» etwas in seinem «*An*-wesen» (*Was heißt Denken?*, S. 92). Offensichtlich will er damit sagen, denken bedeute beim «blühenden Baum» zu bleiben, so wie er vor uns steht, ohne ihn nach Art der Wissenschaft in einem rationalen, das heißt berechnenden (lat. *ratio*, Rechnung) oder quantifizierenden Denken vollständig vereinnahmen zu wollen. Während sich jeder auf eine andere Weise auf den blühenden Baum vor sich einlässt, wird er durch die Wissenschaft von vorneherein in ein unterschiedsloses, quantifizierendes Raster gezwängt. Seine wahrnehmbaren Qualitäten und seine Wirkung auf den Menschen als wahrnehmende Person werden rein quantitativ erklärt, nicht qualitativ verstanden. Ähnlich hatte auch Descartes (vgl. Kap. 6) «dieses Stück Wachs» und auch den Menschen nicht in seinen erfahrbaren Qualitäten, sondern lediglich in seinen messbaren Quantitäten «gedacht».

Man kann Heideggers etymologische Herleitung und seine Erläuterung, dass Denken etwas mit Danken zu tun hat, durchaus nachvollziehen, insofern man die Phänomene in ihrem eigenen Sein anerkennt und nicht in ein Raster eingeschränkter Quantifizierung zwingt. Allerdings ist Heideggers anschließender, ebenfalls etymologisch eingeleiteter Frage mit größter Skepsis zu begegnen: «Was ist es, was uns heißt, uns gleichsam befiehlt, zu denken»? (S. 79) Ist damit so etwas wie ein Dank gegenüber einem Über-Subjekt gemeint, die «Mutter Natur» oder die umfassende Wirklichkeit des Seins, das uns im Dasein erhält und unseren Dank verdient, sogar befiehlt? Eine derartige zweifelhafte, personalisierte Natur oder Wirklichkeit meint Heidegger offensichtlich nicht. Vielmehr meint er noch zweifelhafter ein vages «Geheiß», das uns «heißt» oder «befiehlt», ihm zu folgen (S. 153). Wie der Schüler in einer veralteten Wortbedeutung vom Lehrer «geheißen» wird, seine Hausaufgabe zu machen (Beispiel E. M.; vgl. S. 79 ff.), «befiehlt» uns das «Geheiß», ihm denkend zu danken. Das Subjekt unseres Dankes gleicht einer mysteriösen Schicksalsmacht, die paradoxerweise menschliche Freiheit gerade erst ermöglicht: «Das Geheiß bringt unser Wesen ins Freie.» (S. 153) So wie Gott die Freiheit des Menschen ermöglicht, wenn man ihm folgt, scheint nach Heidegger das «Geheiß» unser freies Denken zu ermöglichen, wenn man andächtig bei ihm verweilt. Wem, warum und wie aber zu danken ist, bleibt für jede beliebige Interpretation offen. Eine derartige «Philosophie» dankender Gefolgschaft ist gegen politischen Missbrauch ungeschützt, wie auch Heidegger selbst ein Anhänger des nationalsozialistischen Führungsanspruchs war und damit der Suggestion seiner eigenen «Seins»-Philosophie erlegen ist.

Nicht nur die etymologische Willkür und Vagheit, sondern auch Heideggers dazu passende politische Haltung einer irrationalen Gefolgschaft können einen leicht davon abhalten, sich mit seinem philosophischen Gegenentwurf zum Szientismus weiter zu beschäftigen. Dennoch lohnt es sich, die Philosophie des frühen Heideggers in seinem Hauptwerk *Sein und Zeit* (1927) zu lesen, um den «anstößigen» Satz seiner späteren Vorlesung von 1951/52 verstehen und möglicherweise genauer kritisieren zu können. Bevor er in seiner späteren «Kehre» zum «Seyn» seine anstößige Philosophie vom Geheiß vertrat, das uns – auch politisch äußerst anstößig – zu danken befiehlt, hat der frühere Heidegger in *Sein und Zeit* eine Denkweise dargelegt, die das heute in seiner Tragweite immer stärker sichtbar werdende szientistische Deutungsmonopol im Denken grundsätzlich überwinden könnte. Heideggers Denkweise beinhaltet ein dankendes «Bleiben bei» dem «blühenden Baum» und dem Menschen, «der uns morgen vielleicht wegstirbt und ehedem auf uns zukam». Mit diesem im Textauszug nur sehr verschlüsselten Hinweis meint Heidegger die Zeitlichkeit des menschlichen Daseins und der Welt, mit der wir es zu tun haben. Da Wissenschaft den Anspruch auf ewig wahre Sätze erhebt, die eine quantitative, mathematische Form haben, hat sie keinen Blick oder kein Gespür für den endlichen, konkreten Menschen, der diese Sätze aufstellt. Ihr bleibt daher «die Herkunft ihres eigenen Wesens dunkel» (siehe Textauszug).

Die Wissenschaft hat ihre Herkunft aus dem «Dasein» oder aus der «Existenz» des Menschen, wie Heidegger in seiner

phänomenologisch-existenzialistischen Analyse in *Sein und Zeit*
darlegt. Heidegger stellt dort die «Frage nach dem Sinn von
‹Sein›» (S. 1) oder was es bedeutet, dass Seiendes *ist*. Bereits im
Titel des Buches wird der für Heidegger zentrale Zusammenhang zwischen Sein und Zeit ausgedrückt. Was dies bedeutet,
gewinnt Heidegger aus der Analyse des menschlichen «Daseins», das allein unter allen Seienden «ein Verstehen des Seins»
hat (S. 13). Bei seiner Analyse verwendet er – wie sein Lehrer
Edmund Husserl – die phänomenologische Methode, die sich
auf «das *Sich-an-ihm-selbst-zeigende*, das Offenbare» bezieht
(griech. *phainómenon*), das noch vor jeder theoretischen, insbesondere der wissenschaftlichen Interpretation liegt (S. 34–39).
Das intendierte «Offenbare» allerdings sei nicht sofort sichtbar,
sondern müsse erst durch eine phänomenologische Analyse
aufgedeckt werden. Die phänomenologische Beschreibung von
etwas *als* etwas besteht somit in keinem unmittelbaren Bezug
zur «Sache selbst», sondern ist sprachlich-begrifflich vermittelt.
Nicht die Phänomene selbst sprechen zu uns und «heißen» uns
zu denken, sondern wir selber sprechen *über* sie und erheben
den Anspruch, etwas Wirkliches zu erkennen. Wenn man aber
mit seinen Begriffen und Argumenten Anspruch auf allgemeine
Zustimmung erhebt, muss man klar und begründet sprechen,
um eine kritische Prüfung zu ermöglichen. Heidegger dagegen
beansprucht, mit seiner phänomenologischen Methode einen
unmittelbaren Zugang zu den Phänomenen finden und zeigen
zu können, der für sich selbst spricht und argumentativ nicht
weiter begründet werden kann und auch nicht muss.

Außer in seinem grundsätzlichen Anspruch phänomenologi-
scher Unmittelbarkeit ist Heidegger auch in der einzelnen Interpretation seiner inhaltlichen Befunde angreifbar. Sie lassen nicht
deutlich genug erkennen, ob seine manchmal banal klingenden
phänomenologischen Analysen typische Merkmale unseres Daseins treffen, wie Heidegger behauptet. Bereits das erste Ergebnis der Daseins-Analyse Heideggers klingt banal: «Das Seiende,
dessen Analyse zur Aufgabe steht, sind wir je selbst. Das Sein

dieses Seienden ist je *meines*.» (S. 41) Man könnte einwenden:
«Natürlich ist unser Sein je meines, was denn sonst?» Dennoch
ist Heideggers Feststellung keineswegs banal. Vielmehr weist
er auf das Phänomen hin, dass wir uns mit dem «*Personal-
pronomen*» als «‹ich bin›, ‹du bist›» ansprechen (S. 42) und uns
im Gebrauch des Personalpronomens als Person im Unterschied
zu einer Sache verstehen. Als Person lassen wir uns nicht nach
festen Eigenschaften klassifizieren oder berechnen, sondern wir
vollziehen unser Dasein «jemeinig» in unserer Existenz. Wir
sind keine allgemeinen, und das heißt für Heidegger vor allem:
keine zeitenthobenen, unvergänglichen Subjekte der Vernunft
im Unterschied zu den vernunftlosen Objekten im Sinne von
Descartes' Trennung von «*res cogitans* und *res extensa*» (S. 89–
92). Daher bestehen wir auch nicht aus berechenbaren «Gehirnströmen», die sich in ewig gültigen Sätzen ausdrücken lassen.
Vielmehr stehen wir als Menschen in unserem «Dasein» in einem Verhältnis zur Welt (a), zueinander (b) und zu uns selbst
(c). Heideggers Analyse dieses dreifachen Verhältnisses ist die
Basis seiner Kritik am Deutungsmonopol der Wissenschaft und
zeigt, welcher lebensweltliche Zugang zur Wirklichkeit dem
wissenschaftlichen Zugang zugrunde liegt.

• Unser Verhältnis zur Welt (a) ist nicht als Trennung einer
Subjekt-Objekt-Gegenüberstellung, sondern als «In-der-Welt-
Sein» zu verstehen. Wir beziehen uns auf die *vor*handenen
Dinge immer schon so, dass sie uns *zu*handen sind. Das heißt,
sie liegen nicht getrennt *vor* uns, sondern wir können mit ihnen
umgehen, so dass sie uns *zur* Hand gehen. Was beispielsweise
ein Hammer *ist*, wissen wir nicht, wenn wir ihn als Objekt bloß
vor uns anschauen und in zutreffenden Sätzen beschreiben, sondern indem wir ihn zu gebrauchen wissen. Erst wenn er uns
nicht mehr zur Hand geht und im Gebrauch zum Problem wird,
betrachten wir ihn als Objekt und legen ihn uns erneut – vielleicht repariert – so zurecht, dass wir wieder mit ihm umgehen
können (S. 68–71). Unser lebensweltlicher Zugang zur Wirk-

lichkeit im Gebrauchswissen hergestellter Dinge lässt sich auch auf das Gebrauchswissen natürlicher Dinge übertragen. Heideggers «blühender Baum» ist nicht beziehungslos als von uns getrenntes Objekt *vor*handen, sondern ist «in seinem Leuchten und Duften» in unserem «In-der-Welt-Sein» *zu*handen. Er «zeigt sich von sich her» als Phänomen unserer Lebenswelt und ist nicht etwa ein Produkt unseres Bewusstseins oder Gehirns, aber auch kein von uns isoliertes, wissenschaftlich beschreibbares Objekt.

• Als Existenz im Verhältnis zueinander stehen (b) bedeutet «Mitsein» mit den Anderen. Beide Verhältnisse, (a) und (b), sind miteinander verbunden: «Die Klärung des In-der-Welt-Seins zeigte, daß nicht zunächst ‹ist› und auch nie gegeben ist ein bloßes Subjekt ohne Welt. Und so ist am Ende ebenso wenig zunächst ein isoliertes Ich gegeben ohne die Anderen» (S. 116). Dies heißt: «Das Feld zum Beispiel, an dem wir ‹draußen› entlang gehen, zeigt sich als dem und dem gehörig, von ihm ordentlich instand gehalten, das benutzte Buch ist gekauft bei ... geschenkt von ... und dergleichen» (S. 117 f.). Das «Mitsein» mag als bekannte Tatsache unserer gemeinsamen Arbeits- und Produktionsverhältnisse banal klingen, bezeichnet bei Heidegger aber ein grundlegendes Phänomen unseres Daseins. Im Mitsein mit den Anderen in der Welt zeigt sich, dass das Seiende, mit dem wir es zu tun haben, mit dem Leben Anderer untrennbar verbunden ist. Auch dann, wenn wir als Autisten oder Eremiten leben, sind wir auf die Welt und die Anderen angewiesen, um leben zu können. Bereits in unserem Denken und Wahrnehmen sind wir wechselseitig mit ihnen verbunden. Wir sind in unserer Lebenswelt weder von den Objekten noch von den Subjekten isoliert.

• Beides, unser Verhältnis zur Welt und zu den Anderen, ist (c) durch unser Verhältnis zu uns selbst als zeitliches, und das heißt endliches Lebewesen bestimmt. Normalerweise leben wir, wie Heidegger analysiert, nicht im Bewusstsein unserer Endlichkeit, sondern wie «man» lebt: «Die Öffentlichkeit des alltäglichen

Miteinander ‹kennt› den Tod als ständig vorkommendes Begeg-
nis, als ‹Todesfall›. Dieser oder jener Nächste oder Fernstehende
‹stirbt›. Unbekannte ‹sterben› täglich oder stündlich. (...) Die
öffentliche Daseinsauslegung sagt: ‹man stirbt›, weil damit jeder
andere und man selbst sich einreden kann: je nicht gerade ich.»
(S. 252 f.). Wir verstehen uns nur dann «eigentlich», wenn wir
unser Dasein als zeitliche, das heißt als endliche Existenz verstehen, wie Heidegger an Kierkegaards Existenzphilosophie
anknüpft. Allerdings zieht er daraus keine lebenspraktischen
Konsequenzen, weil ihn die menschliche Praxis nicht interessiert. Ihm geht es vornehmlich um die allgemeine Struktur oder
die «Existenzialien» des menschlichen Daseins. Daher war sein
un-ethisches und un-politisches Denken von Anfang für eine
ideologische Deutung anfällig.

Was ist mit den drei Bestimmungen (a), (b) und (c) für die Überwindung des Monopolanspruchs des wissenschaftlichen Wissens gewonnen? Wir leben, so hat Heideggers phänomenologische Existenzanalyse gezeigt, als endliche Wesen im Umgang
mit dem ebenfalls endlichen Seienden in der Welt und mit den
Anderen. Käme dagegen allen drei, uns selbst, den Dingen und
den Anderen, nur ein quantifizierbares Sein ohne zeitliche Ein-
grenzung zu, wäre alles drei zusammen nichts anderes als ein
funktionales Gesamtsystem funktionaler Subsysteme. Alle drei
Teilsysteme ließen sich aus der Außenperspektive wissenschaftlich beschreiben und optimal steuern. Das Ergebnis der wissenschaftlichen Analyse sollen «richtige» Sätze sein, die mit der
Wirklichkeit «übereinstimmen». Aus der Daseinsanalyse dagegen ergibt sich, dass wir nicht in einer Subjekt-Objekt-Trennung,
sondern in einer Verbindung mit der Wirklichkeit leben. Was
etwas oder jemand *ist*, hat sich in unserem Umgangswissen in
der Welt erschlossen. Auch Wahrheit ist nicht eine erst nach-
trägliche Übereinstimmung mit einer von uns getrennten Welt,
sondern ein Aufdecken unseres Bezugs zur Welt. Wir sind im
Umgang mit Personen und Dingen in der Welt auf etwas gerich-

tet, das sich uns von sich her in seinem Sein erschließt und insofern wahr ist, das heißt «unverborgen» (griech. *a-lethés*, unverborgen, wahr). Für seine ungewöhnliche Wahrheitsdefinition gebraucht Heidegger das Beispiel vom schiefen Bild an der Wand: «Es vollziehe Jemand mit dem Rücken gegen die Wand gekehrt die wahre Aussage: ‹Das Bild an der Wand hängt schief.› (…) Worauf ist der Aussagende, wenn er – das Bild nicht wahrnehmend, sondern nur ‹vorstellend› – urteilt, bezogen? (…) Jede Interpretation, die hier irgend etwas anderes einschiebt, das im nur vorstellenden Aussagen soll gemeint sein, verfälscht den phänomenalen Tatbestand dessen, worüber ausgesagt wird. Das Aussagen ist ein Sein zum seienden Ding selbst. Und was wird durch die Wahrnehmung ausgewiesen? Nichts anderes als *daß* es das Seiende selbst *ist*, das in der Aussage gemeint war. Zur Bewährung kommt, daß das aussagende Sein zum Ausgesagten ein Aufzeigen des Seienden ist, *daß* es das Seiende, zu dem es ist, *entdeckt*.» (S. 217 f.)

Darauf, wie die «Bewährung» erfolgt, geht Heidegger nicht ein, es lässt sich allerdings seiner Analyse des Gebrauchswissens entnehmen: Wenn sich das gemeinte Bild an der Wand *als* Bild betasten und nach Augenmaß oder mit einer Wasserwaage geraderücken lässt, dann hat sich unsere Aussage als wahr herausgestellt (erfahrene Praxis); wenn ein Gesetz allgemeine Zustimmung findet und die erhofften Wirkungen zeigt, haben sich die entsprechenden Aussagen ebenfalls als wahr erwiesen (soziale Praxis). Auch Aussagen über «Gehirnströme» oder über «elektrische Ladungen» sind nicht abhängig von der menschlichen Praxis oder Existenz, sondern werden in Testreihen erprobt (experimentelle Praxis). Was ein blühender Baum oder andere Menschen wirklich *sind*, erkennen wir nicht aus der Außenperspektive der Wissenschaft erst nachträglich durch die Methoden des Messens, Zählens und Wiegens, sondern indem wir mit ihnen umgehen und sie zu verstehen versuchen. Ihre Wahrheit ist auf die menschliche Existenz bezogen: «Wahrheit ‹gibt es› nur, sofern und solange Dasein ist.» (S. 226)

Diese Auffassung von Wahrheit hat es mit zwei Schwierigkeiten zu tun. Zum einen muss sich Heidegger mit dem Relativismus-Problem befassen, zum anderen mit dem Problem «ewiger Wahrheiten». Seine Lösung beider Probleme zusammen versucht er am Beispiel der «Gesetze Newtons» (S. 226 f.) zu zeigen. Entdecktheit, so zum ersten Problem, bedeutet nicht, dass das Entdeckte in seiner Geltung vom Entdecker abhängig ist. Das «schiefe Bild an der Wand» hing bereits vor und unabhängig von seinem Entdecker schief an der Wand und wurde als Phänomen, das von sich her so ist, entdeckt. Auch die Gesetze Newtons, ebenso «der Satz vom Widerspruch, jede Wahrheit überhaupt», zeigen sich «gerade als das Seiende, das vordem schon war». Wahrheit entzieht sich demnach, so Heidegger, «dem ‹subjektiven› Belieben und bringt das entdeckende Dasein vor das Seiende selbst». Auch die «ewigen Wahrheiten» der Naturgesetze, «die Gesetze Newtons», oder der Logik, «der Satz vom Widerspruch», sind nur insofern «ewig», als «in alle Ewigkeit Dasein war und sein wird». Ohne Beweis für die Ewigkeit von Dasein aber bleibt die Behauptung von «ewigen Gesetzen», so Heidegger, lediglich «eine phantastische Behauptung». Dies bedeutet jedoch nicht, dass Newtons Gesetze nur relativ oder beliebig gelten. Ihre Geltung wird vielmehr durch das endliche Dasein erst erschlossen oder aufgedeckt.

Was ist mit Heideggers Rückbindung von Wahrheit an das menschliche Dasein gewonnen? Es könnte scheinen, als ob der alte ontologische und erkenntnistheoretische Streit, der seit Platons Höhlengleichnis die Philosophie beschäftigt (vgl. Kapitel 3), ein bloß innerakademischer Streit sei, der unsere Lebenswelt nicht weiter berührt. Denn egal, was die Philosophie oder die Wissenschaft, auch eine spezielle «wissenschaftliche Philosophie», *als* Wirklichkeit ansehen, für uns bleibt in unserer Lebenswelt «sonnenklar», wie Heidegger feststellt: Der blühende Baum ist ein blühender Baum, und wir selber sowie die Anderen sind eine lebendige, sterbliche Person. Wir leben naiv in den zwei Welten unserer vermeintlich wissenschafts-freien Lebenswelt und der vermeintlich lebenswelt-freien Welt der Wissenschaft. Gegenwärtig aber, seit Heideggers Analysen aus *Sein und Zeit* (1927) und seit seiner Kritik am szientistischen Deutungsmonopol in seiner Vorlesung (1951/52), hat der Streit um den Deutungsanspruch von Wirklichkeit schon längst die innerakademischen Grenzen überschritten und ist zu einem realen Problem in der Lebenswelt von jedermann geworden. Theoretisch mag uns zwar weiterhin relativ egal sein, was «der blühende Baum» und was wir selber als «Mensch» wirklich sind. Faktisch aber wird die wissenschaftliche Weltsicht auch in unserer Lebenswelt zunehmend, wie Heidegger in seiner Vorlesung festgestellt hatte, als Monopol anerkannt. Dies hat spürbare praktische Konsequenzen in unserem quantifizierten Umgang mit der Welt, den Anderen und uns selbst. Heideggers Analysen dagegen können den Vorrang der Erste-Person-Perspektive vor der Dritte-Person-Perspektive, wie heute unterschieden wird, überzeugend begründen. Ohne Rückbindung von Wahrheit an das Dasein wären wir selbst und die Phänomene nichts anderes als manipulierbare und ökonomisch verwertbare Quantitäten ohne eigene Qualitäten oder «Qualia». Alles wäre, in Kants Sprache, nur Mittel, kein Selbstzweck (vgl. Kapitel 8). Unser Denken und Leben insgesamt hätte keinen erkennbaren Bezug mehr zu uns selbst.

Mit seiner Kritik daran, wie «man» ohne Bezug zur Zeitlichkeit und Endlichkeit des Menschen und der Welt denkt und lebt, tut Heideggers Philosophie in *Sein und Zeit* dem szientistischen Denken des Zeitgeistes weh. Das unkritische, politisch anstößige Seins-Denken des späteren Heidegger aber, wie es seit 2014 in aller Deutlichkeit seine Tagebuchaufzeichnungen in den *Schwarzen Heften* dokumentieren, tut einem Denken weh, das sich der Aufklärung verpflichtet fühlt. Der «gemeine Menschenverstand» kann auch ohne Heideggers Daseinsanalyse den blühenden Baum und den sterblichen Menschen als Person würdigen und sich der Allmacht des quantifizierenden Denkens entziehen. Allerdings ist Heideggers Denken für die philosophischen «Schulen», wie Kant unterscheidet (vgl. Kapitel 8), und für einen dominierenden Zeitgeist eine unverzichtbare Provokation und trotz aller Vorbehalte eine Bereicherung ihrer Argumentation, und er ist eine Stärkung des «gemeinen» oder lebensweltlichen «Menschenverstandes». In praktischer Hinsicht kann der phänomenologische Weltzugang des früheren Heidegger in *Sein und Zeit* gegenwärtige Tendenzen zu einem nachhaltigen Umgang mit der Natur, zu sanften Technologien, zu einer entschleunigten Lebensweise und zu qualitativen Forschungsmethoden argumentativ unterstützen.

10. Wozu brauchen wir Urteilskraft?
Hannah Arendts *Denken ohne Geländer*

Damit kommen wir zu einer anderen der grundsätzlichen Fragen, die in allen diesen Nachkriegsprozessen und natürlich auch im Eichmann-Prozeß berührt wurde und um die sich zu streiten lohnen würde. Sie betrifft das Wesen und das Funktionieren der menschlichen Urteilskraft. Was wir in diesen Prozessen fordern, ist, dass Menschen auch dann noch Recht von Unrecht zu unterscheiden fähig sind, wenn sie wirklich auf nichts anderes mehr zurückgreifen können, als auf das eigene Urteil, das zudem unter solchen Umständen in schreiendem Gegensatz zu dem steht, was sie für die einhellige Meinung ihrer gesamten Umgebung halten müssen. Und diese Frage ist umso ernster, als wir wissen, dass die wenigen, die unbescheiden genug nur ihrem eigenen Urteil trauten, keineswegs identisch mit denjenigen waren, für die die alten Wertmaßstäbe maßgebend geblieben waren, oder die sich von einem kirchlichen Glauben leiten ließen. Da die gesamte tonangebende Gesellschaft auf die eine oder andere Weise Hitler zum Opfer gefallen war, waren auch diese gesellschaftsbildenden moralischen Maximen und die gemeinschaftsbildenden religiösen Gebote gleichsam verschwunden. Diejenigen, die urteilten, urteilten frei; sie hielten sich an keine Regeln, um unter sie Einzelfälle zu subsumieren, sie entschieden vielmehr jeden einzelnen Fall, wie er sich ihnen darbot, als ob es allgemeine Regeln für sie nicht gäbe.

(Arendt, Eichmann in Jerusalem, 1986, S. 22 f.)

Sie (der Interviewer, E.M.) sprachen vom bodenlosen Denken. Ich habe eine Metapher, die nicht so grausam ist, die ich niemals veröffentlicht, sondern für mich behalten habe. Ich nenne es ‹thinking without a banister›, auf deutsch: ‹Denken ohne Geländer›. Wenn Sie Treppen hinauf- oder heruntersteigen, können Sie sich immer am Geländer festhalten, damit Sie nicht fallen. Das Geländer jedoch ist uns abhanden gekommen. So verständige ich mich mit mir selbst. Und ‹Denken ohne Geländer› ist in der Tat, was ich zu tun versuche.

(Arendt, Denken ohne Geländer, 1972, S. 6)

Hannah Arendt (1906–1975) ist eine Philosophin, von der es heißt: «Sie denkt dahin, wo es weh tut» (Wiebel 2013, S. 143). Sie gehört zu den wenigen Frauen, die in der von Männern dominierten Welt der Philosophie (Hagengruber 1998) durch ihr Eintreten für Freiheit und Gerechtigkeit weltweit Anerkennung gewinnen konnten. Hannah Arendt studierte Philosophie, Griechisch und Theologie, promovierte bei dem Existenzphilosophen Karl Jaspers, wurde als Jüdin von der Gestapo verhaftet, emigrierte 1933 in die USA, war als Journalistin tätig und lehrte an der Princeton University, der University of California und der New York School for Social Research. Hannah Arendts Denken ist geprägt von dem Schock, dass viele angesehene deutsche Intellektuelle Anhänger des Nationalsozialismus wurden. Unter ihnen war auch Martin Heidegger, zu dem sie eine enge Beziehung gehabt hatte, von dem sie sich aber nach dessen Eintritt in die NSDAP abwandte. Sie selber dagegen war, wie ihr Lehrer Karl Jaspers, durchgehend von der Überzeugung geprägt, dass wir Menschen unser Leben in freier Entscheidung gemäß unserem Gewissen zu führen haben.

Mit dem gesellschaftlich-politischen Problem eines «Denkens ohne Geländer» und der notwendigen «Urteilskraft» war Hannah Arendt 1961 als Berichterstatterin zum Eichmann-Prozess für die amerikanische Wochenzeitschrift *The New Yorker* konfrontiert. Ihre dort publizierten Essays erschienen 1963 in überarbeiteter Form als Buch mit dem Titel *Eichmann in Jerusalem: A Report on the Banality of Evil*. Das Buch fand breite Aufmerksamkeit, provozierte aber allein schon durch den Untertitel vor allem viele ihrer jüdischen Freunde. Ihr wurde unterstellt, sie wolle Eichmanns Verbrechen verharmlosen. Der nach Argentinien geflüchtete und unter einem falschen Namen lebende ehemalige SS-Obersturmbannführer Adolf Eichmann wurde dort im Mai 1960 vom israelischen Geheimdienst entführt. Wegen seiner maßgeblichen Beteiligung an der Deportation von Juden in die Vernichtungslager stand er von April bis Dezember 1961 in Jerusalem vor Gericht, wurde zum Tode verurteilt und im Mai 1962 hingerichtet.

Die Ziele und die gesetzliche Grundlage des Prozesses waren zwischen den Anklägern, dem Angeklagten und der Berichterstatterin heftig umstritten. Das Hauptproblem bestand darin, ob Eichmann, der formal nicht die Gesetze des nationalsozialistischen Staates verletzt hatte, dennoch wegen seiner Verbrechen gegen die Menschenrechte verurteilt werden dürfe oder sogar müsse. Arendt warf in ihrem Prozessbericht dem Oberstaatsanwalt Hausner vor, im Sinne des israelischen Ministerpräsidenten David Ben Gurion einen politisch motivierten Schauprozess zu veranstalten: «Nicht ein einzelner sitzt in diesem historischen Prozeß auf der Anklagebank und auch nicht nur das Naziregime, sondern der Antisemitismus im Verlauf der Geschichte.» (Arendt 1986, S. 45) Eichmann und sein Verteidiger dagegen beriefen sich auf die während der Tatzeit gültige Gesetzeslage in Deutschland, nach der die Judendeportationen nicht verboten waren und deren pflichtgetreuer «unschuldiger Vollstrecker» er gewesen sei. (S. 46)

Arendt lässt weder die politische noch die formaljuristische Position gelten, sondern beharrt auf der Verantwortung des Einzelnen. Auf der Anklagebank sitze «immer noch ein einzelner, ein Mensch aus Fleisch und Blut» (S. 47). Eichmann habe sich als konkrete Person schuldig gemacht und den Tod verdient. Er sei aber weder, wie ihn die Anklage hinstelle, ein Ungeheuer noch, wie er sich selbst darstelle, ein unschuldiger Vollstrecker der damaligen Gesetze. Für Eichmanns Verbrechen gegen die «Menschheit» sei nicht ein israelisches Gericht, sondern ein – damals noch nicht existierender – internationaler Gerichtshof die einzige legitime Institution der Anklage. Die zuständigen Richter, so schließt Arendt ihren Bericht ab, hätten daher etwa folgende Worte an Eichmann richten müssen: «So bleibt also nur übrig, daß Sie eine Politik gefördert und mitverwirklicht haben, in der sich der Wille kundtat, die Erde nicht mit dem jüdischen Volk und einer Reihe anderer Volksgruppen zu teilen, als ob Sie und Ihre Vorgesetzten das Recht gehabt hätten, zu entscheiden, wer die Erde bewahren soll und wer nicht. Keinem Angehörigen des Menschengeschlechts kann zugemutet werden, mit denen, die solches wollen und in die Tat umsetzen, die Erde zusammen zu bewohnen. Dies ist der Grund, der einzige Grund, daß Sie sterben müssen.» (S. 329)

Unabhängig von religiösen, moralischen oder gesetzlichen Maßstäben ist für Hannah Arendt in ihrem fiktiven Schlusswort des Prozesses die zentrale Frage, ob wir – als Gesellschaft oder als jeder Einzelne – mit einem Mörder zusammenleben wollen. In ihrem späteren Werk *Vom Leben des Geistes* (1979) sieht sie darin die entscheidende Frage des Gewissens: «Es ist besser, Unrecht zu leiden als Unrecht zu tun, weil man der Freund des Leidenden bleiben kann; doch wer möchte Freund eines Mörders sein und mit ihm leben müssen? Nicht einmal ein anderer Mörder.» (Arendt 1979, S. 186f.) In erster Linie möchte man selbst nicht unentrinnbar mit sich selbst als Mörder zusammenleben. Dabei setzt Arendt voraus, dass die Stimme unseres Gewissens noch nicht gänzlich abgestumpft ist und dass wir uns noch, wie es alltagssprachlich heißt, «im Spiegel angucken» können. Nach Hannah Arendt kann sich niemand durch Berufung auf äußere Instanzen oder geltende Bestimmungen der entscheidenden Gewissensfrage entziehen, wie man leben möchte, sondern jeder muss für sich selbst Verantwortung übernehmen. Dazu bedarf es der Urteilskraft (siehe erster Textauszug): «Diejenigen, die urteilten, urteilten frei», und zwar nicht, indem sie einen einzelnen Fall unter eine feststehende Regel subsumierten, sie «entschieden vielmehr jeden einzelnen Fall, wie er sich ihnen darbot, als ob es allgemeine Regeln für sie nicht gäbe». Mit ihrer Unterscheidung der zwei Arten von Urteilskraft folgt Arendt Immanuel Kant. Dieser unterscheidet zwischen der «bestimmenden» Urteilskraft, die den Einzelfall unter eine allgemeine Regel subsumiert, und der «reflektierenden» Urteilskraft, die beim Einzelfall ohne allgemeine Regeln auskommen muss. Für Hannah Arendt ist die reflektierende Urteilskraft besonders in einer Zeit notwendig, in der «eine ganz außerordentliche Verwirrung in den Elementarfragen des Moralischen» zutage trete. Aus «Literatenkreisen», in denen man Versuchung und Zwang nicht mehr unterscheiden könne, nennt sie als Beispiel den Fall: «Wenn jemand dir die Pistole auf die Brust setzt und dir befiehlt, deinen besten Freund zu erschießen, mußt du ihn eben erschießen»; oder den verständnisvollen Kommentar zum Schwindel eines Universitätsprofessors bei einem TV-Quiz: «Wenn soviel Geld auf dem Spiel steht, wer könnte da widerstehen?» (Arendt 1986, S. 23)

Mit ihrem entschiedenen Eintreten für Urteilskraft und ein Denken ohne Geländer verletzt Arendt ein Denken, das gewohnt ist, sich an feste Regeln oder Denkschablonen zu klammern. Ihr Vorbild ist Platons Sokrates (vgl. Kapitel 2). Denken, so argumentiert sie, führt seit der antiken Aufklärung durch Sokrates nicht zum Stabilisieren, sondern zum Entstabilisieren von Begriffen und von Moral. Für Hannah Arendt ist Sokrates der «Modellfall eines nichtprofessionellen Denkens» über den Gebrauch von alltäglichen Begriffen oder Wörtern, beispielsweise von «Haus»: «Das Wort ‹Haus› ist so etwas wie ein gefrorener Gedanke, den das Denken auftauen muß, wenn es die ursprüngliche Bedeutung erkennen möchte», nämlich «Beherbergen, Wohnen, Eine-Heimstätte-Haben» (Arendt 1979, S. 171). Das sokratische Untersuchen, so Arendt, ist ambivalent. Untersucht man, was das Wort «Haus» bedeutet, «so wird man nicht mehr so leicht die Vorschriften der jeweiligen Mode für sein eigenes Heim akzeptieren», allerdings wird man auch keine neuen festen Lösungen finden und wird – was die Werte betrifft – in die Gefahr eines Nihilismus geraten: «In dem Kreis um Sokrates gab es Leute wie Alkibiades und Kritias – weiß Gott nicht die schlechtesten seiner sogenannten Schüler –, die sich zu einer wirklichen Gefahr für die polis entwickelten (...), weil die Stechfliege sie aktiviert hatte, und zwar zu Zügellosigkeit und Zynismus. (...) Wenn wir nicht definieren können, was Frömmigkeit ist, dann seien wir doch unfromm» (S. 175). Trotz dieser Gefahr beharrt Arendt auf der Forderung: «jedesmal, wenn man in seinem Leben auf eine Schwierigkeit stößt, muß man neu überlegen» (S. 176).

Als Berichterstatterin des Eichmann-Prozesses befand sich Hannah Arendt selber in der Situation, «neu überlegen» und urteilen zu müssen, ohne sich auf gegebene juristische Regeln stützen zu können. In den fiktiven Abschlussworten der Richter an Eichmann konnte sie allein auf das Gewissen verweisen, um «Recht von Unrecht zu unterscheiden». Das von Arendt praktizierte und jedem abgeforderte «Denken ohne Geländer» tut weh, weil nicht jeder dazu in der Lage ist und sich überfordert fühlt. In der konkreten Anwendung auf den Einzelfall ist die freie Urteilskraft riskant, wie Arendt bitter erfahren musste, als sich ihre jüdischen Freunde und Mitstreiter wie Kurt Blumenfeld, Gershom Scholem oder Hans Jonas von ihr abwandten. Schon der bloße Untertitel ihres Buchs *Ein Bericht von der Banalität des Bösen* rief bei vielen ihrer jüdischen Freunde und in der Öffentlichkeit eine oft geradezu hasserfüllte Reaktion hervor, weil sie es wagte, das Böse als *banal* zu bezeichnen, personifiziert in Adolf Eichmann. Zu dem von Arendt erwarteten Diskurs dagegen waren nach dem Erscheinen ihres Buches viele nicht fähig. Sie missverstanden den Untertitel als Theorie statt als Bericht über den Einzelfall Eichmann: «in dem Bericht selbst kommt die mögliche Banalität des Bösen nur auf der Ebene des Tatsächlichen zur Sprache, als ein Phänomen, das zu übersehen unmöglich war» (S. 15). Außerdem lag Arendt nichts an einer Verharmlosung der Taten und der Person Eichmanns, wie ihr von Kritikern unterstellt wurde. Erst recht lag ihr nichts an einer angeblich gefühllosen Darstellung eines Angeklagten, obwohl er ihr in seiner Aktenversessenheit «sogar komisch» erschien (S. 16). Im Gegenteil, sie sah in der Banalität des Angeklagten sogar ein größeres Unheil als in dessen Bösartigkeit: «Daß eine solche Realitätsferne und Gedankenlosigkeit in einem mehr Unheil anrichten können als alle die dem Menschen vielleicht innewohnenden bösen Triebe zusammengenommen, das war in der Tat die Lektion, die man in Jerusalem lernen konnte. Aber das war eine Lektion und weder eine Erklärung des Phänomens noch eine Theorie darüber.» (S. 16)

Außer durch ihre angebliche Verharmlosung des Phänomens des Bösen oder der bösen Person des Angeklagten erregte Arendt dadurch Anstoß, dass sie den jüdischen Organisationen der Nazizeit und den «Judenräten» in den Vernichtungslagern vorwarf, sie hätten keinen Widerstand, sondern sogar Beihilfe geleistet, etwa durch die Selektion «wertvoller» Juden und durch die stillschweigende Duldung ihrer Vernichtung insgesamt: «Warum habt ihr die Mitarbeit an der Zerstörung eures eigenen Volkes und letztlich an eurem eigenen Untergang nicht verweigert?» (S. 160) Tatsächlich muss man kritisch gegen Arendt einwenden, dass im Zusammenhang ihres Prozessberichts derartige Vorwürfe wohl fehl am Platz waren. Auch hat sie sich, gestützt auf die ihr damals zur Verfügung stehenden Dokumente, in der Einschätzung der Person und Taten Eichmanns getäuscht. Neuere Quellen ergeben ein anderes Bild von ihm. Er war nicht der «banale», realitätsferne Vollstrecker der Deportationen, sondern ein planvoll und zielbewusst agierender Täter (Stangneth 2014).

Dies ändert nichts an Arendts grundsätzlicher Warnung, «daß es im Wesen des totalitären Herrschaftsapparates und vielleicht in der Natur jeder Bürokratie liegt, aus Menschen Funktionäre und bloße Räder im Verwaltungsbetrieb zu machen und sie damit zu entmenschlichen» (S. 16). Die Entmenschlichung durch einen totalitären Herrschaftsapparat oder, wie man heute beobachten kann, durch einen szientistischen Reduktionismus (vgl. Kapitel 9), darf allerdings nicht dazu führen, so die philosophische Überzeugung von Hannah Arendt, «die Verantwortung des Täters für seine Tat im Sinne des einen oder anderen Determinismus hinwegzueskamotieren» (S. 18). In einer Zwangssituation seine Menschlichkeit zu bewahren, ist zweifellos eine fast unmenschliche, aber dennoch notwendige und prinzipiell erfüllbare Forderung, wie Arendt am Beispiel des deutschen Soldaten Anton Schmidt zeigt. Dieser hatte unter Lebensgefahr jüdischen Partisanen zur Flucht verholfen und wurde nach seiner Entdeckung dafür hingerichtet. Hannah Arendt urteilt leidenschaftlich, «daß unter den Bedingungen des Terrors die meisten Leute sich fügen, *einige aber nicht.* (...) Menschlich gesprochen ist mehr nicht vonnöten und kann vernünftigerweise mehr nicht verlangt werden, damit dieser Ort ein Planet bleibt, wo Menschen wohnen können.» (S. 278)

Arendts Fehleinschätzung der Person Eichmanns und ihre in diesem Zusammenhang vielleicht unpassende Kritik am mangelnden Widerstand der Juden machen ihre Forderung eines «Denkens ohne Geländer» und freier «Urteilskraft» keineswegs ungültig. Sie zeigen aber, wie schwer beides durchführbar ist. Hannah Arendt ist vorbehaltlos zuzustimmen, dass wir in unserem persönlichen, gesellschaftlichen und politischen Handeln Urteilskraft benötigen, um dem Einzelfall gerecht zu werden. Dies ist nicht nur dann notwendig, wenn wir keine haltbaren Regeln (mehr) haben, sondern auch dann, wenn wir sie haben oder zu haben meinen. Urteilskraft geht entweder vom Allgemeinen zum Besonderen oder vom Besonderen zum Allgemeinen. Das heißt, wie müssen Einzelfälle unter eine gegebene allgemeine Regel subsumieren oder jeden einzelnen Fall so entscheiden, «als ob es allgemeine Regeln für ihn nicht gäbe» (zweiter Textauszug). Der zweite Typ von Urteilskraft war nach Hannah Arendt von Eichmann und seinen Richtern verlangt. Er ist für sie offensichtlich schwerer zu erfüllen als der erste Typ. Aber auch wer sich im Einzelfall, in dem es beispielsweise um Sterbehilfe geht, auf allgemeine christliche Regeln oder Gesetze des Tötungsverbots beruft, kann nicht mit Sicherheit sagen, ob sich daraus ergibt, dass man in einem konkreten Fall für oder gegen Sterbehilfe sein soll. Selbst jemand, der hierzu eine feste, gut überlegte Position einnimmt, gerät in Ausnahme- oder Grenzsituationen in Zweifel und entscheidet sich häufig ganz anders als vorher von ihm selber erwartet. Wer vorher in seiner Patientenverfügung jede Form von aktiver oder passiver Sterbehilfe entschieden abgelehnt hat, kann später in einer konkreten extremen Situation für sich selbst oder für Verwandte und Freunde doch zumindest eine passive Sterbehilfe akzeptieren. Für einen konkreten Fall mit Hilfe seines Gewissens erst nach einer allgemeinen Regel zu suchen, ist zweifellos am schwersten, einen Einzelfall dagegen nach einer gegebenen allgemeinen Regel zu beurteilen, ist leichter, benötigt aber ebenfalls Urteilskraft. Beide Male kann man nie zu einem sicheren, aber immerhin zu einem weitgehend akzeptierten Urteil kommen. Und manchmal steht man mit seinem Urteil allein.

Mit dem Problem der Urteilskraft hat sich insbesondere Immanuel Kant in der *Kritik der Urteilskraft* (1790) beschäftigt, auf den sich Hannah Arendt in dem zweiten Textauszug indirekt bezieht und mit dem sie sich in ihrer nachgelassenen Schrift *Das Urteilen. Texte zu Kants Politischer Philosophie* (1985, S. 17–111) ausführlich beschäftigt. Ich möchte ihr Beispiel «Was für eine schöne Rose» (S. 25) durch das Beispiel des Sokrates ersetzen und formale, ästhetische und moralische Urteile voneinander unterscheiden.

Der Satz oder das Urteil: «Sokrates ist sterblich», folgt, so Arendt, rein formal in einem syllogistischen Schlussverfahren, das heißt ohne inhaltliche Prüfung, aus der ersten Prämisse: «Alle Menschen sind sterblich» und der zweiten Prämisse des Mittelsatzes: «Sokrates ist ein Mensch»; als Mensch gehört Sokrates per Definition zur Menge aller sterblichen Menschen; dadurch ergibt sich rein formal und zweifellos der Schluss: «Sokrates ist sterblich.» Das ästhetische Urteil dagegen: «Sokrates ist hässlich» ist nicht rein formal gültig, sondern ist inhaltlich je nach den Tatsachen und dem Kriterium von «hässlich» gültig, aber prinzipiell anfechtbar. Mit seiner Glatze, seinen hervorstechenden Augen, seiner Stülpnase und seinem dicken Bauch galt Sokrates nach den damaligen (und wohl auch heutigen) Kriterien von Schönheit übereinstimmend als besonders hässlich, wurde von Alkibiades aber wegen seiner inneren Schönheit gerühmt (Platon, *Symposion*, 216d). War Sokrates also wirklich hässlich? Bei dem moralischen Urteil, so drittens: «Sokrates ist gerecht», ist es in der Regel komplizierter. Zunächst ist zu begründen, was unter «gerecht» zu verstehen ist und welche allgemeinen Eigenschaften hierfür vorliegen sollen. Wenn ein gerechter Mensch in seinem Urteil und Verhalten unvoreingenommen und fair sein soll (Kriterium) und wenn man die Person Sokrates näher kennt (Fakten), wird man dem Urteil sicher zustimmen, kann darüber aber im Zweifelsfall auch streiten. Um ein moralisches und zugleich juristisches Urteil handelt es sich auch im Fall Eichmann. Hier waren allerdings sowohl das Kriterium (gegebene Nazigesetze oder Menschenrechte?) als auch die faktischen Handlungen der Person (unschuldiger Vollstrecker oder verantwortliche Person?) von vorneherein strittig.

Hannah Arendt bezog sich bei ihrer eigenen Stellungnahme auf den Vorrang der Menschenrechte vor der faktischen Gesetzeslage und bei der Beurteilung des Angeklagten auf den Vorrang der individuellen Verantwortlichkeit vor blindem Gesetzesgehorsam. Damit machte sie von der «reflektierenden» Urteilskraft Gebrauch, wie Kant in seiner *Logik* (1800) unterscheidet: «Die Urteilskraft ist zwiefach: die bestimmende oder die reflektierende Urteilskraft. Die erste geht vom Allgemeinen zum Besondern, die zweite vom Besondern zum Allgemeinen.» (*Logik* § 81, A 205/206) Arendts Urteilskraft war «reflektierend», weil sie für die Beurteilung des Einzelfalls Eichmann das gültige Allgemeine erst suchen musste und sich statt für die Nazigesetze auf die Menschenrechte bezog. Ihre Urteilskraft war zusätzlich «bestimmend», weil sie den besonderen Fall Eichmann auf die allgemeinen Menschenrechte bezog, unter die sein

Handeln nicht subsumierbar war. Beide Formen von Urteilskraft mutet sie im Prinzip jedem zu, auch Eichmann hätte davon Gebrauch machen müssen. Daher konnte er sich nicht damit rechtfertigen, er habe nur als Rädchen im Getriebe pflichtgemäß die Befehle ausgeführt. Schon gar nicht konnte er sich auf Kants Kategorischen Imperativ berufen, den er, so Arendt, «zu jedermanns Überraschung» ziemlich genau vortragen konnte: «Das verstand ich darunter, daß das Prinzip meines Wollens und das Prinzip meines Strebens so sein muß, dass es jederzeit zum Prinzip einer allgemeinen Gesetzgebung erhoben werden könnte.» (Arendt 1986, S. 174) Allerdings hatte er sich, so Arendt, Kants allgemeines Sittengesetz als allgemeines Gesetz des Dritten Reiches so zurechtgelegt, dass er die Neuformulierung des Kategorischen Imperativs durch Hans Frank befolgte: «Handle so, daß der Führer, wenn er von deinem Handeln Kenntnis hätte, dieses Handeln billigen würde.» (S. 174) Eichmann hat nicht nur den Buchstaben, sondern darüber hinaus auch den Geist des Gesetzes im Sinne Hitlers befolgt und ist (nur) insofern Kant gerecht geworden (S. 175).

Mit der Urteilskraft kann man im Einzelfall zu keinem sicheren Ergebnis kommen und muss ein «Denken ohne Geländer» wagen. Ein solches Denken könnte als unzuverlässig erscheinen, ist für Arendt allerdings verlässlicher, als sich an noch so guten Regeln zu orientieren: «Viel verläßlicher werden die Zweifler und Skeptiker sein, nicht etwa weil Skeptizismus gut und Zweifel heilsam ist, sondern weil diese Menschen es gewohnt sind, Dinge zu überprüfen und sich ihre eigene Meinung zu bilden. Am allerbesten werden jene sein, die wenigstens eins genau wissen: daß wir, solange wir leben, dazu verdammt sind, mit uns selber zusammenzuleben, was auch immer geschehen mag.» (Arendt 1991, S. 35) «Mit sich selber zusammen leben» bedeutet für Arendt, nach einer Vorstellung von Menschlichkeit mit sich selbst und anderen leben zu wollen, die Kant mit seinem Kategorischen Imperativ ausdrückt (vgl. Kapitel 8). Die darauf beruhende Fähigkeit, Recht von Unrecht zu unterscheiden und sich sein eigenes Urteil zu bilden, verläuft nach Arendt «quer zu allen sozialen Unterschieden, quer zu allen Unterschieden in Kultur und Bildung» (S. 35). Die Vorstellung von Moralität ist dem Menschen nicht als biologische Anlage oder religiöses Gebot fertig eingegeben. Sie ist vielmehr eine grundsätzliche Fähigkeit zum kooperativen Handeln, die sich evolutionär herausgebildet hat (Bauer 2006, Tomasello 2014) und sich erst durch Prozesse der Erziehung und Urteilspraxis zu einem «Gemeinsinn» (Kant) in den Auffassungen von Recht und Unrecht herausbilden muss. Diese Kultur des Gemeinsinns, so stellt Herbert Schnädelbach fest, «ist uns nicht beigebracht worden wie das Einmaleins, denn sie lässt sich nicht auf allgemeine Prinzipien bringen und exakt definieren; gleichwohl mussten wir in ihr erzogen werden, aber eben nicht durch wissenschaftliche Unterweisung, sondern durch Teilhabe an einer intersubjektiven Urteilspraxis, in der wir unsere Urteilskraft erproben und schärfen konnten.» (Schnädelbach 2006) Schnädelbach fügt hinzu: «Das bedeutet nicht, dass das Wissen hier keine Rolle spiele; man muss sogar ziemlich viel wissen, um auf einem bestimmten Gebiet mitreden zu können. Aber dieses Wissen muss vor allem aus der Erfahrung stammen, das heißt aus dem Umgang mit dem konkreten Einzelfall.»

Außer Erziehung, Übung in gemeinsamer Urteilspraxis und Erfahrungswissen braucht man auch bei einem «Denken ohne Geländer» Regeln oder Maßstäbe, etwa die Menschenrechte, das Grundgesetz, religiöse und moralische Werte sowie Rechtsvorschriften. Auch Arendt behauptet keineswegs, dass wir auf Regeln verzichten können, sondern sagt, dass auch noch so gute Regeln nicht ohne Urteilskraft auskommen. Es gibt kein Regelwerk, wie sich im Einzelfall das Besondere zum Allgemeinem oder das Allgemeine zum Besonderen verhält, weil jeder Einzelfall anders und jede Regel auslegungs- und revisionsbedürftig ist. Daher brauchen wir beides: ein Denken mit Geländern für unstrittige Fälle und ein Denken ohne Geländer in strittigen Fällen oder in Ausnahmesituationen, aber selbst in Alltagssituationen. Nicht jeder kommt wie Eichmann in die Lage, in der er sich zugunsten von Menschlichkeit über Gesetze und Befehle hätte hinwegsetzen müssen, aber jeder muss tagtäglich in ästhetischen und moralischen Fragen urteilen, angefangen bei der Wahl seiner Kleidung bis hin zu der Entscheidung, wofür er sein Geld ausgeben oder anderen helfen sollte. Hierfür gibt es nicht immer feste Regeln, aber man muss sich trotzdem angemessen entscheiden.

In einem abschließenden Gedankenexperiment kann man sich überlegen, ob Hannah Arendt von Platon in den Kreis der Philosophenherrscher des *Staates* aufgenommen worden wäre (vgl. Kapitel 3). Dass sie eine Philosophin und kein Philosoph war, wäre für Platon kein Hindernis gewesen. Denn in seinem Entwurf eines Idealstaates betont Platons Sokrates zum Schluss des Bildungsgangs für die zukünftigen Philosophenherrscher, dass auch «Herrscherinnen» dazugehören, wenn sie «von tüchtiger Natur» sind (*Staat* VII, 540c). Auch als Sokratikerin, die sich letztlich auf ihr Gewissen und freies Denken statt auf feste Regeln beruft, hätte Arendt in Platons sonst recht rigidem Regelwerk seines späten Opus *Gesetze* eine wichtige Aufgabe zu erfüllen. Sie würde in den «nächtlichen Rat» der siebenunddreißig Gesetzeshüter gehören, die keine ausführende, sondern eine kontrollierende Funktion bei der Ausübung der bestehenden Gesetze hat (*Gesetze* VI, 752e–755b). Gesetze oder Regeln können auch nach Platon lediglich als zweitbeste, provisorische Lösung gelten und bedürfen einer zusätzlichen Beratung oder, wie man mit Hannah Arendt auch sagen kann, der «Urteilskraft». Als Beispiel einer derartigen Beratungspraxis kann der sokratische Frühdialog *Kriton* der Frage gelten, ob Sokrates aus dem Gefängnis fliehen dürfe oder nicht (vgl. Kapitel 2). In Platons *Politikos* ferner geht es im Gespräch des «Fremden» mit Sokrates, dem «Jüngeren», allgemein um das Verhältnis von Regeln und Urteilskraft:

«FREMDER: Auf gewisse Weise nun ist wohl offenbar, daß zur königlichen Kunst die gesetzgebende gehört; das beste aber ist, wenn nicht Gesetze die Macht haben, sondern der mit Einsicht königliche Mann. Weißt du weshalb?

SOKRATES D. J.: Sage, weshalb du meinst.

FREMDER: Weil das Gesetz nicht imstande ist, das für alle Zuträglichste und Gerechteste genau zu umfassen und so das wirklich Beste zu befehlen. Denn die Unähnlichkeit der Menschen und der Handlungen, und daß niemals irgend etwas sozusagen Ruhe hält in den menschlichen Dingen, dies gestattet nicht, daß irgendeine Kunst in irgend etwas für alle und zu aller Zeit Einfaches hinstelle. Das geben wir wohl zu?

SOKRATES D. J.: Wie sollten wir nicht?

FREMDER: Das Gesetz aber sehen wir doch, daß es eben hiernach strebe, wie ein selbstgefälliger und ungelehriger Mensch, der nichts will anders als nach seiner eigenen Anordnung tun und auch niemanden weiter anfragen lassen, auch nicht, wenn für jemanden etwas Neues etwas besser ist außer der Ordnung, die er selbst festgestellt hat.

SOKRATES D. J.: Richtig. Genauso, wie du jetzt gesagt hast, macht es das Gesetz uns allen.»

(Platon, Politikos, 294a–c)

Natürlich können wir nicht wissen, ob Platon im Einzelfall der Berufung einer Frau und Sokratikerin wie Hannah Arendt in den Kreis der Philosophenherrscher zugestimmt hätte, und wenn er es getan hätte, ob er ihr mehr als ein beratendes Minderheitenvotum zugebilligt hätte. Und wir können genauso wenig wissen, ob Arendt einen solchen Ruf angenommen hätte. Auf jeden Fall aber hätte die Rolle einer Denkerin ohne Geländer, die verstehen möchte, was politisch geschieht, und einer Stechfliege, die den Herrschenden und Bürgern mit ihrem Philosophieren wehtut, zu ihrem Denken und Leben gepasst. Und sie hätte sicher versucht, Platons Philosophenherrschaft durch demokratische Entscheidungsformen abzulösen, in denen jeder zum Selbstdenken und zu eigenem Urteilen aufgefordert ist.

Hannah Arendt philosophierte im Spannungsfeld von einer *Vita activa* und einem *Leben des Geistes,* wie ihre beiden Hauptwerke heißen. Aus Misstrauen gegenüber einer Philosophie, die sich möglicherweise ein Monopol des richtigen Denkens anmaßt, wollte sie für sich selber den Titel «Philosoph» nicht führen: «weder kann noch möchte ich als ‹Philosoph› gelten oder zu denen gezählt werden, die Kant nicht ohne Ironie die ‹Denker von Gewerbe› nannte» (Arendt 1989, S. 13). Arendt hat jedem, auch einem Eichmann, das Denken ohne Geländer zugemutet, zugleich aber den «Denkern von Gewerbe» ein Monopol des Denkens abgesprochen und somit deren Selbstüberschätzung wehgetan. Auch Platons Philosophenherrscher wären davon betroffen. Ihnen hätte sie – wie es auch Kant getan hat – lediglich eine beratende Stimme in der Politik und in der Öffentlichkeit zugestanden. Denn für das «Denken ohne Geländer» ist nichts als der Gebrauch seines Gewissens, seines gesunden Menschenverstandes und seiner fünf Sinne erforderlich, zu dem im Prinzip jeder Mensch fähig ist.

II. Wem kann Philosophie heute noch wehtun? Harry G. Frankfurts *Bullshit* und Philosophie in der Öffentlichkeit

(...) der Lügner verbirgt vor uns, daß er versucht, uns von einer korrekten Wahrnehmung der Wirklichkeit abzubringen. Wir sollen nicht wissen, daß er uns etwas glauben machen möchte, was er selbst für falsch hält. Der Bullshitter hingegen verbirgt vor uns, daß der Wahrheitswert seiner Behauptung keine besondere Rolle für ihn spielt. Wir sollen nicht erkennen, daß er weder die Wahrheit sagen noch die Wahrheit verbergen will. (...) Es ist ihm gleichgültig, ob seine Behauptungen die Realität korrekt beschreiben. Er wählt sie einfach so aus oder legt sie sich so zurecht, daß sie seiner Zielrichtung entsprechen. (...) Bullshit ist immer dann unvermeidbar, wenn die Umstände Menschen dazu zwingen, über Dinge zu reden, von denen sie nichts verstehen. Die Produktion von Bullshit wird also dann angeregt, wenn ein Mensch in die Lage gerät oder gar verpflichtet ist, über ein Thema zu sprechen, das seinen Wissensstand hinsichtlich der für das Thema relevanten Tatsachen übersteigt. Diese Diskrepanz findet sich häufig im öffentlichen Leben, in dem Menschen sich – aus eigenem Antrieb oder auf Aufforderung anderer – oft gedrängt sehen, sich eingehend über Gegenstände auszulassen, von denen sie wenig Ahnung haben. In dieselbe Richtung wirkt die weitverbreitete Überzeugung, in einer Demokratie sei der Bürger verpflichtet, Meinungen zu allen erdenklichen Themen zu entwickeln oder zumindest zu all jenen Fragen, die für die öffentlichen Angelegenheiten von Bedeutung sind. Das Fehlen jedes signifikanten Zusammenhangs zwischen den Meinungen eines Menschen und seiner Kenntnis der Realität wird natürlich noch gravierender bei einem Menschen, der es für seine Pflicht als moralisch denkendes Wesen hält, Ereignisse und Zustände in allen Teilen der Erde zu beurteilen.

Die gegenwärtige Verbreitung von Bullshit hat ihre tieferen Ursachen auch in diversen Formen eines Skeptizismus, der uns die Möglichkeit eines zuverlässigen Zugangs zur objektiven Realität abspricht und behauptet, wir könnten letztlich gar nicht erkennen, wie die Dinge wirklich sind. Diese ‹antirealistischen› Doktrinen untergraben unser Vertrauen in den Wert unvoreingenommener Bemühungen um die Klärung der Frage, was wahr und was falsch ist, und sogar unser Vertrauen in das Konzept einer objektiven Forschung.

(Frankfurt, Bullshit, 2006, S. 62 f., 70–72)

«Das muss jeder selber wissen!» Diesen Spruch hört man in letzter Zeit immer häufiger von Jugendlichen und Erwachsenen, im privaten und im öffentlichen Bereich. Oft ist damit ein Misstrauen gegenüber vermeintlichen Autoritäten verbunden, auch ein Anspruch auf Autonomie. So verstanden, drückt der Satz vor allem bei Jugendlichen eine trotzige Haltung gegenüber allen vermeintlichen Besserwissern aus, egal ob Eltern, Lehrern oder Politikern. Das klingt gut und vernünftig – Sokrates und andere Stechfliegen würden sich freuen. Oft aber schwingt in dem Satz: «Das muss jeder selber wissen!» nicht der Anspruch auf Autonomie, sondern eine Haltung mit, die der amerikanische Philosoph Harry G. Frankfurt (geb. 1929) «Bullshit» nennt. Damit ist die grundsätzliche Haltung der Beliebigkeit und des Relativismus gemeint, nach der alles, was wir sagen und tun, letztlich egal und gleich-gültig ist. Oder flapsig gesagt: «Ach, is’ egal!»

Mit «Bullshit» meint Frankfurt nicht den umgangssprachlichen «Unsinn» oder «Blödsinn», wie man oft die Meinung Andersdenkender abqualifiziert. Vielmehr meint er in seinem gleichnamigen schmalen Buch *Bullshit* (2006) eine grundsätzliche, heute weit verbreitete Haltung, die jedem Bemühen um Wahrheit gleichgültig gegenübersteht. Unter einem «Bullshitter» versteht Frankfurt jemanden, dem es schlicht egal ist, ob das, was er selber oder jemand anderer sagt, wahr oder falsch ist. Er legt nur Wert darauf, selber andere zu beeindrucken und Recht zu haben. In einer Medien-Gesellschaft, in der Politiker, Geschäftsleute, Werbeleute oder sonstige Meinungsmacher in erster Linie an Effekten, weniger an Wahr und Falsch interessiert sind, sei Bullshit gefragt, nicht das Bemühen um Wahrheit. Vor allem öffentliche Personen, so erklärt Frankfurt die weite Verbreitung von Bullshit, müssen in den Medien über alles Mögliche ein schnelles Urteil abgeben, ohne ihre Behauptungen ausreichend prüfen zu können oder auch nur zu wollen. Während der Lügner weiß oder zumindest zu wissen meint, was wahr und falsch ist, dem anderen aber wider besseres Wissen um eines Vorteils willen darin täuschen will, ist dies dem Bullshitter egal. Er redet einfach daher oder, umgangssprachlich gesagt, er labert.

Die grundsätzliche Missachtung der Realität, das heißt von Fakten und Argumenten, kann, so Frankfurt, für das private und öffentliche Handeln gefährlich werden, weil damit der Verlässlichkeit gemeinsamen Handelns das Fundament entzogen wird. Wer ohne Beachtung der Realität redet und handelt, kann sich selber und anderen schweren Schaden zufügen, am deutlichsten in technischen, wirtschaftlichen und gesundheitlichen Fragen, aber auch in moralisch-rechtlichen und in politischen. Selbst eine objektive Forschung oder Wissenschaft, die Basis unserer wissenschaftlich-technischen Welt, wäre unmöglich. Außer im medialen und demokratischen Meinungs- und Redezwang sieht Frankfurt die tiefere Ursache für den heute weit verbreiteten Bullshit in der erkenntnistheoretischen Prämisse von «diversen Formen eines Skeptizismus, der uns die Möglichkeit eines zuverlässigen Zugangs zur objektiven Realität abspricht. (...) Diese ‹antirealistischen› Doktrinen untergraben sogar unser Vertrauen in das Konzept einer objektiven Forschung.» (siehe Textauszug)

Wie weit die Theorie oder Lehre eines Skeptizismus tatsächlich die Öffentlichkeit beeinflussen kann, ist schwer nachzuweisen. Eher ist eine Wechselwirkung von allgemeinem Zeitgeist und akademischer Philosophie vorstellbar, die «ihre Zeit in Gedanken erfasst» (Hegel), aber mit ihren Gedanken wiederum auch ihre Zeit mitprägen kann. Einem *erkenntnistheoretischen* Skeptizismus, so sei unterschieden, ist alles egal oder gleichgültig, da wir keine empirischen Fakten, logischen und naturwissenschaftlichen Gesetze sowie moralischen Gebote erkennen können; ein *ontologischer* Skeptizismus zieht daraus den Schluss, dass es sie auch nicht gibt: was wir nicht erkennen können, gibt es nicht. Im Alltag, in der Politik und sogar in der Wissenschaft hätte derjenige Recht, der die größte Macht oder Anhängerschaft auf seine Seite bringt und sich weder um eine Prüfung seiner Aussagen noch seiner Prämissen kümmert. Auch Philosophie könnte dann mit ihren elementaren Fragen und Antworten niemandem mehr wehtun und wäre nichts anderes als bloß «Philosophie».

Zu den skeptischen oder antirealistischen Doktrinen ist auch, wie man Frankfurts Analyse ergänzen muss, der sogenannte radikale Konstruktivismus zu zählen. Nach ihm ist nicht nur unsere Auffassung von Realität oder Wirklichkeit bloß subjektiv, sondern auch die Wirklichkeit selbst ist nichts anderes als unsere Konstruktion – es gibt sie gar nicht. Eine derartige Auffassung kommt, wie der Münchner Philosoph Julian Nida-Rümelin bemerkt, einer pubertären Trotzhaltung entgegen: «Ältere Kinder und Jugendliche nehmen (…) oft, zumindest für eine gewisse Zeit, eine konstruktivistische Haltung ein, die es ihnen erspart, sich damit auseinanderzusetzen, was – objektiv – für eine bestimmte Überzeugung, eine bestimmte Handlung spricht. Dieser ‹pubertäre› Konstruktivismus ist attraktiv, weil er erlaubt, die eigenen subjektiven Meinungen der Kritik zu entziehen» (Nida-Rümelin/Weidenfeld 2012, S. 42). Die Bullshit-Haltung ist nicht nur ein entwicklungspychologisches, sondern auch ein erkenntnistheoretisches Problem, wie Frankfurt behauptet; zweifellos würde dem auch Nida-Rümelin zustimmen. Die Frage, was Erkenntnis und was Wirklichkeit heißt, beschäftigt die Philosophie seit ihrem Beginn, etwa in dem Homo-mensura-Satz des Protagoras und in Platons Höhlengleichnis (vgl. Kapitel 3).

Selbst wenn niemand in seinem eigenen Handeln ein konsequenter Anti-Realist ist und lieber eine Brücke benützt, die von erfahrenen Ingenieuren statt von Poeten oder Zauberkünstlern gebaut wurde, untergräbt die grundsätzliche Bullshit-Haltung unser Vertrauen in die Forschung und in das Streben nach Erkenntnis jeder Art. Daher muss man ihn auf jeden Fall gründlich prüfen. Zunächst muss man den radikalen Konstruktivisten wie Watzlawick, von Foerster oder von Glasersfeld zugeben, dass die gängige Erkenntnistheorie und Alltagsauffassung von der notwendigen Übereinstimmung von Erkenntnis und Wirklichkeit daran scheitert, dass sie zirkulär ist: Um eine derartige Übereinstimmung feststellen zu können, müsste die Wirklichkeit bereits bekannt sein, mit der unsere Erkenntnis dann auf ihr Übereinstimmen hin verglichen werden soll. Im Sinne der Übereinstimmungs-These ist Erkenntnis tatsächlich nicht möglich. Auch ein Konstruktivist allerdings kann die Realität nicht leugnen und diese nicht beliebig deuten, wenn er erfolgreich handeln will. Unsere Aussagen müssen «viabel» oder «gangbar» (lat. *via*, der Weg) sein, wie von Glasersfeld selber fordert. «‹Brauchbar› oder ‹viabel› aber nennen wir in diesem Zusammenhang eine Handlungs- oder eine Denkweise, die an allen Hindernissen vorbei (den ontischen wie den aus den Handlungen selbst erwachsenden) zum erwünschten Ziel führt.» (Glasersfeld 1992, S. 30) Wir müssen und können durch das Scheitern und Gelingen von Handlungen feststellen, dass es eine unabhängig von uns bestehende Wirklichkeit gibt, die ein bestimmtes Handeln ermöglicht oder eben auch nicht. Daher müsse auch, so von Glasersfeld, ein Konstruktivist «zwischen ‹Illusion› und ‹Wirklichkeit›, zwischen ‹subjektivem› und ‹objektivem› Urteil unterscheiden» (S. 32).

Ein blinder Wanderer, so Glaserfelds Beispiel, kann bei einer Wanderung durch den Wald nicht auf einer Karte ablesen, ob und wie seine Karte mit der Wirklichkeit übereinstimmt, sondern muss an den Bäumen und anderen Hindernissen vorbei einen gangbaren Weg finden. Ein blinder Wanderer allerdings, so kann man das Beispiel kritisieren, kann in einer gefährlichen Gegend nur unter großem Risiko selbst einen Weg finden. Das Beispiel vom blinden Wanderer sollte man daher durch das Beispiel eines sehenden Wanderers ersetzen, der mit Hilfe seiner fünf Sinne und kluger Überlegung realistische Chancen hat, einen passenden Weg zu finden.

Die immer nur begrenzte, aber durchaus mögliche Erfahrung und Erkenntnis von Wirklichkeit drückt auch Buddhas Gleichnis von den Blinden und dem Elefanten aus. Es gibt verschiedene Versionen dieses Gleichnisses, sie alle aber haben etwa denselben Inhalt (Buddha 2014). Ein Großkönig, der Raja, gibt blind geborenen Männern den Auftrag, einen Elefanten zu untersuchen. Anschließend fragte er sie: «Ihr habt einen Elefanten erlebt, ihr Blinden?» – «So ist es Majestät. Wir haben einen Elefanten erlebt.» – «Nun sagt mir, ihr Blinden: Was ist denn ein Elefant?» Darauf, so heißt es bei Buddha, versicherten sie ihm, der Elefant sei wie ein Topf (der Kopf), ein weicher Korb (das Ohr), eine Pflugschar (der Stoßzahn), ein Kornspeicher (der Körper), eine Säule (das Bein) oder eine Bürste (die Schwanzspitze). In der Tat lässt sich der Elefant in verschiedenen Hinsichten erfahren und erkennen. Den Elefanten gibt es wirklich, auch wenn jeder Einzelne eine unterschiedliche Vorstellung von ihm haben mag, wenn sie sich nur praktisch bewährt. Manches aber kann man von ihm nicht behaupten: beispielsweise dass man mit ihm fliegen kann, auch wenn sich seine großen Ohren als Flügel deuten lassen könnten; ferner dass er in der Sonne zerschmilzt, auch wenn seine Haut ganz weich werden kann; oder dass er ein Klavier ist, auch wenn er laute Töne von sich gibt.

Wir können nach einer geglückten Wanderung durch den Wald anschließend für andere auf einer Karte verzeichnen, wo keine Hindernisse oder «Gegenstände» zu befürchten sind und welche erfolgreiche Möglichkeit eines Weges es gibt. Auch könnte man auf Grund der Erfahrungen der Blinden ein Bild zeichnen, was ein Elefant ist, wie er aussieht und was man mit ihm machen kann. Die Wirklichkeit ist zwar nicht an sich erkennbar, aber es ist für uns erfahrbar, welche Handlungen oder Wege in ihr real möglich sind und welche nicht. Nicht jeder Weg führt zum gewünschten Ziel, sondern nur der Weg, der in der erfahrbaren Realität «passt». Die Redewendung: «Passt schon!», die vor allem in den Alpengebieten oft als leere Phrase im Sinne von «stimmt schon» oder «okay» verwendet wird, drückt ursprünglich die Erfahrung eines passenden Weges in den Bergen aus. Der Konstruktivismus entpuppt sich als Pragmatismus, der Wahrheit nicht als Übereinstimmung mit der Realität, sondern als Bewährung durch die erfahrene Realität versteht (vgl. Kapitel 3).

Es gibt somit einen dritten Weg zwischen einem Erkennen, das auf einer Übereinstimmung mit der Wirklichkeit beruht, und einer Beliebigkeit, nach der es überhaupt kein Erkennen und Wissen gibt. Diese Möglichkeit ist die bereits von Platons Sokrates vertretene Auffassung: Wissen ist eine möglichst gut begründete, und das heißt bewährte wahre Meinung. Sie beruht auf der korrigierbaren Erfahrung von Fakten durch Experimente, praktisches Handeln und Argumente. Auch wenn wir die Wirklichkeit nie an sich erkennen können, sondern immer nur aus unterschiedlichen Perspektiven erfahren, ist sie als Basis unseres Handelns und Denkens nicht zu leugnen. Wahrheitssuche ist kein bloßer Bullshit, sondern eine reale Möglichkeit, bei der es um die Unterscheidung von Wahrheit, Lüge und Irrtum geht. «Das muss jeder selber wissen» heißt daher nicht, dass jeder denken und handeln kann, wie es *ihm* passt, sondern wie *es für ihn* gemäß den erfahrbaren Strukturen der Wirklichkeit passt, egal ob es dem Einzelnen oder einer zufälligen Gruppe gefällt oder nicht. In diesem Sinne kommt der Satz «Das muss jeder selber wissen!» Kants Maxime der Aufklärung gleich: «Habe Mut, dich deines eigenen Verstandes zu bedienen!»

Selbst wenn man aber den grundsätzlichen Bullshit ablehnt und Wahrheitssuche generell für möglich hält, scheint sie in einer Gesellschaft, die zunehmend funktional organisiert ist und kaum eigenes Denken zulässt, faktisch nicht möglich oder durchführbar zu sein. Der Einwand dagegen, dass sich der grundsätzliche Skeptizismus und Anti-Realismus praktisch selbst widerlege, ist für einen Bullshitter beliebig, weil philosophische Argumente von vorneherein nichts gelten. Auch wird Philosophieren in geschlossenen Handlungs- und Denksystemen abgewehrt, wie sie Dave Eggers in seinem Roman *Der Circle* (2014) beschreibt (vgl. Kapitel 1). Eine Entwicklung zu einer «verwalteten Welt» sah bereits in einem Interview 1970 der Philosoph Max Horkheimer (1895–1973) für eine nahe Zukunft voraus, in der Philosophie als «Kinderangelegenheit der Menschen» gelten werde (Horkheimer 1970, S. 89): «Durch die sich entfaltende Macht der Technik, das Wachstum der Bevölkerung, die unaufhaltsame Umstrukturierung der einzelnen Völker in straff organisierte Gruppen, durch schonungslosen Wettbewerb zwischen den Machtblöcken, scheint mir die totale Verwaltung der Welt unaufhaltbar geworden zu sein. Mit der Wissenschaft und der Technik hat sich der Mensch die ungeheuren Kräfte der Natur unterworfen. Wenn diese Kräfte – zum Beispiel die Nuklear-Energie – nicht zerstörerisch wirken sollen, müssen sie von einer wirklich rationalen Zentralverwaltung in Obhut genommen werden. (...) Zwar wird große Geschäftigkeit herrschen, aber eigentlich sinnlose, also langweilige. Und eines Tages wird man auch die Philosophie als eine Kinderangelegenheit der Menschen betrachten.» (S. 83)

Unter Philosophie versteht Max Horkheimer, der mit Theodor W. Adorno der prominenteste Vertreter der undogmatischen neomarxistischen «Kritischen Theorie» war, eine grundsätzliche «Kritik des Bestehenden. Das bedeutet keine oberflächliche Nörgelei über einzelne Ideen oder Zustände, als ob ein Philosoph ein komischer Kauz wäre. Es bedeutet auch nicht, daß der Philosoph diesen oder jenen isoliert genommenen Umstand beklagt und Abhilfe empfiehlt. Das eigentliche Ziel einer derartigen Kritik ist es zu verhindern, daß die Menschen sich an jenen Ideen und Verhaltensweisen verlieren, welche die Gesellschaft in ihrer jetzigen Organisation ihnen eingibt.» (S. 82) In seinem Werk *Zur Kritik der instrumentellen Vernunft* (1967) wendet sich Horkheimer gegen eine Entwicklung des Denkens, die nur noch die effektivsten Mittel zum Zweck, aber nicht mehr die Legitimität des Zwecks reflektiert. Zugleich wendet er sich gegen eine Gesellschaft, die den Menschen zum bloßen Instrument macht und nicht als Selbstzweck anerkennt. Die elementaren Fragen der Philosophie, die zugleich elementare Fragen der Menschen sind, würden dann nicht mehr gestellt werden. Horkheimer selbst stellt in dem Interview die Frage nach der «Transzendenz», das heißt, ob die in dieser Welt erfahrene Ungerechtigkeit für immer ungesühnt bleiben muss oder ob es für Täter und Opfer in einer «anderen» Welt eine ausgleichende Gerechtigkeit geben könne. Damit stellt er zugleich die Frage nach einem Gott, der die «Sehnsucht nach dem ganz Anderen», so die Überschrift des Interviews, stillen könnte. Mit seiner an Kant orientierten Frage (vgl. Kapitel 8) tut Horkheimer nicht nur den Funktionären einer verwalteten Welt weh, wenn sie überhaupt eine derartige Frage zur Kenntnis nehmen, sondern auch seinen atheistischen Mitdenkern der Kritischen Theorie.

Hat also, wie Horkheimer befürchtet, die Philosophie in einer Welt zunehmender Zwänge und verbreiterter Gleich-Gültigkeit des Denkens ihren alten Traum von einem Leben, das von der «Liebe zur Weisheit» geprägt ist, ausgeträumt? «Soll eben jeder selber denken, reden und tun, was er will. Den Gang der Dinge bestimmen sowieso die Experten oder Mächtigen.» Müssen wir Menschen den Kampf gegen die Götter aufgeben, den Sisyphos im antiken Mythos begonnen hat, um sein Leben als Mensch selber zu bestimmen? Tut die Philosophie heute niemandem mehr weh? Selbst wenn Horkheimers Befürchtung einer «verwalteten Welt» nicht zuträfe, sondern wenn sich im Gegenteil die Demokratie mit Gedanken- und Redefreiheit immer stärker ausbreitete, schiene philosophische Wahrheitssuche kaum mehr möglich zu sein. Kaum jemand würde sich von den Provokationen der Philosophie wehtun lassen. Jeder dürfe eben sagen und tun was er will, wenn er nur nicht massiv die Freiheit der anderen verhindert.

Beide Befürchtungen jedoch, die einer total «verwalteten» und die einer total «offenen» Gesellschaft, bedeuten nicht das Ende der Philosophie, sondern fordern sie im Gegenteil dazu heraus, umso mehr über den engeren Kreis der «Philosophen vom Gewerbe» hinaus öffentlich wirksam zu werden, damit die Befürchtungen nicht Realität werden können. Kein noch so engmaschiges System macht das Denken mündiger Bürger unmöglich, wie vor allem Hannah Arendt am Beispiel des Eichmann-Prozesses gezeigt hat (vgl. Kapitel 10). Glücklicherweise kann in einer freiheitlichen Demokratie Philosophie auf breiter Ebene öffentlich wirksam werden, und auch in unfreien Gesellschaften lassen sich nie alle Menschen mundtot machen. Man kann fünf Möglichkeiten von öffentlichkeitswirksamer Philosophie unterscheiden: ihre Popularisierung, ihre Medienpräsenz, ihre politisch-gesellschaftliche Präsenz, ihre Präsenz in Institutionen und ihre Stellung im öffentlichen Bildungssystem.

• Popularisierung der Philosophie, so erstens, ist die gut verständliche Darstellung der Geschichte, Denker, Disziplinen und Grundfragen der Philosophie, etwa in öffentlichen Vorlesungen an der Universität oder in Einführungsreihen der verschiedenen Verlage. Das Ziel popularisierter Philosophie ist, Studierenden des eigenen Faches und anderer Fächer sowie interessierten Bildungsbürgern ein gut verständliches, fundiertes Wissen der Philosophie zu vermitteln. Das bekannteste Beispiel hierfür ist Jostein Gaarders Weltbestseller *Sofies Welt,* der ursprünglich von einem norwegischen Verlag (1991) als Einführung in die Philosophiegeschichte konzipiert war und dessen millionenfachen Erfolg vorher niemand erwartet hatte.

• Die Medienpräsenz der Philosophie, so zweitens, bedeutet

nicht primär die populäre Darstellung des akademischen Fachs Philosophie, sondern Themen zu diskutieren, die von allgemeinem Interesse sind. Zu nennen sind außer einzelnen Sendungen oder Reihen im Fernsehen und Rundfunk auch die Einzelbeiträge in den Feuilletons von Zeitungen, die «Philosophischen Cafés», das Internet und die Blogs sowie einzelne Zeitschriften, etwa das Spezial-Heft 2/12 von *Spektrum der Wissenschaft* mit dem Thema «Die größten Rätsel der Philosophie», z. B. über die Philosophie des Geistes und die Willensfreiheit, über das Verhältnis von Mensch und Tier, von Gefühl und Vernunft, über die Menschenrechte sowie über Vernunft und Glauben.

• Als Beispiele öffentlicher Philosophie in ihrer politisch-gesellschaftlichen Präsenz, so drittens, lassen sich für die jüngere Vergangenheit die Namen prominenter Denker anführen, etwa Karl Jaspers' und Carl Friedrich von Weizsäckers Warnungen vor dem Bau der Atombombe, Bertrand Russells Einsatz für den Pazifismus oder Jean-Paul Sartres Engagement für einen humanen Marxismus. Gegenwärtig mischt sich besonders Jürgen Habermas in gesellschaftlich-politische Debatten ein. DIE ZEIT feierte ihn sogar auf ihrem Titelblatt zu seinem achtzigsten Geburtstag als «Weltmacht Habermas», der als Deutschlands «einflussreichster Intellektueller auf allen Kontinenten gefragt» sei (DIE ZEIT, 10. Juni 2009). Auch die allgemeinen Ratschläge zu Politik und Wirtschaft des ehemaligen Bundeskanzlers Helmut Schmidt können als philosophisch gelten, zumal in ihren ausdrücklichen Bezügen zur Tradition der Philosophie: «... die Werte der alten Griechen und des Hellenismus festhalten, festhalten an Cicero (...) Wir wollen weder Rousseau noch Montesquieu aufheben, weder Erasmus noch David Hume noch Immanuel Kant» (DIE ZEIT, 5. Juli 2012).

• Öffentlich wirksam wird Philosophie, so viertens, auch in Gremien und Institutionen, etwa dem Deutschen Ethikrat, den Ethikkommissionen in Krankenhäusern und den Kommissionen zu Tierversuchen. Dabei sind nicht primär ein fachphilosophisches Wissen, sondern ein methodisches Können des Weiterdenkens nach Art eines Sokrates (vgl. Kapitel 2), ein inhaltliches Argumentationspotenzial sowie Einfachheit und Klarheit der Darstellung gefragt. Für die gegenwärtige Öffentlichkeit von Philosophie haben sich durch die Macht der Medien nicht nur die Orte des «Marktplatzes», sondern auch die inhaltlichen Herausforderungen gewandelt. Das rationale Denken hat sich als wissenschaftliches Denken verengt, und die Folgeprobleme des ambivalenten wissenschaftlich-technischen Fortschritts sind schon längst unübersehbar geworden. Die gängigen Stichwörter sind schnell aufgezählt: Umweltgefährdung, Gesundheitsversorgung, soziale Gerechtigkeit, militärisch und zivil genutzte Atom-, Gen- und Informationstechnologie sowie der Klima- und Demographie-Wandel, auch die Orientierungsunsicherheit einer säkularen Gesellschaft, nicht zuletzt angesichts fundamentalistischer Bedrohungen.

• Wenn Philosophie in der Öffentlichkeit nicht nur ein feststehendes philosophisches Wissen, sondern ein dynamisches Philosophieren im Sinne einer kritischen und selbstkritischen Reflexion lehren soll, kommt ihr im Bildungssystem, der fünften Variante, eine besonders wichtige und wirkungsvolle Aufgabe zu. Zwar können auch die anderen Formen der Philosophie in der Öffentlichkeit allgemeine Diskussionen anregen und bereichern, kaum aber die Fähigkeit zum eigenständigen Philosophieren einüben. Ohnehin ist Unmündigkeit, wie Kant realistisch und spöttisch in seiner kleinen Aufklärungsschrift aus dem Jahre 1784 feststellt, einfach «bequemer» als Selbstdenken: «Habe ich ein Buch, das für mich Verstand hat, einen Seelsorger, der für mich Gewissen hat, einen Arzt, der für mich die Diät beurteilt u.s.w., so brauche ich mich ja nicht selbst zu bemühen.» (*Beantwortung der Frage: Was ist Aufklärung?* 1784, A 482) Wegen der Schwierigkeiten einer breiten öffentlichen Aufklärung setzte Kant lieber auf die Bildung des Einzelnen. Man müsse «nur früh anfangen, die jungen Köpfe zu dieser Reflexion zu gewöhnen» (*Was heißt: sich im Denken orientieren?* 1786, A 330). Kant ist ein Ansporn zum Philosophieren bereits mit Kindern und Jugendlichen. Der Ethik- und Philosophieunterricht nimmt in Deutschland – meistens – als Alternative zum Religionsunterricht zahlenmäßig stark zu. In diesem Fach, aber auch beim Philosophieren mit Kindern bereits in der Grundschule und beim Philosophieren in einzelnen Unterrichtsfächern geht es nicht um eine Popularisierung der gelehrten, akademischen Philosophie, sondern um einen elementaren Bildungsprozess. Dass hierfür die gelehrte oder akademische Philosophie als Hintergrundwissen der Lehrer unverzichtbar ist, steht außer Frage. Vor allem im Philosophie- und Ethikunterricht können die grundsätzlichen Fragen und Antworten der Philosophie einem breiten Kreis zukünftiger mündiger Bürger unserer Gesellschaft nahegebracht, kann neben Lesen, Schreiben und Rechnen das Philosophieren als «elementare Kulturtechnik» entwickelt werden (Martens ⁵2010), auch um einem breitenwirksamen «Bullshit» und Szientismus entgegenzuwirken. Philosophie als eigenes Fach und als durchgehendes Unterrichtsprinzip im öffentlichen Bildungssystem kann den Einzelnen nachhaltig «beißen und stechen».

Philosophie kann kaum kurzfristige Wirkungen erzielen. Im Wiener Sigmund-Freud-Park ist auf einer Gedenktafel folgender Satz des großen Psychologen und Aufklärers zu lesen: «Die Stimme des Intellekts ist leise, aber sie ruht nicht, ehe sie sich Gehör verschafft hat. Am Ende, nach unzähligen oft wiederholten Abweisungen, findet sie es doch. Dies ist einer der wenigen Punkte, in denen man für die Zukunft der Menschheit optimistisch sein darf.» (Freud 1955, S. 377) Auch die Stimme des Sokrates und der anderen philosophischen Stechfliegen ist leise. Und die Einsicht, dass wir immer nur bruchstückhaft die Wahrheit erkennen können, tut einem vielleicht am meisten weh. Sie hat, wie Karl R. Popper vermutet, «auch das Herz eines Sokrates verbrannt» (Popper 1984, S 46).

Bei aller Bruchstückhaftigkeit hat die Philosophie seit ihrem Beginn dennoch Fortschritte machen können. Sie konnte ihre elementaren Fragen und Antworten immer differenzierter und präziser entwickeln, unhaltbare metaphysische Prämissen und Weltanschauungen sowie auch einige Stechfliegen ihres eigenen «Gewerbes» kritisieren, und schließlich konnte sie mit Hilfe, aber auch gegen die Wissenschaft als Mythos ihr eigenes Denken verbessern. Vor allem aber kann die Philosophie in grundlegenden Fragen dem Einzelnen und der Öffentlichkeit immer wieder Anstöße zum Weiterdenken geben. Philosophische Stechfliegen haben im endlosen Kampf gegen die Übermacht der «Götter» und gegen die menschliche Trägheit und Mutlosigkeit weiterhin genug zu tun – in der Hoffnung auf ein humaneres, freieres Leben.

Literaturnachweis

Die Texte von Platon werden nach der Zählung der Stephanus-Ausgabe von 1578 zitiert, meistens in der Übersetzung von Schleiermacher mit leichten Abänderungen durch mich (EM); die Zitation von Kant erfolgt nach der Berliner Akademie-Ausgabe (AA). Die Abfassung bzw. Erstausgabe der zitierten Bücher ist in Klammern als zweite Angabe beigefügt. – Für den Nachweis der verwendeten Zitate werden in der Regel gut greifbare Ausgaben herangezogen.

Arendt (1972): Arendt, Hannah. *Denken ohne Geländer*. Unveröffentlichte Tondokumente einer 1972 in Toronto zu Ehren von Hannah Arendt abgehaltenen Konferenz. (Internet-Abruf 06.08.2013)

Arendt (1985; 1982): Arendt, Hannah. *Das Urteilen. Texte zu Kants Politischer Philosophie*. Hrsgg. und mit einem Essay von Ronald Beiner. Piper, München.

Arendt (1986; 1963): Arendt, Hannah. *Eichmann in Jerusalem. Ein Bericht von der Banalität des Bösen*. Mit einem Essay von Hans Mommsen. Piper, München.

Arendt (1989; 1977): Arendt, Hannah. *Vom Leben des Geistes. Band I. Das Denken*. Piper, München.

Arendt (1991): Arendt, Hannah. *Israel, Palästina und der Antisemitismus. Aufsätze*. Wagenbach, Berlin.

Bauer (2006): Bauer, Joachim. *Prinzip Menschlichkeit. Warum wir von Natur aus kooperieren*. Hoffmann und Campe, Hamburg.

Boethius (1990; ca. 524/5): Boethius. *Trost der Philosophie*. Hrsgg. und übers. von Ernst Gegenschatz und Olof Gigon. Artemis, München/Zürich.

Bussmann (2014): Bussmann, Bettina. *Was heißt: sich an der Wissenschaft orientieren? Untersuchungen zu einer lebensweltlich-wissenschaftsbasierten Philosophiedidaktik am Beispiel des Themas «Wissenschaft, Esoterik und Pseudowissenschaft»*. LIT, Münster u. a.

Buddha (2014; ca. 500 v. Chr.): Buddha, *Die Blinden und der Elefant* (Internet, abgerufen am 31.7.2013).

Camus (2010; 1942): Camus, Albert. *Der Mythos des Sisyphos*. In: ders., *Der Mythos des Sisyphos*, S. 155–160. Rowohlt, Reinbek bei Hamburg.

Descartes (2001; 1637): Descartes, René. *Discours de la Méthode pour bien conduire sa raison et chercher la vérité dans les sciences. Bericht über die Methode, die Vernunft richtig zu führen und die Wahrheit in den Wissenschaften zu erforschen.* Übersetzt und hrsgg. von Holger Ostwald. Reclam, Stuttgart.

Descartes (1960; 1641): Descartes, René. *Meditationen über die Grundlagen der Philosophie.* Auf Grund der Ausgaben von Arthur Buchenau neu herausgegeben von Lüder Gäbe. Meiner, Hamburg.

Detel (2011): Detel, Wolfgang. *Geist und Verstehen. Historische Grundlagen einer modernen Hermeneutik.* Klostermann, Frankfurt a. Main.

Diels ([12]1966; 1903): Diels, Hermann. *Die Fragmente der Vorsokratiker.* Erster und zweiter Band. Hrsgg. von Walther Kranz. Weidmann, Dublin/Zürich.

Diogenes Laertios (1998; ca. 3. Jhd. n. Chr.): Diogenes Laertios. *Leben und Lehre der Philosophen.* Aus dem Griechischen übers. und hrsgg. von Fritz Jürß. Reclam, Stuttgart.

Eggers (2014): Eggers, Dave. *Der Circle.* Kiepenheuer&Witsch, Köln.

Epikur (1991; ca. 310 v. Chr.): Epikur. *Von der Überwindung der Furcht.* Übers. und mit einer Einführung versehen von Olof Gigon. dtv, München.

Falkenburg (2012): Falkenburg, Brigitte. *Mythos Determinismus. Wieviel erklärt uns die Gehirnforschung?* Springer, Heidelberg etc.

Frankfurt (2006): Frankfurt, Harry G. *Bullshit.* Suhrkamp, Frankfurt a. Main.

Frede (2011): Frede, Dorothea. *Platons Ideen. Form, Funktion, Struktur.* In: Information Philosophie 2/2011, S. 44–57.

Freud (1955; 1927): Freud, Sigmund. *Die Zukunft einer Illusion.* In: Gesammelte Werke Bd. XIV. Imago Publishing, London.

Freud (2010; 1930): Freud, Sigmund. *Das Unbehagen in der Kultur.* Reclam, Stuttgart.

Glasersfeld (1992): Glasersfeld, Ernst von. *Konstruktion der Wirklichkeit und des Begriffs der Objektivität.* In: *Einführung in den Konstruktivismus.* Beiträge von Heinz von Foerster/Ernst von Glasersfeld/Peter M. Hejl/Siegfried J. Schmidt/Paul Watzlawick. Piper, München/Zürich, S. 9–39.

Gray (2002): Gray, John. *Von Menschen und anderen Tieren. Abschied vom Humanismus.* Klett-Cotta, Stuttgart.

Hagengruber (1998): Hagengruber, Ruth (Hg.). *Klassische philosophische Texte von Frauen.* dtv, München.

Hampe (1979a): Homer. *Ilias.* Übersetzung, Nachwort und Register Roland Hampe. Reclam, Stuttgart.

Hampe (1979b): Homer. *Odyssee*. Übersetzung, Nachwort und Register Roland Hampe. Reclam, Stuttgart.

Heidegger ([10]1963; 1927): Heidegger, Martin. *Sein und Zeit*. Max Niemeyer, Tübingen.

Heidegger (1954): Heidegger, Martin. *Was heißt Denken?* Niemeyer, Tübingen.

Heine (1976; 1834): Heine, Heinrich. *Sämtliche Schriften. Band 5. Schriften 1831–1837*. Hrsg. Klaus Briegleb. Hanser, München.

Hesiod (1965; ca. 700 v. Chr.): Hesiod, *Sämtliche Werke*. Hrsg. Günther Schmidt. Carl Schünemann, Bremen.

Horkheimer (1970): Horkheimer, Max. *Die Sehnsucht nach den ganz Anderen. Ein Interview mit Helmut Gumnior*. Furche, Hamburg, S. 54–89.

Jonas (1979): Jons, Hans. *Das Prinzip Verantwortung. Versuch einer Ethik für die technologische Zivilisation*. Insel, Frankfurt a. Main.

Kafka (1958): Kafka, Franz. *Briefe 1902–1924*. S. Fischer, Frankfurt a. Main.

Keil (2009): Keil, Geert. *Willensfreiheit und Determinismus*. Reclam, Stuttgart.

Kierkegaard (1988; 1843): Kierkegaard, Sören. *Entweder – Oder. Teil II*. dtv, München.

Kleist (1987–1997): Kleist, Heinrich von. *Sämtliche Werke und Briefe*. Hrsg. von Ilse-Maria Barth u. a. 4 Bde. Deutscher Klassiker Verlag. Frankfurt a. Main.

Libet (2005): Libet, Benjamin. *MIND TIME. Wie das Gehirn Bewusstsein produziert*. Suhrkamp, Frankfurt a. Main 2005 (amerik. 2004).

Mandeville (1980; 1723): Mandeville, Bernard. *Die Bienenfabel oder Private Laster, öffentliche Vorteile*. Mit einer Einleitung von Walter Euchner. Suhrkamp, Frankfurt a. Main (erste Aufl. 1968).

Martens ([5]2015; 2000): Martens Ekkehard. *Ich denke, also bin ich. Grundtexte der Philosophie*. Eingeleitet und kommentiert von E. M. C.H.Beck, München.

Martens ([5]2010): Martens, Ekkehard. *Methodik des Ethik- und Philosophieunterrichts. Philosophieren als elementare Kulturtechnik*. Siebert, Hannover.

Martens (2004; 1992): Martens, Ekkehard. *Sokrates – eine Einführung*. Reclam, Stuttgart.

Martens (2009): Martens, Ekkehard. *Platon*. Reclam, Stuttgart.

Mill (2006; 1861): Mill, John Stuart. *Der Utilitarismus*. Übers. und hrsgg. von Dieter Birnbacher. Reclam, Stuttgart.

Nestle (1940): Nestle, Wilhelm. *Vom Mythos zum Logos. Die Selbstentfaltung des griechischen Denkens.* Alfred Kröner Verlag, Stuttgart.

Nida-Rümelin/Weidenfeld (2012): Nida-Rümelin, Julian/Weidenfeld, Nathalie. *Der Sokrates-Club. Philosophische Gespräche mit Kindern.* Knaus, München.

Nietzsche (1985; 1988): Nietzsche, Friedrich. *Götzen-Dämmerung oder Wie man mit dem Hammer philosophiert.* Insel, Frankfurt a. Main.

Peirce (1967; 1878): Peirce, Charles S. *Wie unsere Ideen zu klären sind.* In: ders., *Schriften I. Zur Entstehung des Pragmatismus.* Mit einer Einführung hrsgg. von Karl-Otto Apel. Suhrkamp, Frankfurt a. Main.

Popper (1957; 1944): Popper, K. R. *Die offene Gesellschaft und ihre Feinde. Erster Band. Der Zauber Platons.* Francke, Berlin.

Popper (1984): Popper, Karl R. *Auf der Suche nach einer besseren Welt.* Piper, München/Zürich.

Roth (2003): Roth, Gerhard. *Fühlen, Denken, Handeln. Wie das Gehirn unser Verhalten steuert.* Suhrkamp, Frankfurt a. Main.

Schnädelbach (2006): Schnädelbach, Herbert. *Nur im Einzelfall. Die Urteilskraft an der Grenze zwischen Dummheit und Klugheit.* In: Frankfurter Rundschau online 2006.

Seidensticker/Wessels (2012): Seidensticker, Bernd/Wessels, Antje. *Sisyphos. Texte von Homer bis Günter Kunert.* Reclam, Leipzig.

Singer (1975): Singer, Marcus George. *Verallgemeinerung in der Ethik. Zur Logik moralischen Argumentierens.* Suhrkamp, Frankfurt a. Main.

Singer (2004): Singer, Wolfgang. *Verschalungen legen uns fest: Wir sollten aufhören, von Freiheit zu sprechen.* In: Christian Geyer (Hrsg.), *Hirnforschung und Willensfreiheit. Zur Deutung der neuesten Experimente.* Suhrkamp Verlag, Frankfurt am Main, S. 30–65.

Smith (2005; 1776): Smith, Adam. *Der Wohlstand der Nationen. Eine Untersuchung seiner Natur und seiner Ursachen.* dtv, München.

Snell (1955): Snell, Bruno. *Die Entdeckung des Geistes.* Claassen, Hamburg.

Stangneth (2014): Stangneth, Bettina. *Eichmann vor Jerusalem. Das unbehelligte Leben eines Massenmörders.* Rowohlt Taschenbuch, Reinbek bei Hamburg.

Thukydides (1959; ca. 421–404 v. Chr.): Thukydides. *Der Peloponnesische Krieg.* Übertragen und bearbeitet von Josef Feix. Goldmann, München.

Tomasello (2014): Tomasello, Michael. *Warum wir kooperieren.* Suhrkamp, Frankfurt a. Main.

Waal (2006): Waal, Frans de. *Primaten und Philosophen. Wie die Evolution die Moral hervorbrachte.* Carl Hanser, München.

Weizsäcker (1981): Weizsäcker, Carl Friedrich von: *Ein Blick auf Platon. Ideenlehre, Logik und Physik.* Reclam, Stuttgart.

Welsch (2012): Welsch, Wolfgang. *Mensch und Welt. Eine evolutionäre Perspektive der Philosophie.* C.H.Beck, München.

Wiebel (2013): Wiebel, Martin (Hg.). *Hannah Arendt. Ihr Denken veränderte die Welt.* Piper, München.

Wieland (1982): Wieland, Wolfgang. *Platon und die Formen des Wissens.* Vandenhoeck & Ruprecht, Göttingen.

Dank

Für das inspirierende Kafka-Motiv in der Einleitung bedanke ich mich bei Raimund Bezold, für die sorgfältige Redaktion bei Petra Rehder und für weitere Korrekturen bei Tamara Al Oudat, Alexander Goller und Beate Sander.

Personenregister